PESQUISAS ATUAIS SOBRE A EDUCAÇÃO DE SURDOS
ENTRE A TEORIA E A PRÁTICA

VOLUME 3

Editora Appris Ltda.
1.ª Edição - Copyright© 2024 dos autores
Direitos de Edição Reservados à Editora Appris Ltda.

Nenhuma parte desta obra poderá ser utilizada indevidamente, sem estar de acordo com a Lei nº 9.610/98. Se incorreções forem encontradas, serão de exclusiva responsabilidade de seus organizadores. Foi realizado o Depósito Legal na Fundação Biblioteca Nacional, de acordo com as Leis nos 10.994, de 14/12/2004, e 12.192, de 14/01/2010.

Catalogação na Fonte
Elaborado por: Dayanne Leal Souza
Bibliotecária CRB 9/2162

P474p 2024	Pesquisas atuais sobre a educação de surdos: entre a teoria e a prática – volume 3 / Adriano de Oliveira Gianotto, Camila de Araujo Cabral e Francimar Batista Silva (orgs.). – 1. ed. – Curitiba: Appris, 2024. 217 p. : il. ; 23 cm. – (Geral). Vários autores. Inclui referências. ISBN 978-65-250-5386-8 1. Prática. 2. Pesquisa. 3. Surdos - Educação. I. Gianotto, Adriano de Oliveira. II. Cabral, Camila de Araujo. III. Silva, Francimar Batista. IV. Título. V. Série. CDD – 370.7

Livro de acordo com a normalização técnica da ABNT

Appris *editora*

Editora e Livraria Appris Ltda.
Av. Manoel Ribas, 2265 – Mercês
Curitiba/PR – CEP: 80810-002
Tel. (41) 3156 - 4731
www.editoraappris.com.br

Printed in Brazil
Impresso no Brasil

Adriano de Oliveira Gianotto
Camila de Araujo Cabral
Francimar Batista Silva
(org.)

PESQUISAS ATUAIS SOBRE A EDUCAÇÃO DE SURDOS

ENTRE A TEORIA E A PRÁTICA

VOLUME 3

Appris
editora

Curitiba, PR
2024

FICHA TÉCNICA

EDITORIAL	Augusto Coelho
	Sara C. de Andrade Coelho
COMITÊ EDITORIAL	Ana El Achkar (UNIVERSO/RJ)
	Andréa Barbosa Gouveia (UFPR)
	Conrado Moreira Mendes (PUC-MG)
	Eliete Correia dos Santos (UEPB)
	Fabiano Santos (UERJ/IESP)
	Francinete Fernandes de Sousa (UEPB)
	Francisco Carlos Duarte (PUCPR)
	Francisco de Assis (Fiam-Faam, SP, Brasil)
	Jacques de Lima Ferreira (UP)
	Juliana Reichert Assunção Tonelli (UEL)
	Maria Aparecida Barbosa (USP)
	Maria Helena Zamora (PUC-Rio)
	Maria Margarida de Andrade (Umack)
	Marilda Aparecida Behrens (PUCPR)
	Marli Caetano
	Roque Ismael da Costa Güllich (UFFS)
	Toni Reis (UFPR)
	Valdomiro de Oliveira (UFPR)
	Valério Brusamolin (IFPR)
SUPERVISOR DA PRODUÇÃO	Renata Cristina Lopes Miccelli
PRODUÇÃO EDITORIAL	Bruna Holmen
REVISÃO	Andrea Bassoto Gatto
DIAGRAMAÇÃO	Andrezza Libel
CAPA	Eneo Lage
REVISÃO DE PROVA	Bruna Santos

PREFÁCIO

Educação de surdos: entre a teoria e a prática!

Os textos reunidos neste livro contribuem para enriquecer os debates em torno das concepções de desenvolvimento e do processo de humanização, bem como exploram o emprego de instrumentos em ambientes de ensino-aprendizagem. Além disso, eles se aprofundam na análise do desenvolvimento da atividade de letramento visual e nas complexidades inerentes às traduções e às interpretações de Libras e português. Por meio da análise de pesquisas empíricas realizadas em diversos contextos e situações de trabalho, esses estudos destacam premissas compartilhadas e, ao mesmo tempo, divergências em relação aos aspectos teórico-metodológicos da Educação de Surdos.

Os impactos causados pela pandemia da Covid-19 geraram uma ampla gama de emoções que permeiam as interações entre professores e alunos surdos. Essas emoções incluem desânimo, vergonha, agressividade, embaraço, frustração, desrespeito, entusiasmo, prazer, satisfação e alegria, entre outras.

As emoções desempenham um papel significativo e variado no funcionamento e na eficácia de uma aula, podendo influenciar positiva ou negativamente o ambiente de ensino. A pesquisa em questão foi motivada pela pergunta central: como essas emoções afetam as interações professor-aluno e a dinâmica da sala de aula?

Este estudo assume uma relevância substancial no contexto da formação docente, buscando capacitar os professores em todos os níveis de ensino a compreender as interferências nas situações de interação, de abordar conflitos no ambiente da sala de aula e responder a perguntas recorrentes que envolvem as complexas interações emocionais, em Libras, no ensino em sala de aula.

A questão central que se destaca no trabalho de pesquisa é: como deve ser estruturada a Educação de Surdos? Reconhecemos a necessidade de uma transformação profunda na abordagem da educação bilíngue de surdos, à luz das mais recorrentes pesquisas no campo da ciência da educação e das preocupações expressas por professores que dedicam anos ao ensino de alunos surdos.

Por serem ouvintes, esses educadores conseguem estabelecer níveis de comunicação com os alunos surdos por meio da Língua Brasileira de Sinais (Libras) e, assim, atender às suas necessidades imediatas do cotidiano.

Este livro constitui um chamado à nossa esperança por uma educação de surdos de maior qualidade, bem como à exploração de caminhos linguísticos em língua de sinais, em que esse horizonte tornar-se-á não apenas possível, mas também imprescindível.

Trata-se, verdadeiramente, da única jornada que merece ser empreendida em prol da preservação da dignidade humana do povo surdo.

Profa. Dra. Marianne Rossi Stumpf

Possui graduação em tecnologia de informática pela Universidade Luterana do Brasil (2000), graduação em Educação de Surdos pela Universidade de Santa Cruz do Sul (2004) e doutorado em Informática na Educação pela Universidade Federal do Rio Grande do Sul, com estágio na Universidade de Paul Sabatier e Universidade de Paris 8 (2001-2005). Pós-doutorado na Universidade Católica Portuguesa (20132014). Atualmente, é professor associado da Universidade Federal de Santa Catarina, professora de pós-graduação em linguística da UFSC. Pesquisa Léxico e terminologia em Libras: tradução, validação e tecnologia registrado no CNPq (www.glossário.libras. ufsc. br). Autora dos referenciais curriculares para o ensino da Libras. Tem experiência de 20 anos na área de Educação, com ênfase em Educação de Surdos. Membro da comissão de assessoramento técnico-pedagógico em Libras da DAEB/INEP e as traduções do Enem 2017, 2018, 2019, 2020 e 2021 em Libras.

SUMÁRIO

INTRODUÇÃO 11

1

EDUCAÇÃO DE SURDOS E OS IMPACTOS DA PANDEMIA (COVID-19) NA ATUAÇÃO DOS INTÉRPRETES EDUCACIONAIS: DESAFIOS E PERSPECTIVAS.. 13
Bruno Borgo dos Santos Moura
Raquel Elizabeth Saes Quiles
Sheyla Cristina Araujo Matoso

2

O COLONIALISMO NA COMUNIDADE SURDA: DISPUTAS HISTÓRICAS POR PODER.................................... 31
José Arnor de Lima Júnior
Sédina dos Santos Jales Ferreira
Indira Simionatto Stedile Assis Moura
Francisco José dos Santos Neto

3

SINAL DE BATISMO EM LIBRAS: USO E CONTEXTO 43
José Arnor de Lima Júnior
Sédina dos Santos Jales Ferreira
Indira Simionatto Stedile Assis Moura
Juliana Alves da Fonseca

4

EDUCAÇÃO BILÍNGUE: UMA PROPOSTA DE INCLUSÃO PARA SURDOS DO CENTRO-SUL BAIANO 55
Bárbara Viviane Silva Nascimento Alves
Adriano de Oliveira Gianotto

5

TRADUTORES E INTÉRPRETES DE LÍNGUA DE SINAIS NO ENSINO SUPERIOR: ANOTAÇÕES DE ESTUDOS RECENTES..................... 73
Rejane de Aquino Souza
Francimar Batista Silva

6
ASPECTOS DO LETRAMENTO VISUAL EM APRENDIZES DE LIBRAS COMO SEGUNDA LÍNGUA... 91

Gabriele Cristine Rech

Fabíola Sucupira Ferreira Sell

7
O LIVRO INFANTIL: ESCOLHAS, POSSIBILIDADES E INTERAÇÕES BILÍNGUES... 105

Juliana Fernandes Montalvão Mateus

Claudia Pimentel

8
RELATO DE EXPERIÊNCIA DA EQUIPE DO CURSO DE FORMAÇÃO CONTINUADA: TRADUÇÃO E INTERPRETAÇÃO DE LIBRAS DURANTE A PANDEMIA DO CORONAVÍRUS – COVID-19... 121

Débora Gonçalves Ribeiro Dias

Ana Regina e Souza Campello

José Arnor de Lima Júnior

9
A (DES)CONFIGURAÇÃO DO EDITAL DO CONCURSO E PROCESSO SELETIVO: DO CARGO DE INSTRUTOR DE LIBRAS E PROFESSOR DE LIBRAS, AVALIAÇÃO DE CANDIDATO SURDO E CANDIDATO NÃO SURDO – PROVA OBJETIVA À PRÁTICA... 135

Ana Regina e Souza Campello

Maria Elisa Della Casa Galvão

José Arnor de Lima Júnior

10
REFLEXÕES SOBRE O ENSINO E A APRENDIZAGEM DE LÍNGUA PORTUGUESA E LITERATURA PARA ALUNOS COM SURDEZ... 159

João Paulo Francisco Azevedo

Veronice Batista dos Santos

11
O PAPEL DO TILS NA EDUCAÇÃO MATEMÁTICA PARA SURDOS NO ENSINO SUPERIOR... 175

Jéssica Rabelo Nascimento

Francyllayans Karla da Silva Fernandes

Magno Pinheiro de Almeida

12

PREPARAÇÃO PARA O EXERCÍCIO DA PROFISSÃO DOCENTE NA PERSPECTIVA DA EDUCAÇÃO INCLUSIVA E A AVALIAÇÃO DA APRENDIZAGEM NA PERSPECTIVA CULTURAL-HISTÓRICA 187
Camila de Araujo Cabral
Welisson Michael Silva
Francimar Batista Silva
Alexandra Ayache Anache

SOBRE OS AUTORES 207

INTRODUÇÃO

A terceira edição da coletânea *Pesquisas atuais sobre a educação de surdos* representa um avanço significativo, concentrando-se na intersecção entre teoria e prática. Os títulos que compõem esta compilação abordam uma variedade de temas cruciais e atuais relacionados à educação de surdos, apresentando perspectivas valiosas e desafios enfrentados nesse campo.

Da primeira coletânea, que teve sua escrita em 2019 e sua publicação em 2020, perpassando pelo ano pandêmico de 2021, abrangemos temas de pesquisas atuais sobre a educação de surdos, dos desafios às possibilidades, e o protagonismo surdo, da perspectiva e inovação chegando à teoria e à prática. Aqui são apresentadas pesquisas realizadas por e para surdos. As seis mãos inquietas que organizaram esta obra tiveram o privilégio de identificarem-se com as temáticas e vivenciarem a aventura de conhecerem temas aprofundados por pesquisadores que realmente vivem-nas no dia a dia.

Assim, desde o impacto da pandemia da Covid-19 na atuação dos intérpretes educacionais até questões históricas que permeiam a comunidade surda, esta coletânea abrange um amplo espectro de assuntos. Nas próximas páginas, o leitor encontrará diversos elementos fundamentais para o entendimento e o aprimoramento desse campo de estudo e prática. Nesse sentido, o cenário educacional que encontramos em nosso país destaca a necessidade de continuidade das pesquisas para compreender o impacto da pandemia nos processos de aprendizagem.

Como bem mostram os estudos e pesquisas recentes na área, a temática da identidade surda também emerge como um ponto central nas discussões contemporâneas, pois a constituição de uma comunidade surda, com suas características e práticas próprias, desafia os discursos hegemônicos e institui uma frente de resistência. Também é explorada a importância do uso contextualizado de sinais de batismo em Libras, estratégias de ensino bilíngue para surdos no Centro-Sul baiano e a significância dos livros infantis em contextos bilíngues.

Da formação e atuação dos tradutores e intérpretes de Língua de Sinais no ensino superior até a preparação para o exercício da profissão docente na perspectiva da educação inclusiva, os autores proporcionam *insights* valiosos para repensar práticas e políticas educacionais visando a uma inclusão mais efetiva. A necessidade de didáticas específicas para o ensino de Libras como segunda língua é ressaltada como essenciais para fornecer uma percepção eficaz da sinalização e trabalhar os sentimentos dos estudantes diante dessa tarefa.

Além disso, temas como letramento visual, ensino de Língua Portuguesa e Literatura para alunos com surdez, e a importância do TILS na educação matemática para surdos são discutidos, ampliando o entendimento sobre as necessidades educacionais dos estudantes surdos.

Esses diversos aspectos ressaltam a complexidade e a importância da educação de surdos, exigindo um compromisso contínuo com a pesquisa, a inovação e a inclusão para superar desafios e garantir uma educação de qualidade para a comunidade surda.

Esta coletânea busca, portanto, apresentar um panorama abrangente e enriquecedor sobre a educação de surdos, integrando diferentes perspectivas teóricas e práticas. Além disso, representa um esforço conjunto para compartilhar pesquisas e práticas relevantes, visando ao avanço da educação de surdos e à promoção de um ambiente inclusivo e igualitário para todos os estudantes.

Acreditamos que esta compilação será uma fonte valiosa para pesquisadores, educadores, intérpretes e demais profissionais envolvidos no campo da educação de surdos.

Os organizadores

1

EDUCAÇÃO DE SURDOS E OS IMPACTOS DA PANDEMIA (COVID-19) NA ATUAÇÃO DOS INTÉRPRETES EDUCACIONAIS: DESAFIOS E PERSPECTIVAS

Bruno Borgo dos Santos Moura
Raquel Elizabeth Saes Quiles
Sheyla Cristina Araujo Matoso

INTRODUÇÃO

O presente estudo situa-se no campo da educação de surdos, enfocando o trabalho desenvolvido por intérpretes educacionais (EI) em escolas comuns do ensino regular.[1] O momento histórico da pesquisa tratava-se de um período pandêmico (Covid-19), no qual o país e o mundo enfrentaram inúmeros desafios, exigindo novas formas de organização social em decorrência da necessidade de isolamento, visando à prevenção do vírus. No campo da educação, a pandemia culminou na opção pelo ensino remoto, utilizando-se diferentes artefatos tecnológicos. Teve seu *start* no início do ano de 2020, perdurando por mais de dois anos em alguns países.

Utilizamos a nomenclatura intérprete educacional (IE) por entendermos, de acordo com Marques (2020), que a atuação do intérprete e tradutor de Libras/Língua Portuguesa não é a mesma quando ocorre em um espaço educacional, o que será melhor explorado no decorrer do texto. Assim, torna-se importante diferenciar o termo para demarcar o espaço de atuação desse profissional.

As questões iniciais que instigaram este estudo foram: como ocorreu a atuação dos IEs em momento de pandemia, isolamento social e ensino remoto? Quais os impactos causados pela pandemia na atuação desses profissionais?

---

[1] Os dados empíricos deste estudo foram coletados pelo primeiro autor, como parte da realização do seu Trabalho de Conclusão de Curso (TCC), defendido na Universidade Federal de Mato Grosso do Sul (UFMS), no curso de Pedagogia, sob orientação da segunda autora.

Conforme o exposto, este texto teve como objetivo analisar como se desenvolveu o trabalho dos intérpretes educacionais no contexto de aulas remotas. Especificamente, quais estratégias metodológicas foram utilizadas para garantir uma boa interpretação, que chegasse ao aluno surdo de acordo com seu nível linguístico. Ainda, visamos compreender quais as dificuldades e as perspectivas que surgiram no trabalho educacional com alunos surdos durante o ensino remoto.

Considerando os objetivos propostos, optamos pela escolha de uma pesquisa teórica, de abordagem qualitativa. Conforme Godoy (1995), a pesquisa qualitativa possibilita o estudo de fenômenos que envolvem as relações sociais estabelecidas em diversos âmbitos. Classifica-se como um estudo de caráter bibliográfico e de campo, com parte dos dados coletados de forma online.[2]

Para embasar teoricamente este estudo, utilizamos autores que discutem a educação de surdos, como Quiles (2010), Santos *et al.* (2010), Lacerda (2012), Ampessan *et al.* (2013), Quadros (2004), entre outros. Além dos autores citados, buscamos por discussões recentes, desenvolvidas no período da pandemia, como Marques (2020), Tokarnia (2021), Gemin (2021), Oliveira e Paiva (2021), Silva *et al.* (2020), Shimazaki *et al.* (2020), Lima *et al.* (2022), entre outros.

O campo empírico constituiu-se na interação com quatro IEs que atuaram no ano de 2020 com alunos surdos nos primeiros anos do ensino fundamental, em quatro escolas municipais da capital do Mato Grosso do Sul (Campo Grande). Para a coleta de dados, utilizamos como instrumento de pesquisa um questionário enviado aos profissionais por meio do *Google Forms*.

Considerando os preceitos éticos de pesquisa, foi enviada uma carta de apresentação à direção das escolas envolvidas no estudo. A partir da autorização da gestão escolar, os intérpretes educacionais convidados assinaram um Termo de Consentimento Livre e Esclarecido (TCLE), autorizando a divulgação dos dados. Para a análise deles, optamos pela organização das informações mediante eixos temáticos, que serão apresentados posteriormente.

Para apresentação dos resultados da pesquisa, este texto estrutura-se da seguinte maneira. A seguir, discutimos a educação brasileira no contexto pandêmico. Posteriormente, focamos na educação de surdos neste período. Em seguida, trazemos informações sobre os participantes da pesquisa de campo e revelamos os dados do estudo.

---

[2]   A coleta de dados foi feita no período da pandemia, no ano de 2021, não havendo a possibilidade de uma pesquisa *in loco* devido às orientações de distanciamento social.

1.1 EDUCAÇÃO NO CONTEXTO DE PANDEMIA (COVID-19)

No primeiro trimestre do ano de 2020, com o cenário de uma doença respiratória infectocontagiosa que assolava todo o mundo, muitas mudanças ocorreram em toda a sociedade com relação ao convívio social. Na educação não foi diferente. Ajustes foram realizados de forma abrupta com a intenção de evitar que o vírus continuasse a se espalhar. A suspensão das aulas presenciais foi a medida adotada em todo o mundo e o Brasil seguiu essa orientação. Essa decisão, segundo Tokarnia (2021, s/p), impactou grandemente a educação brasileira, pois "[...] evidenciou uma série de desigualdades, deixando, inclusive, estudantes sem atendimento".

Os portões das escolas foram fechados e, de forma muito rápida, todos os agentes envolvidos nos processos educacionais tiveram que se reinventar. Dessa forma, as escolas adotaram, como medida de manutenção dos estudos, o ensino remoto, que impactou as práticas pedagógicas no ambiente escolar.

Uma aliada à nova proposição de ensino foi a tecnologia. Apesar de muitos professores não terem a formação adequada para lecionar de maneira remota, usar os recursos tecnológicos tornou-se imprescindível para esse momento em que a educação estava buscando caminhos para continuar o ano letivo (GEMIN, 2021).

Porém o cenário da desigualdade social do país mostrou uma distância muito grande entre os estudantes, evidenciando um contraponto entre famílias que poderiam proporcionar às crianças e aos adolescentes recursos tecnológicos como celulares, computadores e acesso à internet e aquelas que não tinham essa condição. No geral da educação básica e em conformidade com um levantamento de dados feito por Tokarnia (2021), até junho de 2020, a cada dez alunos, cinco não tinham condições de "bancar" equipamentos eletrônicos, considerando aqueles que já trabalhavam, ou seja, partindo do pressuposto que eles mesmos poderiam arcar com os custos dos equipamentos.

Assim, o que se pôde perceber referente à tecnologia como aliada do ensino remoto para auxiliar alunos e equipe escolar foi

> [...] uma inevitável acentuação da desigualdade de acesso não só ao ensino de qualidade, mas do ensino básico, causando um *déficit* de aprendizagem ainda maior do que já temos entre alunos do sistema público [...] (GEMIN, 2021, s/p, grifo do autor).

Além disso, outros entraves somaram-se a essas dificuldades, como a falta de hábito, por parte dos alunos, de estudar em casa, como aponta Gemin (2021), e as questões relacionadas à saúde mental dos alunos, discutidas por Dias e Pinto (2020), causadas pelo tempo prolongado do confinamento, resultando na falta de contato pessoal com os colegas de classe, além dos fatores emocionais que envolveram o medo de ser infectado, bem como o luto constante envolvendo a perda de familiares e amigos.

É sabido que foi um período de grandes desafios para a educação e as variadas dificuldades, apontadas nos parágrafos anteriores, resultaram em consequências nos anos posteriores. Nesse cenário de desafios, alocamos a escolarização dos discentes surdos que, como pontua Quiles (2010, p. 9), nunca "[...] aconteceu de uma forma neutra, sem que a mesma não estivesse permeada por relações de poder e conflitos sociais evidenciados em cada momento histórico".

Sendo assim, podemos pontuar que mais uma luta instaurou-se no campo da educação de surdos, pois não havia como preparar-se para um momento histórico como esse, de pandemia, isolamento social e ensino totalmente não presencial. Sobre esse assunto falaremos a seguir.

1.2 A EDUCAÇÃO DE SURDOS E O CONTEXTO DA PANDEMIA

Convém destacar que o ensino remoto nunca tinha se tornado uma total realidade da/na educação, seja ela pública ou privada, muito menos na área da Educação Especial e inclusiva (OLIVEIRA; PAIVA, 2021). Conforme essas autoras, durante as aulas remotas, algumas preocupações foram significativas para o ensino de surdos, como o desenvolvimento linguístico dos alunos, interação social, adaptações das atividades de acordo com o nível linguístico e estímulo para realizar as atividades.

Silva *et al.* (2020, s/p) expressam que após "[...] o primeiro momento de impacto e enfrentamento às problemáticas, foram surgindo estratégias e adaptações para o convívio com a nova realidade". Por conseguinte, o desafio maior na educação de surdos nesse momento foi pensar e criar metodologias pedagógicas para trabalhar uma língua de modalidade visual-espacial,[3] a Língua Brasileira de Sinais, reconhecida no país no ano de 2002 (Lei n.º 10.436, de 24 de abril).

---

[3] Uma língua sinalizada é visual-espacial, ou seja, utiliza a visão e o espaço para compreender e produzir os sinais que formam as palavras. (QUADROS, 2004).

Assim sendo, no contexto da pandemia, readequações precisaram ser fomentadas por parte dos profissionais que estavam "na linha de frente" da educação para continuar proporcionando ensino, aprendizagem e o uso da Língua de Sinais como mediação para todos os processos pedagógicos.

Tais ações foram necessárias a todos os envolvidos no processo educacional. Sendo assim, os IEs também precisaram ressignificar suas atuações, com a necessidade de mudanças de estratégias. O IE é indicado por Quadros (2004, p. 7) como a pessoa "[...] que interpreta de uma dada língua de sinais para outra língua, ou desta outra língua para uma determinada língua de sinais [...]". Enquadra-se nos mais diversos contextos em que a comunicação com o sujeito surdo estabelece-se, seja na área educacional, religiosa, jurídica, midiática, política, entre outras.

Pelo entendimento de Quiles (2010), a atribuição desse profissional é de mediar a comunicação e proporcionar a acessibilidade de informações, usando técnicas que transmitam os pensamentos, as palavras e as emoções da pessoa que está falando ou sinalizando. Além disso, o intérprete necessariamente precisa ser bilíngue, tendo competência linguística e conhecimentos sobre a Língua Portuguesa e a Língua de Sinais, bem como formação acadêmica de nível superior.

Sob o mesmo ponto de vista de Lacerda (2012), o IE jamais assumirá o papel de professor (embora sejam dois profissionais que caminham juntos). Porém, o desempenho do seu papel em sala de aula exigirá uma prática diferenciada. Por estar em um espaço diferente de atuação, sua função, além de interpretar, é auxiliar o professor regente na aprendizagem dos alunos surdos.

Apesar de a atuação desse profissional ter um cunho pedagógico e da importância de sua atuação para que ocorra a efetivação da aprendizagem e do desenvolvimento dos alunos surdos, bem como sua interação social com a comunidade escolar, seu trabalho não pode ser confundido com o do professor regente. Nesse sentido, vale ressaltar que o professor regente continua sendo a figura responsável por planejar as atividades para toda a classe, inclusive os alunos surdos inseridos. O IE, por sua vez, configura sua função em apoiar o professor na perspectiva de deixar a aula e as atividades acessíveis. Nesse sentido, Lacerda (2012, p. 280) destaca ser:

> [...] fundamental que o IE esteja inserido na equipe educacional, ficando claro qual é o papel de cada profissional frente a integração e a aprendizagem da criança surda, e esses papéis precisam ser discutidos porque a sala de aula é sempre

dinâmica, envolve solicitações dos alunos e é importante que as responsabilidades de cada um estejam claras.

Com a imposição das aulas remotas, novas adequações envolveram a atuação dos IEs que estavam atuando em sala de aula no momento em que a pandemia começou. Por ser um profissional indispensável para o aluno surdo, algumas estratégias metodológicas, por certo bastante desafiadoras, tiveram que ser pensadas para continuar o ano letivo. A seguir apresentaremos um levantamento de dados condicionados após diálogos com profissionais que trabalharam como IEs no período de aulas remotas e algumas reflexões a respeito de suas atuações.

1.3 ATUAÇÃO DO INTÉRPRETE EDUCACIONAL NO CONTEXTO DA PANDEMIA

Os dados apresentados neste texto foram coletados por intermédio de questionário on-line. Foram convidados para participarem da pesquisa oito profissionais que estavam, no período que ocorreu a investigação, atuando como IEs nos anos iniciais do ensino fundamental (1º ao 5º ano), em escolas municipais da cidade de Campo Grande/MS. No entanto apenas quatro aceitaram colaborar respondendo ao questionário. Tendo em vista a intenção de manter um caráter ético e preservar a identidade dos profissionais, iremos chamá-los de IE1, IE2, IE3 e IE4.

Pensamos ser relevante apresentar algumas informações que constituem, academicamente, esses profissionais, como tempo de experiência como IE e o ano escolar do ensino fundamental em que atuavam no momento da pesquisa. O quadro a seguir traz essas informações.

Quadro 1 – Informações sobre os participantes da pesquisa

IEs	Nível de formação	Curso de formação inicial	Tempo de atuação como IE	Ano escolar em que atuava no momento da pesquisa
IE1	Pós-graduação	Pedagogia e Letras/Libras	15 anos	1º ano
IE2	Pós-graduação	Letras/Libras	4 anos	4º ano
IE3	Pós-graduação	Pedagogia	7 anos	3º ano
IE4	Pós-graduação	Pedagogia	10 anos	5º ano

Fonte: organizado pelos autores

Todos os profissionais têm pós-graduação e formação em cursos de Licenciatura, o que é muito positivo, sendo que dois deles são formados no curso de Letras/Libras, que é uma formação específica para atuação como IE se for bacharelado. Nenhum profissional era "iniciante" na função, pois o tempo de atuação menor (IE2) era de 4 anos. Quanto à motivação para aprenderem Libras, é importante ressaltar que dois participantes têm surdos em suas famílias. IE1 tem um irmão surdo e IE4 é mãe de um surdo.

Acerca da atuação dos IEs, para melhor explanação das respostas, elas foram compiladas nos seguintes eixos temáticos: a interação do IE com a equipe escolar; sua atuação no momento de aulas remotas; a interação com o aluno surdo e o contato com a família; e os desafios e perspectivas, apresentados a seguir.

Quanto à interação com a equipe escolar (direção, coordenação, professores e outros profissionais), os quatro participantes afirmaram ter uma boa relação. Sentiam-se acolhidos e partícipes no coletivo da escola. Chama a atenção a resposta do IE1: *"Tenho uma interação muito boa, sinto-me à vontade para falar sobre meu trabalho e sobre a importância da Língua Brasileira de Sinais para todas as pessoas"*.[4]

Outra informação importante de se apontar é que os participantes indicaram, de forma unânime, que não havia resistência, principalmente em relação ao recebimento dos planejamentos dos professores com antecedência para melhor adaptá-los. Esse ponto é abordado por Santos *et al.* (2010), indicando que esse acesso é importante para o IE conhecer o conteúdo com antecedência, possibilitando que possíveis dúvidas sejam sanadas com o professor a respeito daquilo que será trabalhado na aula.

Com relação a essa colaboração, o IE4 disse ter sentido dificuldades quanto ao planejamento das atividades. Já o IE2 apontou que havia essa dificuldade em algumas escolas, mas que na escola em que atuava no momento da pesquisa isso não ocorria, ou seja, ele tinha acesso ao planejamento dos professores.

IE2 citou outro aspecto que merece atenção relacionado à falta de conhecimento da equipe escolar sobre o seu trabalho. Em suas palavras: *"A falta de credibilidade. Percebo que por não compreenderem a importância do*

---

[4] Os enunciados dos IEs são apresentados em itálico para diferenciar dos enunciados de autores utilizados no decorrer do texto.

trabalho do intérprete escolar atrapalha na sua autonomia e na tomada de decisões quanto ao aluno e ao seu trabalho".

Sobre esse assunto, Santos *et al.* (2010, p. 4) explanam que "o primeiro e um dos maiores desafios que enfrentam os TILS[5] é a aceitação da equipe escolar em ter um novo profissional em seu quadro docente". Por vezes, ainda há um certo incômodo sobre a presença desse novo agente educacional e, em alguns casos, uma falta de esclarecimento sobre sua real função.

Outro eixo que desenvolvemos nesta pesquisa foi sobre o trabalho desenvolvido no momento do ensino remoto. Mediante a pergunta de como ocorreu a atuação como IE, considerando a pandemia (Covid-19), os participantes colocaram que buscaram novas metodologias de ensino, pontuando a adaptação de apostilas, recursos midiáticos (como aulas acessíveis em Libras na TV), aulas gravadas em Libras e postadas na plataforma *Google Classroom*. Em destaque, trazemos as falas dos IEs 1 e 2:

> *Devido à pandemia, foi necessário se adaptar a novas modalidades de ensino, buscar novas metodologias de ensino para atender a necessidade da aluna e de seus familiares, visto que a aluna ao qual estou atendendo está no processo inicial do aprendizado da Libras [...] (IE1, 2021).*

> *Foi uma atuação baseada na adaptação de apostilas para serem impressas e entregues aos alunos. E disponibilizaram aulas acessíveis em Libras na TV. Mas não foi um suporte eficaz, pois na rede municipal de ensino ainda há muitos alunos que estão aprendendo a Língua de Sinais (IE2, 2021).*

O que é notório na fala dos IEs é que ambos tocaram em um ponto importante: a aquisição da Libras pelos surdos. Por tratar-se dos anos iniciais do ensino fundamental entendemos, segundo Lacerda (2012, p. 267), que "nessas etapas, as crianças envolvidas são pequenas, com domínio precário da língua de sinais [...], enfrentando processos complexos de aprendizagem mediados por intérprete".

É nesse momento em que mais ainda o aluno surdo precisa do contato com o IE, visto que, na maioria das vezes, o primeiro contato que o surdo terá com a Língua de Sinais será no âmbito escolar e a única figura que poderá ensiná-lo, por estar preparada para isso, é o intérprete educacional.

---

[5] Tradutor/intérprete de Língua de Sinais.

Com isso, os profissionais "[...] assumem a responsabilidade de um problema social, que deve ser resolvido com o ensino da Língua de Sinais no momento em que a criança surda nasce" (AMPESSAN *et al.*, 2013, p. 41).

Contribuindo com essa discussão, Pereira (2014, p. 147) aponta que, pelo fato de a maioria das crianças estar inserida em contextos familiares que não usam a Língua de Sinais, elas "[...] chegam sem uma língua adquirida, uma vez que a Língua Portuguesa, na modalidade oral, usada pela família, lhes é inacessível e a Língua Brasileira de Sinais, que lhes é acessível, é desconhecida pela família".

Na situação do ensino remoto, parece que algumas estratégias utilizadas pelos participantes deste estudo não foram tão eficazes, considerando o nível linguístico dos alunos surdos atendidos. Ao deparar-se com a realidade do aluno que não tem fluência em Libras, o profissional busca meios e recursos para ensiná-lo, já que "a aquisição da Língua de Sinais deve se dar em contexto semelhante ao vivenciado por crianças ouvintes e surdas" (PEREIRA, 2014, p. 148).

Outra pergunta feita aos participantes, que também compõe esse eixo temático, voltou-se às estratégias metodológicas que eles utilizaram para atender o aluno surdo durante o período do ensino remoto. Observemos as respostas dos IEs 1 e 3:

> *As adaptações foram mais voltadas a jogos educativos adaptados em Libras, confecções de materiais como calendário, fichas, crachás nominais, alfabeto manual móvel, cartaz numérico, entre outros. Esses materiais eram entregues para uso pessoal da aluna e as orientações, assim como o ensino da Libras ocorriam via WhatsApp (ferramenta utilizada pelo Emei para ter contato com alunos e familiares, onde eram retiradas as dúvidas também) (IE 1, 2021).*

> *Sempre que ia gravar usava muitas imagens e contextualizava com o conteúdo, fazíamos chamada de vídeo... (IE 3, 2021).*

Para esse momento em que se configurou a educação, salientamos que as estratégias metodológicas só poderiam ter um efeito satisfatório mediante algum contato com o aluno surdo. Percebemos esse contato dos profissionais 1 e 3, pois eles relataram usarem recursos como o *WhatsApp* e chamada de vídeo para sanar as possíveis dúvidas. Já na fala dos participantes IE2 e IE4, observamos as seguintes ponderações:

> *Como eu não tinha autorização para ter contato com a família, eu apostava em recursos lúdicos, jogos que eu adaptava e que seriam entregues juntamente à apostila. Também recomendava*

> *vídeos simples e objetivos de canais do YouTube nas orientações das apostilas (IE2, 2021).*

> *Somente caderno adaptado em Libras (IE4, 2021).*

O primeiro ponto que queremos abordar é que o fato do IE não ter autorização para entrar em contato com a família é lamentável, haja vista que a existência desse profissional na escola só acontece por causa do aluno surdo. Talvez o modo como a escola organizou-se, no sentido de "aproximar" o professor regente dos alunos, acabou excluindo o IE que, por conta disso, viu-se limitado na realização do seu trabalho, tendo que "apostar" em criações de recursos para tentar atingir o discente.

Considerando esse aspecto, retomamos o questionamento trazido no eixo temático anterior: como o profissional se sente partícipe da organização escolar se no momento em que ele precisava ser incluído foi excluído? Por qual motivo o IE não podia ter contato com a família, sendo ela responsável pelo aluno? Somente a adaptação de apostilas é suficiente para manter a relação interpessoal entre IE e aluno surdo? Os participantes não deram detalhes sobre esse assunto em suas respostas.

Quanto às estratégias metodológicas, dá a impressão que todos os IEs debruçaram-se para fazer o melhor possível em sua atuação, porém em nenhum momento os participantes relataram que as estratégias foram pensadas juntamente aos professores ou com a coordenação pedagógica. Uma realidade que não deveria acontecer, pois, conforme discutimos anteriormente, o "[...] papel do professor regente também é substancialmente essencial no processo de inclusão do aluno surdo [...]" (QUILES, 2010, p. 46).

Ou seja, a ideia seria que ambos os profissionais caminhassem juntos para melhor atender o aluno. Sobre esse assunto, Lacerda (2012, p. 279) reforça que o professor é o responsável pelo "planejamento das aulas, por decidir quais são os conteúdos adequados, pelo desenvolvimento e pela avaliação dos alunos, todavia o IE conhece bem os alunos surdos e a surdez e pode colaborar com o professor". A autora destaca que esse deve ser um trabalho em parceria.

Consideramos as estratégias utilizadas pelos participantes pertinentes e interessantes, entendendo a tentativa dos IEs de manter a ludicidade, chamando a atenção do aluno para a aprendizagem utilizando jogos e recursos visuais, como também familiarizar o surdo com a Libras por meio dos vídeos, apresentando a sinalização e os cadernos de atividades adaptados.

Compreendemos, também, que a limitação do IE evidencia uma complexidade na atuação enquanto profissional. Lembramos aqui o relato do IE4. Apenas adaptar o caderno de atividades em Libras, conforme dito nesse eixo temático, leva-nos a pensar que poderia ser um reflexo de sua resposta do eixo temático anterior, quando manifesta que sentiu dificuldade na colaboração dos professores quanto ao recebimento do planejamento com antecedência.

O próximo eixo temático que iremos discutir trata da interação dos IEs participantes da pesquisa com os alunos surdos e suas famílias. Sem imaginarmos os percalços da pesquisa, perguntamos aos participantes se eles conseguiam manter contato com o aluno que atendiam e de que forma ocorria esse contato. Conforme vimos em respostas anteriores, que não tinham o foco da interação com o aluno, o IE1 contou-nos que o contato era feito via *WhatsApp* e que esse recurso foi disponibilizado pela própria coordenação e direção da escola em que atuava.

Os IEs 2 e 4 não tinham contato direto com os estudantes surdos que atendiam. O participante IE3 menciona que mantinha contato com a família via coordenação, mas não detalhou como isso ocorria. Consideramos que o contato com a família é fundamental, visto que ela é um fator essencial quanto à colaboração no processo de ensino e aprendizagem do aluno surdo. Porém é primordial o contato do IE com o aluno, considerando que em determinadas situações em que o IE está atuando diretamente com o surdo, percebendo alguma dificuldade realiza explicações, talvez mudando a estratégia visando sanar todas as dúvidas.

Agora, diretamente sobre as interações com a família, os participantes IE3 e IE4 disseram ser uma relação boa, todavia não deram detalhes de como seria essa interação. Assim, vamos ater-nos às respostas dos participantes 1 e 2.

> *Realizada pelo WhatsApp, e quando necessário presencial marcada pela equipe (coordenação e equipe da educação especial) da escola na própria unidade de ensino (IE1, 2021).*

> *A mãe, que era responsável pela aluna, não me dava devolutivas, era muito evasiva (IE2, 2021).*

Nitidamente percebemos o contraste das relações entre os IEs e as famílias. Parece ser tão a contento a interação do IE1 com a família do aluno que quando via a necessidade existia o encontro presencial, que a própria equipe escolar ficava responsável de organizar. Já no caso do IE2, o próprio profissional apontou a evasão da família.

Em vista disso, podemos refletir que a forma como as escolas organizaram-se no momento das aulas remotas foi fundamental para manter a proximidade com as famílias, pressupondo, também, a proximidade com os alunos surdos.

Essa interação com a família e com o estudante surdo pode refletir em seu retorno quanto à sua participação no cotidiano escolar e aprendizado. Relativo a isso, quando perguntamos para os participantes se os alunos davam um *feedback* quanto às atividades elaboradas, os IEs 1 e 3 relataram que houve participação total dos alunos que atendiam em todas as aulas e atividades. Já o IE2 e o IE4 responderam que não tinham retorno por parte dos alunos.

Vejamos que, em relação aos IEs 1 e 3, conforme deram-se a organização do trabalho, as relações de colaboração com a equipe escolar, a inclusão nessa mesma equipe, as estratégias metodológicas empreendidas, o contato direto com as famílias e, primordialmente, com os alunos surdos, repercute-se um retorno positivo dos alunos em uma participação total das atividades.

Com os IEs 2 e 4 foi diferente. Entendemos que a ausência de retorno dos alunos pode ter acontecido pela falta de inclusão dos profissionais na equipe escolar, a não colaboração dela quanto ao planejamento, a limitação das estratégias metodológicas, a falta de interação com as famílias e, sobretudo, a falta de interação com os surdos por eles atendidos.

Para concluir a apresentação dos dados e nossas análises, destacamos alguns desafios e algumas perspectivas do trabalho do IE. Foi perguntado aos IEs quais as principais dificuldades para realizar o seu trabalho no ensino remoto. IE1 e IE3 responderam que:

> *A maior dificuldade é o ensino da Libras para atender a criança que está iniciando no ambiente educacional, social e linguístico, e a distância que a pandemia nos colocou. Para a criança surda isso se torna um atraso em ambos os aspectos, principalmente quando na família não há uma referência sinalizante (um adulto usuário da Libras) (IE1, 2021).*

> *Lidar com a tecnologia, edição de vídeo, postar... Essas foram as minhas maiores dificuldades (IE3, 2021).*

Esses dois participantes trouxeram as dificuldades para eles, ressaltando o ensino da Libras de maneira remota ao aluno que continua no processo de aquisição da língua e as demandas tecnológicas. Já os participantes 2 e 4 mencionam que a maior dificuldade foi na intersecção com a família.

Talvez outros desafios poderiam acontecer com os participantes, pois eles também tiveram que mudar suas rotinas, o lugar de trabalho. Além disso, adquiriram materiais tecnológicos e conciliaram as vidas profissional e familiar em casa.

Ainda nesse viés, Lima *et al.* (2022) destacam, em um estudo que buscou informações semelhantes com a pesquisa aqui apresentada, que o acompanhamento e a aproximação da escola com todos seus agentes, bem como com a família, impactaram consideravelmente no processo educacional desses alunos em um período em que a interação presencial foi banida.

Visando elencar as possibilidades, perguntamos aos participantes o que a experiência de "reinventar-se" no ensino remoto proporcionou de bom para eles. As respostas dos entrevistados 2, 3 e 4 foram:

> *Mais ideias para quando retornasse ao presencial e compartilhar essas estratégias com mais colegas (IE2, 2021).*

> *Me trouxe a vontade de aprender a lidar com tecnologia etc. (IE3, 2021).*

> *Conhecer novos aplicativos de ensino (IE4, 2021).*

Seria interessante, conforme destaca o IE2, o compartilhamento dessas estratégias com outros profissionais, quem sabe em futuros encontros de formação continuada de IEs, pois, assim, o profissional só precisaria adaptá-las para a sua realidade.

Os apontamentos do IE3 e IE4 também são interessantes, pois apesar de todas as dificuldades apresentadas na educação de surdos decorrentes da pandemia, percebe-se que existe a possibilidade de continuar buscando novos conhecimentos relacionados à tecnologia, recurso muito utilizado neste momento.

Ainda referente às tecnologias, Gemin (2021, s/p) indica que "[...] o suporte da tecnologia é fundamental, principalmente eliminando qualquer barreira física ou geográfica de comunicação e interação". O autor ainda destaca que as diversificadas ferramentas tecnológicas podem ter grande validade educacional, pois visam promover um compartilhamento de experiências.

Nesse sentido, a resposta dada pelo participante IE1 corrobora com essa discussão. Ele indica as provocações que a nova modalidade utilizada na escola, o ensino remoto, gerou em sua atuação, inquerindo:

"[...] como podemos melhorar o ensino da Libras por meio do uso da tecnologia, WhatsApp, Meet, Zoom? O que e como podemos motivar as famílias a explorarem mais essas ferramentas para o ensino e aprendizado da Libras com seus filhos (as)?".

Consideramos a preocupação do IE1 pertinente e interessante, porque dá a entender que os questionamentos foram feitos na perspectiva de melhorar o ensino do aluno surdo, colocando-o na centralidade de seu trabalho. Além disso, há uma preocupação voltada para a aquisição da Língua de Sinais, ou seja, questionamentos que envolvem melhorias significativas em uma perspectiva de acessibilidade linguística.

Concluímos esta seção salientando que mesmo com as dificuldades e os desafios enfrentadas pelos IEs, eles conseguiram visualizar em um momento tão conturbado algumas possibilidades para o trabalho que realizavam. E que poderiam ser aplicadas após o período pandêmico. No momento histórico atual (ano de 2024), a pandemia foi, de certa forma, controlada. As escolas voltaram a funcionar presencialmente, mas sabemos que as marcas desse período ficaram. A educação não é a mesma, pois as pessoas que a vivenciaram modificaram-se.

Especificamente sobre a educação de surdos, Lima *et al.* (2022) apontam que o impacto da pandemia foi muito negativo para esses alunos, tendo sido maior ou menor dependendo dos fatores socioeconômicos de cada família. Os autores indicam que as instituições escolares precisam, agora, repensar as formas de (re)organizar o trabalho educacional, ponderando as experiências acumuladas. Para tanto, o diálogo entre discentes, docentes e familiares é indispensável. Nosso estudo evidenciou isso. Dessa forma, indicamos que tanto no formato do ensino remoto quanto no formato presencial, o trabalho colaborativo faz toda a diferença.

CONSIDERAÇÕES FINAIS

Percebido como um período conturbador, a pandemia gerou muitos desgastes nos diferentes segmentos da sociedade, dentre eles o educacional. Esta pesquisa buscou analisar como desenvolveu-se o trabalho dos IEs no momento em que houve a orientação de um abrupto e necessário isolamento social, que culminou em aulas remotas, com inúmeras dificuldades enfrentadas por toda a comunidade escolar.

Considerando as informações coletadas e compiladas, percebemos que o trabalho com alunos surdos não dependeu apenas do IE, mas de toda uma organização, que envolveu a equipe escolar, como diretores, coordenadores, professores, família e o próprio aluno, uma vez que o trabalho do intérprete só acontece se existe a presença do sujeito surdo e exige um trabalho coletivo, como apontado nas discussões deste texto.

Referente a isso, as análises ajudam-nos a identificar que quando houve organização para incluir o IE, o aluno surdo também foi incluído, obtendo os resultados de participação esperados pela equipe pedagógica. Contrapondo a isso, os profissionais que não foram incluídos no processo não conseguiram realizar o seu trabalho de maneira satisfatória, resultando em falta de devolutivas e evasão por parte dos alunos.

Notamos, em alguns momentos, um contraponto sobre a relação dos participantes, que disseram ter uma boa interação com a equipe escolar em determinados momentos da pesquisa, mas em outros, um dos profissionais disse que não tinha acesso aos materiais básicos para o seu trabalho.

Entendemos que, infelizmente, os caminhos trilhados para a educação de surdos no período pandêmico não foram fáceis e não julgamos as escolas, pois no momento em que a pandemia começou todos estavam compreendendo os percalços que a educação estava vivenciando. Compreendemos, também, que o IE não tem culpa pela não realização do seu trabalho de maneira satisfatória, porquanto ele precisa estar em parceria com a escola e não nos cabe julgar a família que evade, visto que não sabemos suas condições e sua realidade.

Pensamos, ainda, mediante ao que foi evidenciado e discutido neste texto, que há muitos desdobramentos acerca da educação de surdos oriundos do momento vivenciado com os estudos fora do espaço físico da escola, suscitando, assim, a necessidade de continuidade das pesquisas no intuito de verificar o impacto da pandemia em seus processos de aprendizagem.

REFERÊNCIAS

AMPESSAN, J. P.; GUIMARÃES, J. S. P.; LUCHI, M. *Intérpretes educacionais de Libras*: orientações para a prática profissional. Florianópolis: Diretoria da Imprensa Oficial e Editora de Santa Catarina, 2013.

DIAS, E.; PINTO, F. C. F. A educação e a Covid-19. *Ensaio*: Avaliação e Políticas Públicas em Educação, Rio de Janeiro, v. 28, n. 108, p. 545-554, jul./set. 2020. Disponível em: https://www.scielo.br/j/ensaio/a/mjDxhf8YGdk84VfPmRSxzcn/. Acesso em: 16 maio 2023.

GEMIN, M. Educação e coronavírus: quais são os impactos da pandemia. *SAE Digital*, 2021. Disponível em: https://sae.digital/educacao-e-coronavirus/?unapproved. Acesso em: 8 ago. 2021.

GODOY, A. S. Introdução a pesquisa qualitativa e suas possibilidades. *Revista de Administração de Empresas*, São Paulo, v. 35, n. 2, p. 57-63, mar./abr. 1995. Disponível em: https://www.scielo.br/j/rae/a/wf9CgwXVjpLFVgpwNkCgnnC/?format=pdf&lang=pt. Acesso em: 28 jun. 2021.

LACERDA, C. B. F. de. O intérprete de Língua Brasileira de Sinais (ILS). *In*: LODI, A. C. B.; MELO, A. D.; FERNANDES, E. *Letramento, bilinguismo e educação de surdos*. Porto Alegre: Mediação, 2012, p. 247-287.

LIMA, P. V. de; NOVATO, T. da S.; CARVALHO, M. P. de. Desafios e medidas de enfrentamento na educação dos surdos e deficientes auditivos em tempos de pandemia. *Revista Brasileira de Educação Especial*, Corumbá, v. 28, ed. 55, p. 597-618, 2022. Disponível em: https://www.scielo.br/j/rbee/a/6ByqzqrCt3ZctvJ73rRYKwc/abstract/?lang=pt. Acesso em: 12 maio 2023.

MARQUES, R. F. *Interpretação remota durante a pandemia do coronavírus:* um relato de experiência de interpretação no ensino superior. 2020. 43f. Trabalho de Conclusão de Curso (Graduação em Letras Libras) – Universidade Federal de Santa Catarina, Santa Catarina, 2020.

OLIVEIRA, T. L.; PAIVA, C. A. Libras em pílulas: incitando o interesse escolar dos alunos surdos e ouvintes em tempos de pandemia. *EaD em Foco*, Rio de Janeiro, v. 11, n. 2, p. 1-10, 2021.

PEREIRA, M. C. C. O ensino de português como segunda língua para surdos: princípios teóricos e metodológicos. *Educar em Revista*, Curitiba, Edição Especial, p. 143-157, 2014.

QUADROS, R. M. *O tradutor e intérprete de Língua Brasileira de Sinais e Língua Portuguesa*. Brasília: MEC, 2004.

QUILES, R. E. S. *Estudo de Libras*. Campo Grande: Editora da Universidade Federal de Mato Grosso do Sul, 2010.

SANTOS, I.; GRILLO, J.; DUTRA, P. Intérprete educacional: teoria versus prática. *Revista da Feneis*, Rio de Janeiro, n. 41, p. 26-30, set./nov. 2010.

SHIMAZAKI, E. M.; MENEGASSI, R. J.; FELLINI, D. G. N. Ensino remoto para alunos surdos em tempos de pandemia. *Práxis Educativa*, Ponta Grossa, v. 15, e2015476, p. 1-17, 2020. Disponível em: https://www.revistas2.uepg.br/index. php/praxiseducativa. Acesso em: 19 maio 2023.

SILVA, M. Z. M. da; SOUZA, J. M. S. S.; LIMA, J. P. de; AUGUSTA, M. da C.; SILVA, W. N. da. Desafios no ensino remoto para alunos surdos durante a pandemia: possíveis estratégias em dias de quarentena. *In*: VII IX CONGRESSO NACIONAL DE EDUCAÇÃO - Edição Online. *Anais* [...] Campina Grande: Realize, 2020. Disponível em: https://editorarealize.com.br/artigo/visualizar/68303#. Acesso em: 13 jun. 2021.

TOKARNIA, M. Estudos reúnem pesquisas sobre educação na pandemia: suspensão de aulas presenciais mostrou uma série de desigualdades. *Agência Brasil*, Rio de Janeiro, 9 fev. de 2021.

2

O COLONIALISMO NA COMUNIDADE SURDA: DISPUTAS HISTÓRICAS POR PODER

José Arnor de Lima Júnior
Sédina dos Santos Jales Ferreira
Indira Simionatto Stedile Assis Moura
Francisco José dos Santos Neto

A história dos surdos foi marcada por altos e baixos em virtude do modo como se posicionaram e resistiram no decurso do tempo. É nessa seara que este trabalho objetiva refletir sobre as disputas históricas por poder entre a comunidade surda e o mundo ouvinte. Para tanto, faremos uma revisão teórica sobre a temática, utilizando, fundamentalmente, Mignolo (2013), Foucault (2013), Bakhtin (2002) e Perlin (2003). Além disso, com vistas a interpretar os meandros do discurso histórico, será usada a teoria decolonial.

Tal arcabouço leva a uma reflexão da realidade circunstancial e instiga a uma expansão conceitual da noção de opressor e oprimido e das relações de poder instauradas na sociedade pós-moderna.

INTRODUÇÃO: CONTEXTUALIZAÇÃO E OBJETIVOS

A comunidade surda constituiu-se em meio à luta por direitos. Mais do que simplesmente negociar com a sociedade majoritária, esse grupo, em particular, não se curvou diante das frequentes opressões ouvintistas. Nesse sentido, sua história foi marcada por altos e baixos em virtude do modo como se posicionaram e resistiram no decurso do tempo. Algumas das figuras notáveis, hoje tomadas como líderes do movimento, atuaram no intuito de questionar o *status quo* e de contestar o modo corriqueiro com que as pessoas lidavam com a diferença.

É nessa seara que este estudo objetiva refletir sobre as disputas históricas por poder entre a comunidade surda e o mundo ouvinte.

Devido à ambivalência das filosofias educacionais – e temendo trazer à tona uma versão anacrônica dos fatos existentes –, as mudanças jurídicas e sociais serão compreendidas em seu contexto individual.

Mesmo o oralismo sendo considerado um método de ensino ultrapassado em relação às proposições contemporâneas, parte significativa da sociedade da Idade Média, por exemplo, discordava de certos aspectos de sua implementação. Já nos dias de hoje, a acepção original ainda continua a ser defendida por determinados setores, os quais veem interesses escusos na medicalização desses sujeitos. Por conseguinte, tem de se ter em vista as sinuosidades do discurso patologizante, capaz de camuflar-se sobre a prerrogativa de "ajuste", "melhoria".

Nesse seguimento, a ideia de uma evolução por completo pode ser problematizada. Apesar de haver publicações difundidas no âmbito dos Estudos Surdos, existe, também, descrédito na relevância desses trabalhos. A defesa pela abertura de escolas bilíngues não pode maquiar a pauta negacionista e o movimento anticiências alastrados nos últimos anos. Cada vez mais, ao que se nota, as Ciências Humanas são compreendidas como supérfluas e dispensáveis e, por isso, o apoio incondicional à pesquisa brasileira precisa ser permanentemente levantado.

Dito isso, para interpretar os meandros do discurso histórico será usada a teoria decolonial. Tal arcabouço leva a uma reflexão da realidade circunstancial. Além disso, instiga a uma expansão conceitual da noção de opressor e oprimido e das relações de poder instauradas na sociedade pós-moderna.

2.1 O PODER FOUCAULTIANO E O (DES)COLONIALIDADE MIGNOLIANA: DEFINIÇÕES CONCEITUAIS.

A visão de Mignolo (2013) a respeito da pós-modernidade evidencia a perspectiva colonialista ainda predominante na mentalidade ocidental. Nessa lógica, sua teoria descentraliza e reconfigura os saberes socialmente valorizados. Decerto as transições experimentadas nas últimas décadas levaram a um novo funcionamento das trocas locais e globais, contudo as mudanças não se dão de forma passiva, distanciadas da ideologia dos centros de poder.

O projeto hegemônico de controle executado pelos europeus é a manifestação do propósito salvacionista e civilizatório, portanto atendeu aos anseios /às expectativas de implantar um pensamento dominante.

Ao mesmo tempo, buscou diminuir a importância da epistemologia da periferia, da maneira particular com que os grupos minoritários viam a si e ao Outro.

Em razão desse desprezo das elites eurocêntricas, as concepções de mundo desses grupos sociais oprimidos são colocadas como um pensamento de fronteira. Há muito a ser aprendido com a diferença e com a diversidade que dista dos valores prevalentes, quais sejam, os preceitos do homem branco, heterossexual e cristão, legados do processo de colonização.

Perante a notória finalidade de instituir uma cosmologia cristã, estabeleceu-se a ideia de o homem ser uma entidade superior, à parte da natureza, uno e inviolável. Para aqueles que divergissem desse protótipo inalcançável era-lhes reservada a exclusão. Por isso a noção generalizada de "normalidade" é, até a contemporaneidade, usada como moeda para a inclusão ou a repulsa de determinados nichos.

Conforme sabido, os Estudos Surdos estimulam uma independência do sujeito, em relação à visão patologizante. Isso acontece porque a assimetria de poder reserva às pessoas surdas ascensão limitada dentro de seus interesses e de sua consciência de classe. Na interpretação foucaultiana (FOUCAULT, 2013), saber é poder e, assim, deter a escalada desses sujeitos em direção à educação é um mecanismo de controle inestimável. Por conseguinte, melhor seria se todos se submetessem à disciplina vigente, às instituições de saúde, cujo reducionismo, por vezes, inibe o desenvolvimento do indivíduo em sua plenitude. Dito de outro modo, manter pessoas em condição de subalternidade (ou em um limbo, sem se sentirem pertencidas efetivamente a lugar nenhum) parece mais aprazível do que atender às demandas por direitos de um grupo social legítimo.

Em virtude de a assimetria de poder ser um mecanismo de formação disciplinar difuso, os surdos recorrem aos encontros informais e às associações, lugares onde se sentem, de fato, confortáveis. Nesses espaços eles podem definir pautas comuns com vistas à manifestação política. É o que enfoca Mignolo (2008, p. 289) no excerto a seguir:

> Irei argumentar que a identidade em política é crucial para a opção descolonial, uma vez que, sem a construção de teorias políticas e a organização de ações políticas fundamentadas em identidades que foram alocadas (por exemplo, não havia índios nos continentes americanos até a chegada dos espanhóis; e não havia negros até o começo do comércio massivo de escravos no Atlântico) por discursos imperiais (nas seis

línguas da modernidade européia – inglês, francês e alemão após o Iluminismo; e italiano, espanhol e português durante o Renascimento), pode não ser possível desnaturalizar a construção racial e imperial da identidade no mundo moderno em uma economia capitalista.

Isso posto, a opção pela desconstrução colonial perpassa a constituição de uma identidade de grupo a fim de compreender os mecanismos impostos – o controle dos corpos que lhes foi imputado. Tal reorganizaçãc abrange, necessariamente, a teoria crítica e a ação acadêmica, dada a requerida disseminação das epistemes desses grupos periféricos.

Por tempos, a constituição do imaginário dos continentes americano e asiático foi estabelecida por uma elite eurocêntrica cuja finalidade colonialista imperou e deixou marcas. Em consequência disso, a voz dos grupos ao "sul", como alguns preferem dizer, é importante para consolidar a perspectiva anterior à introdução da visão prevalente nos centros globais.

Comparando a atitude imperialista diante do continente latino-americano, os surdos, em uma situação análoga, também cumprem as prescrições de uma cartilha, a saber, as normas comportamentais a serem seguidas. Idealmente, para receberem a aprovação do meio em que vivem, devem aprender a língua portuguesa na modalidade escrita e, não raramente, na modalidade falada.

A explosão de investigação no tocante à temática do bilinguismo tem duas faces: uma, a mais apregoada, é a inserção da pessoa surda nos mais variados espaços, e outra, o acatamento à estrutura majoritária. Esta última raramente é abordada por destituir a responsabilidade dos sujeitos privilegiados. Dito de outro modo, é cômodo ou "inclusivo" engajar a comunidade surda no domínio ouvinte sem esperar, dos atores sociais como um todo, uma compreensão da realidade alheia.

Ante os frequentes ataques à verdadeira emancipação do sujeito são criados problemas, traumas, conflitos. Nos mais variados ambientes, entre os quais se destaca o meio familiar, ocorrem divergências de opinião. Quando não se estimula a pluralidade de ideias e a multiplicidade de discursos, o diálogo, antes pacífico, converte-se em uma luta velada.

Nessa intrincada rede de imposições, como enunciado anteriormente, o corpo tem um papel essencial na medida em que é instrumento de controle por parte da sociedade ouvinte. Nas palavras de Foucault (2001, p. 80), o "corpo é uma realidade bio-política. A medicina é uma estratégia bio-política". Nesse âmbito, o assujeitamento envolve desde a impossibilidade de esses sujeitos conversarem com os pares, desenvolvendo o senso de identidade e de pertencimento, à medicalização, negando o direito da pessoa surda de escolha. O implante coclear, por exemplo, consiste numa busca pela "normalidade", pela acomodação do surdo nas regras de comportamento.

Por essas vias de monitorização, constitui-se a ideia de que a pessoa surda é falha. No entanto, essa perspectiva elitista e discriminatória pode esconder-se sobre o véu da aceitação, da inclusão e da circulação desses indivíduos em diversos ambientes. Para os que advogam pela inserção coercitiva, sem levar em conta os medos e anseios dessa parcela da população, o pleno desenvolvimento político cede ao encaixe.

A individualidade, assim, fica descaracterizada, ao passo que uma forma particular de ser é privilegiada e aclamada. Enquanto a interação entre formas distintas de ver o mundo proporciona ao todo uma descolonização do pensamento, a homogeneização propicia o apagamento cultural. Logo, essa diluição contribui para o aparelhamento das instituições sob a lógica dominante ou, pode-se dizer, para fortalecimento do processo de colonização, e não o oposto.

Historicamente, o "conserto" da pessoa surda adquiriu um tom ainda mais mordaz se refletimos sobre a internação desse grupo social nos hospitais psiquiátricos. O relato dos sofrimentos enfrentados pelos surdos assemelha-se, em grande parte, às mazelas vividas por negros, gays, homossexuais e pessoas com deficiência, todos inseridos nesse estigma da loucura. Mais do que isso, a narrativa da comunidade reforça o caráter eugenista manifestado no meio acadêmico-científico. Prova cabal disso é a defesa veemente de Alexander Graham Bell por medidas segregatórias, como o não casamento entre pessoas surdas.

Quanto a essas decisões arbitrárias podemos entender a visão de Silva e Souza (2018, p. 187), que descrevem que "a teoria eugênica se funda no papel determinante da hereditariedade e no princípio de que, a partir de cruzamentos corretos, seria possível desenvolver uma raça humana superior". Dessa maneira, a descolonização requer o pensar diferente, enxergar as potencialidades da pessoa surda em sua integridade, visando a, afinal, reconhecer a singularidade do Outro sem o discurso de comiseração por vezes hasteado.

2.2 O MOVIMENTO E A RESISTÊNCIA SURDOS

O movimento surdo caracteriza-se como a organização de pessoas, instituições e associações, cujas lutas almejam a melhoria da qualidade de vida da população surda. Essa classe e sua participação política ganharam consistência no período de redemocratização, pós-regime militar (BRITO,

2016). Diferentemente dos objetivos popularmente conhecidos na contemporaneidade, a exemplo a defesa da educação bilíngue, as demandas nas últimas décadas giravam, sobretudo, em torno da afirmação linguística da Libras.

Acerca do fato relatado, é preciso salientar que, na Antiguidade clássica a impossibilidade de ouvir estava associada à incapacidade de pensar. Tal visão, embora em grande parte tenha sido apagada nos círculos acadêmicos, não deixa de encontrar adeptos na coletividade. Como resultado, gerou-se uma concepção distorcida em torno desses sujeitos, pontos de vista discriminatórios e sem respaldo científico.

Uma das figuras mais proeminentes e até hoje aclamadas pela comunidade surda é a do abade Charles Michel de l'Epée, responsável por desmistificar alguns dos preceitos alastrados no seio da sociedade francesa. Nesse seguimento, vendo as pessoas comunicarem-se com o que descrevia como "gestos", aprendeu esse modo particular de comunicar-se e utilizava-o em suas aulas. Assim, acabou por divulgar seu método de ensino e estimular a criação de escolas, as quais, posteriormente, saíram do continente europeu e projetaram-se pelo globo.

Entretanto a perspectiva ao redor da educação em língua de sinais não se manteve em pleno vigor nas décadas seguintes, levando a conquistas e perdas para os surdos. Considerando esse contexto, é natural que as expectativas, no Brasil, até então, focalizassem o reconhecimento da Libras como uma língua com sistema linguístico complexo.

A oficialização desse artefato cultural seria inestimável para que as pessoas surdas pudessem ser vistas como necessárias ao desenvolvimento da nação, amparadas dentro dos parâmetros jurídicos. Destarte, a promulgação, em 24 de abril de 2002, da Lei n.º 10.436, responsável por reconhecer a Libras como "meio legal de comunicação e expressão" (BRASIL, 2002), forneceu as bases para a democratização do acesso ao conhecimento.

Posteriormente, em 22 de dezembro de 2005, foi sancionado o decreto da Libras (BRASIL, 2005), visando esmiuçar o paradigma ora defendido. A princípio, o decreto serviu, especialmente, na conjuntura educacional, por exigir a inserção da disciplina de Libras nos cursos de licenciatura a fim de os profissionais formados terem um conhecimento basilar da estrutura gramatical e das discussões contemporâneas. Além disso, impôs também aos cursos de fonoaudiologia, cujos profissionais, já há certo tempo, entravam em conflitos de interesse com membros da comunidade surda. Como opção, ainda, aos alunos de bacharelado, o componente curricular passou a ser ofertado de modo optativo, provendo aos graduandos uma visão, mesmo que panorâmica, dessa área de estudos.

Outras regulamentações, no que diz respeito a decreto, mencionam a formação do professor e do profissional-intérprete. A lista segue, demonstrando a infinidade de alterações jurídicas, as quais propiciariam nos anos seguintes uma série de vantagens em favor da luta empreendida.

A Federação Nacional de Educação e Integração de Surdos (Feneis), nesse espectro relativo aos movimentos sociais, foi fundamental para a congregação de pessoas surdas e na promoção do debate ativo. Sobre isso vale externar que

> [...] a apropriação dessa Federação pelos surdos é repleta de significados. Simboliza uma vitória contra os ouvintes que consideravam a eles, surdos, incapazes de opinar e decidir sobre seus próprios assuntos e entre eles, sublinha o papel da linguagem de sinais na educação regular. Desnuda, ainda, uma mudança de perspectiva, ou de representação discursiva, a respeito de si próprios: ao alterarem a denominação "deficientes auditivos", impressa na sigla FENEIDA, para "Surdos", em FENEIS, deixam claro que recusavam o atributo estereotipado que normalmente os ouvintes ainda lhes conferem, isto é, o de serem "deficientes" (SOUSA, 1998, p. 91).

Fundada em 1987, a Feneis, antes, Feneida, conforme o explicitado, surgiu de uma reestruturação terminológica, agora enfatizando a pessoa surda e não a deficiência. Nessa instituição, com vigor, os surdos reuniram-se com o propósito de lutar pelo reconhecimento da Libras. Essa entidade era de nível nacional, uma vez que tinha representantes dispostos a discutirem demandas maiores.

Com isso em mente, para questões locais, situadas, os surdos recorriam a associações de surdos, clubes e afins. Tal subdivisão especializou instituições para, enfim, fortalecer o movimento surdo e servir de ponte para a socialização desses indivíduos. O encontro incessante e o diálogo profícuo incentivaram o empoderamento dos membros, aptos a desempenharem papéis variados no corpo social.

2.3 IDENTIDADE SURDA E A BUSCA POR AFIRMAÇÃO

Como se sabe, as mudanças que se têm vivenciado nos últimos tempos levaram a uma reestruturação social. Assim, o sujeito, antes compreendido como uno, passou a ser fragmentado, tendo múltiplas identidades. Essa crise identitária coincide com o fim da modernidade, com a ruptura dos modos de vida tradicionais.

Na teoria da pós-modernidade fala-se do descentramento do sujeito ou de um, em relação ao lugar do mundo que ocupava. A respeito disso, o fenômeno conhecido como globalização fornece uma boa imagem sobre as alterações experimentadas no âmbito das trocas locais e globais. O contato entre os povos, a diminuição das distâncias e a aproximação de realidades antes desconhecidas demonstra uma renovação do pensamento ocidental. Igualmente, sugere um embate entre culturas e nacionalidades, uma conversação entre passado e presente.

Sobre a identidade, vale dizer que ela caminha lado a lado à noção de diferença, uma vez que um sujeito é aquilo que o outro não é (SILVA, 2000). Nesse ponto de vista, não se pode esquecer de que as pessoas estão imersas em sistemas simbólicos que as definem e as categorizam. A linguagem é imprescindível nesse quadro, a ver a forma como o ser humano lida com as especificidades do Outro. Assim, socialmente, vão decidir por você, no domínio da cultura, as funções a serem desempenhadas, que o definem e acompanhá-lo-ão por toda a vida.

Isso não anula, como se deve imaginar, o papel do indivíduo ao eleger determinadas características. Isto é, ele não é de todo passivo, assujeitado, sem chance de escolha. No entanto, na convivência diária, se está subordinado a certas estruturas de poder, responsáveis por condicionar o comportamento e expressar convicções.

Desse modo, a identidade depende da maneira como o poder move-se na fluidez das relações humanas. A classificação e a categorização, embora natural à condição humana, reproduz também discursos supremacistas, originados de uma herança colonial. É dessa forma que a distribuição de pessoas em grupos leva aquele que detém o poder a controlar seus modos de vida, sem considerar as desvantagens enfrentadas pelos povos marginalizados na procura por autoafirmação.

Há mecanismos capazes de imputar certas qualidades ao indivíduo e outros de permitir a ele a liberdade de escolha. A isso, Bakhtin (2002) chamou de forças centrípetas e de forças centrífugas, ou, dito de outro modo, de forças centralizadoras e de forças libertadoras.

Socialmente, o poder atua no sentido de estimular a criatividade e a inventividade do indivíduo ou de negar-lhe o sentimento de pertença. Sobretudo na esfera da linguagem, a ascensão social-acadêmico-financeira pode ser fruto de uma série de empecilhos, a depender dessas forças condicionadores do bem-estar social.

Nessa esfera, os surdos, em especial, desfrutam de uma posição privilegiada, à medida que sempre estiveram em posição de fronteira. Numa sociedade majoritariamente ouvinte, a ausência de percepção acústica representa um confronto identitário e um questionamento quanto ao sentimento de pertença. Dado isso, desde cedo a pessoa surda circula em espaços em que a lógica sonora é preponderante. Mesmo quando se trata da língua portuguesa na modalidade escrita, ainda assim trata-se da língua do Outro.

À vista dessa situação vivenciada, as identidades surdas, por definição, constituem-se conforme o sujeito surdo encontra o seu par e descobre as particularidades semióticas de sua comunicação visual-especial. As especificidades do uso do sinal corroboram a perspectiva de que esse grupo social partilha uma maneira única de interpretar o mundo. Daí surgem as instituições, as agremiações e as reuniões, onde, afinal, a cultura surda impera. Diferentemente dos locais em que a interação, não raras vezes, configura-se como um trabalho árduo, nesses espaços muitos surdos sentem-se à vontade, distante dos mecanismos de controle já evidenciados.

A concepção ontológica da pessoa surda adquire diversas feições, todavia um aspecto que se sobressai é o contorno histórico – a memória de um povo, portanto. A seguir, o fragmento de Perlin (2003, p. 62) ilustra essa manifestação:

> [...] na pós-modernidade, ser surdo está se referindo a uma ideia velada que, sem querer, menciona formas de invenção da própria existência ligada a questões de experiência e vivência em seu povo. Questões de experiência seja no povo surdo no sul, em nosso caso, ou seja, no povo surdo de outras regiões, ser surdo sempre traz a marca cultural do espaço geográfico devido à presença de diferentes etnias, na miscigenação cultural acontecendo. Vivência que é experiência sob seus rituais de possessão e autopossessão de uma memória.

Consoante o trecho explicitado, notamos o sentir como fator preponderante na constituição do ser. Da mesma maneira que uma pessoa negra experimenta situações das mais diversas, algumas das quais nitidamente discriminatórias, a pessoa surda passa por muitos cenários, alguns atribulados e outros não. Esse conjunto de experiências, quando reunido, é representativo da comunidade, levando em conta tanto o passado quanto o presente.

Igualmente à sensação, o lugar de nascença pode tornar-se uma característica marcante do indivíduo, junto de sexo, gênero, idade, etnia, condição socioeconômica. Nesse ângulo, reduzir o surdo à "surdez" é simplista e pouco esclarecedor das nuances que o compõe. Isso porque, para além os entraves do ouvintismo, eles podem ser vistos com desconfiança por um ou outro atributos.

Nesse sentido, um retrato dessa conjuntura está na conjectura de que todo surdo quer ser professor de Libras ou, mesmo, de que quer trabalhar com alguma coisa ligada à comunidade surda. Casos assim são significativos, uma vez que, como dito, a identidade surda é uma das bandeiras levantadas em meio aos constantes ataques sofridos. Dito de outro modo, a questão resvala na unicidade do indivíduo, em sua humanização e na complexidade de sua existência. No fluxo global, a experiência local desvela a singularidade, sem, porém, ser reducionista.

A questão da identidade surda tem assumido uma relevância ímpar nas discussões contemporâneas, haja vista a luta pelo reconhecimento linguístico já ter, enfim, resultado na oficialização da Libras no território nacional. Nesse âmbito, a problemática incide no desmerecimento da epistemologia das minorias. O olhar ao "sul", como descreve Kleiman (2013), é uma estratégia de resistência, concebida na desmistificação do conhecimento valorizado e legitimado pelas instituições acadêmicas. Ademais, a girada para o contexto das minorias reside em perceber perspectivas diferenciadas, que possam vir a desenvolver a teoria pós-colonialista e pós-moderna.

O giro ao "sul", ou o ato de sulear, problematiza, dentre outras coisas, o currículo educacional proposto nos moldes brasileiros, inábil na tentativa de dar voz às comunidades autóctones periféricas. Frequentemente, a teoria acadêmica falha em utilizar-se de autores marginalizados, dando primazia ao cânone europeu/norte-americano. Nesse recorte ficam de fora, por exemplo, mulheres, negros, surdos e membros da comunidade LGBTQIAPN+. O esforço de reconhecer o valor das epistemes desses grupos é paulatino, contudo, quando enfim for implementado na ementa das universidades, será capaz de fornecer aos formandos uma dimensão do seu público-alvo.

REFERÊNCIAS

BAKHTIN, M. *Questões de literatura e de estética*: a teoria do romance. Tradução de Aurora Fornoni Bernardini *et al*. 5. ed. São Paulo: Hucitec, 2002.

BRASIL. Decreto n.º 5.626, de 22 de dezembro de 2005. Regulamenta a Lei n.º 10.436, de 24 de abril de 2002, que dispõe sobre a Língua Brasileira de Sinais – Libras, e o art. 18 da Lei n.º 10.098, de 19 de dezembro de 2000. *Diário Oficial da União*, Brasília – DF, 22/12/2005.

BRASIL. Ministério da Educação. Secretaria de Educação Especial. Lei n.º 10.436, 24 de abril de 2002. Dispõe sobre a Língua Brasileira de Sinais – Libras e dá outras providências.

BRITO, F. B. O movimento surdo no Brasil: a busca por direitos. *Journal of Research in Special Educational Needs*, Tamworth, v. 16, n. 1, p. 766-769, 2016.

KLEIMAN, A. Agenda de pesquisa e ação em linguística aplicada. *In*: MOITA LOPES, L. P. (org.). *Linguística Aplicada na modernidade recente*. Fertschriff para Antonieta Celani. 1. ed. São Paulo: Parábola, 2013.

LIMA-SALLES, H. M. M.. *Bilinguismo dos surdos*: questões linguísticas e educacionais. 1. ed. Goiânia: Cânone, 2007. 190 p.

MIGNOLO, W. Desobediência epistêmica: a opção descolonial e o significado de identidade em política. Cadernos de Letras da UFF. *Dossiê: Literatura, Língua e Identidade*, n. 34, p. 287-324, 2008.

MIGNOLO, W. *Historias Locales/diseños globales*: colonialidad, conocimientos subalternos y pensamiento fronteirizo. Madrid: Akal, 2013.

PERLIN, G. *O ser e o estar sendo surdo*: alteridade, diferença e identidade. 2003. 152f. Tese (Doutorado em Educação) – Universidade Federal do Rio Grande do Sul, Porto Alegre, 2003.

FOUCAULT, M. O nascimento da medicina social. *In*: FOUCAULT, M. *Microfísica do poder*. 16. ed. Rio de Janeiro: Graal, 2001. p. 79-111.

FOUCAULT, M. *A arqueologia do saber*. Rio de Janeiro: Forense Universitária, 2013.

SILVA, M.; SOUZA, R. Erradicação da surdez: a eugenia na escolarização dos surdos no século XIX. *Revista Pedagógica*, Chapecó, v. 20, n. 43, p. 183-201, 2018.

SILVA, T. (org.). *Identidade e diferença*: a perspectiva dos estudos culturais. Petrópolis: Vozes, 2000.

SOUZA, R. *Que palavra que te falta? Linguística, educação e surdez*. São Paulo: Martins Fontes, 1998.

3

SINAL DE BATISMO EM LIBRAS: USO E CONTEXTO

José Arnor de Lima Júnior
Sédina dos Santos Jales Ferreira
Indira Simionatto Stedile Assis Moura
Juliana Alves da Fonseca

INTRODUÇÃO

Neste capítulo, objetivamos discutir o papel do batismo no contexto da comunidade surda. Assim, como esteira para perseguir esse propósito, fazemos uma revisão teórica em torno dos Estudos Surdos e, seguido a isso, analisamos, por meio dos pressupostos bakhtinianos (BAKHTIN, 2011), alguns sinais comuns à comunidade local norte-rio-grandense.

A escolha desse lócus investigativo deveu-se às experiências do pesquisador-participante, sujeito do estudo em curso. Como é sabido, nas vertentes de trabalho atuais parte-se do princípio de que a interação entre o pesquisador e a pesquisa é indissociável, embora as fronteiras devem ser previamente decididas e apontadas a fim de não cometer equívocos metodológicos.

O modo particular como os surdos interagem tem sido, já há certo tempo, objeto de investigação por parte das correntes contemporâneas, dentre as quais os Estudos Culturais e os Estudos Surdos (QUADROS; PERLIN, 2003). Decerto, essa maneira finda-se numa diferenciação ontológica em relação à lógica ouvinte de ser, qual seja, a função desempenhada pelo visual.

Os surdos constroem seu patrimônio cultural, sua literatura, sua dramaturgia, enfim, sua relação com o mundo para realçar a visualidade, e isso impacta diretamente a percepção desse grupo social. No que concerne à educação, em especial, os surdos advogam por um ensino cuja metodologia enfatize uma proposta bilíngue, língua portuguesa na modalidade escrita, e a Libras, cada qual utilizada em momentos situados.

Em primeiro lugar, tal decisão da comunidade assenta-se na ideia de que a informação não pode ser apreendida acusticamente, requerendo, portanto, adaptações dos docentes responsáveis. Em segundo lugar, o bilinguismo justifica-se em razão de a Libras ser uma língua de instrução, e ser nela em que o aluno torna-se participante ativo da construção do conhecimento. Caso sejam tomadas como base as situações específicas em que as línguas são mobilizadas, é possível vislumbrar as nuances, as mudanças do ponto de vista gramatical, a adaptação ao contexto de enunciação, o estilo etc.

Assim, o profissional é capaz de fornecer maior suporte ao aluno sem ignorar suas reais necessidades. Esse trabalho ainda é bastante negligenciado, dadas as constantes tentativas de reabilitação auditiva, mesmo que fora da idade adequada para tanto. Cognitivamente sabe-se que, uma vez ignorada a aquisição linguística no período determinado, são criadas dificuldades no processo de aprendizagem. Em virtude disso, a família, se optar pelo processo de reabilitação, precisa compreender como isso deve ser feito, de preferência não excluindo a Libras nos primeiros anos de vida.

Nesse sentido, a criança surda relaciona-se melhor com o seu par, algo que já foi chamado de uma conexão virtual (PERLIN, 2003). Todos os surdos têm similaridades, ao que se pode dizer que as comunidades surdas pelo globo estão interconectadas. A impossibilidade de entender as características do português e aquilo que parece unir os ouvintes é resolvida mal entram em contato com a sinalização. A partir do momento em que veem alguém fazer uso dos sinais, conseguem discernir o referente sem quaisquer empecilhos. Isso posto, esse encontro é imprescindível para a constituição da identidade desses sujeitos e os capacita para, futuramente, decidirem por si a respeito do caminho que querem tomar.

Como se sabe, a história dos surdos é marcada por conflitos e embates e, nesse âmbito, a resistência é corrente. Com o passar do tempo, os surdos passam a enxergar-se de outra forma, interpretando o passado como a manifestação real e efetiva da cultura de um povo. Anteriormente, a perspectiva disseminada era a de que os surdos eram inferiores, no sentido de que não dispunham de aptidão para a realização de atividades intelectuais. Além disso, a ausência de som pressupunha a ignorância ou mesmo a condenação eterna. Atualmente, por outro lado, a historiografia tem atentado-se ao contexto único desses grupos de periferia e, em vez de minimizar sua potencialidade, culpando-os, acabam por reconhecer as suas conquistas. É isso que Perlin e Strobel (2014, p. 30) explicitam a seguir:

> As possibilidades abertas para os estudos históricos dos surdos pela história cultural são inúmeras e profundamente instigantes: desde a desconstrução dos temas e interpretações ouvintes às novas propostas de se sinalizar como sujeitos das experiências do cotidiano, da história, dos detalhes, do mundo experienciado, da ruptura com as oposições binárias e de dentro, incorrendo nos campos dos Estudos Culturais.

Entre os mais variados aspectos deixados de lado pelos estudos pós-colonialistas, pós-modernos e pós-estruturalistas, figuram, pois, o binarismo e o olhar de desprezo diante dos saberes locais. A epistemologia das comunidades autóctones é de tal modo equiparável à dos povos dos grandes centros de poder, a saber, Europa e Estados Unidos. Nessa conjuntura, entram em cheque a subserviência aos modelos pré-fabricados, estabelecidos como modelo ideal de existência. Na desconstrução desses saberes, os surdos afirmam a visualidade como condição *sine qua non*, sem a qual não poderiam narrar suas histórias e o seu cotidiano. Apesar das imposições sofridas, a comunidade, até hoje, adapta a informação e produz arte, instituindo um movimento de insubordinação em relação às elites referidas.

3.1 O SIGNIFICADO SOCIAL DO BATISMO

Para a comunidade surda, os sistemas simbólicos criados e perpetuados são representativos de sua cultura. Seja nas artes, na política, no seio familiar, os surdos deixam uma marca particular, manifestada na visualidade com que concebem o mundo. Embora sejam atribuídos diversos sentidos ao termo "cultura", é fato que os comportamentos de um grupo social desvelam determinados pontos de vista. Nesse rol de ações e trejeitos comuns, constrói-se a memória coletiva de um povo, as reminiscências das lutas, conquistas e pautas defendidas, bem como do humor.

Sendo visual-espacial, as línguas de sinais diferenciam-se das línguas orais-auditivas e, desse modo, instituem uma relação característica da pessoa surda com o seu semelhante. Diferentemente do que se possa imaginar, o surdo vive em meio à lógica ouvinte e atribui significado ao som, mas não o fazem da mesma maneira que a maioria da população. Eles não ignoram as danças do sujeito ouvinte, por exemplo. Isso porque seu ímpeto é o de propagar aquilo que lhe provoca conforto (na seara linguística e no terreno social), no ambiente em que se encontram. Assim sendo, a vibração e o jogo de luzes são ilustrativos de como a expressão corporal pode adquirir outros matizes, o próprio movimento desperta interesse em consonância com a demarcação de um ritmo particular.

Nesse domínio da representação simbólica da comunidade surda, a nomeação tem uma característica peculiar, a de servir como entrada nesse universo. Os ouvintes não podem atribuir um sinal para si, conforme estipulam as regras comportamentais dentro dessa rede interações. Naturalmente, esse papel é destinado aos surdos, cuja habilidade visual permite-lhes com maior acuidade conceber um sinal a quem quer que seja.

Ao que se nota, não se trata apenas de nomear, mas de sentir-se pertencido, de integrar-se àquele todo do qual não fazem parte. Mais do que isso, denota um esforço e um comprometimento, no sentido de continuar a desenvolver a habilidade com a língua de sinais, de engajar-se social e politicamente na expansão da Libras no território brasileiro.

A expansão da Libras, portanto, é um empenho coletivo por parte dos membros da comunidade surda a fim de que a referida língua torne-se corrente. Com a efetiva dispersão, com o contato com o mais diferentes nichos sociais, a acessibilidade pode, afinal, ser garantida. Dessa maneira, esse processo de nomeação é importante porque implica no reconhecimento dessa esteira do tempo, do percurso percorrido até o presente momento. Por meio da responsabilidade que é outorgada a quem deseja participar desse agrupamento tenta-se diminuir os efeitos indesejados do oportunismo.

No processo de constituição identitária dos surdos, o sinal é imprescindível, porque lhe é característico e perpassa todos os momentos de sua vida. Para Woodward (2014), a identidade é relacional e presentifica-se em razão dos diversos sistemas simbólicos nos quais os sujeitos constituem-se. Uma pessoa é o que a outra não é. Nessa porta de interação e de demarcação da diferença, o sinal de batismo explicita um pormenor, podendo referir-se a uma marca física, um trejeito, um aspecto da personalidade do indivíduo, uma mania. Em síntese, é o primeiro contato do sujeito com o mundo desde a caracterização à difusão entre os pares.

Nesse contexto, Bigogno (2012, p. 15) diz o seguinte:

> O que se quer ao reivindicar uma identidade, no caso dos surdos, é poder fazer parte da vida social, tendo porém sua diferença marcada exatamente para ser respeitada. A apreensão das coisas é diferente, a língua é diferente e os resultados disso são diferentes. Não há como respeitar essa diferença sem conhecê-la minimamente, sem se tornar sensível a ela, o que significa perceber a si mesmo e ao outro em sua alteridade, isto é, como pessoas com formas distintas de apreensão do mundo e linguagem, o que implica em diferentes formas de compreensão de ideias e expressão de pensamento.

Essa expressão característica aludida remete à natureza intrínseca constitutiva do ser. Por isso a comunidade surda busca maneiras de afirmar sua diferença, no que liga à questão social, em especial. Como exemplo, os sinais de batismo, antes uma simplificação de um empréstimo linguístico do português, resultam mais e mais de um esforço particular em torno da visualidade. Números ou letras, em geral associados a uma feição do corpo do sujeito, eram utilizados com frequência no batismo, contudo, devido a um agrupamento comum de ideias, já aos poucos se distanciando da elite acadêmica, os membros da comunidade tomam para si opiniões correntes, como a de que a entrega do sinal exige comprometimento por parte do surdo.

Nesse domínio, a linguagem insinua um posicionamento político, anunciado na escolha da visualidade, em detrimento da língua majoritária. Nos jogos de poder em que a comunidade surda está envolvida, a manutenção do *status quo* por parte dos ouvinte implica, por consequência, na negação dos grupos de periferia. Na resistência com que defendem sua cultura, seu modo de produzir conhecimento, constituem uma frente de combate, uma perspectiva com vistas à ascensão econômica e social.

Assim, mudar a terminologia – as palavras desgastadas pelo tempo e revestidas de coloração negativa – é necessário para fazer jus à conversação fidedigna, atenta à epistemologia surda de ser.

3.2 PERSPECTIVA BAKHTINIANA E PROCEDIMENTOS METODOLÓGICOS

Com a finalidade de analisar os dados escolhidos, optamos por fazer uso das discussões do Círculo de Bakhtin (BAKHTIN, 2011). Tal perspectiva coaduna com uma visão dialógica, pautada na inter-relação entre os sujeitos no âmbito da língua(gem). Sobre isso, vale destacar que o discurso não se dá de modo abstrato, mas na vida, no universo das práticas interativas.

Na substância viva, que presentifica as ações humanas, o indivíduo faz uso de gêneros dos discursos, com o ímpeto de atingir determinados propósitos comunicativos. Os gêneros são particularmente importantes porque é por intermédio deles que se age – eles têm uma função social, uma estrutura composicional tipificada e um estilo.

Nessa conjuntura, essas práticas ocorrem em variados domínios, com propósitos distintos. Assim, a pessoa surda, por exemplo, atua ao posicionar-se, ao colocar-se diante dos embates dialógicos. Não há álibi para a existência, no sentido de que para a cada situação que lhe é confrontada o indivíduo responde de forma ativa. Essa responsabilidade é concernente à própria natureza humana, terreno de incertezas, onde viver e agir confundem-se. A interpretação efetiva do enunciado, seja em língua portuguesa, seja em Libras, acontece na internalização e em sua consequente resposta. Nesse segmento não existe neutralidade, consideradas as especificidades dessa conduta social.

Nessas trocas simbólicas em que o homem coloca-se, a valoração atribuída à materialidade é relevante em razão da unicidade desse evento. Ao relacionar-se com o texto/com o enunciado, o indivíduo colore-o axiologicamente, dá a tonalidade, estabelecendo, assim, um vínculo único e insubstituível.

A visão bakhtiniana desvela o contexto ideológico subjacente às práticas culturais, a maneira como o sujeito percebe o mundo ao seu redor e reveste-o de sentido em meio ao cotidiano. Por causa disso, esse alicerce teórico serve de fundamento maior à análise discursiva dos sinais de batismo. Ao se posicionarem, os surdos agem no mundo concreto e optam por eles e pelo todo, pela comunidade de que fazem parte. A linguagem, então, revela os valores, os padrões morais, a história e a cultura de um povo.

3.3 ANÁLISE TEXTUAL-DISCURSIVA DE SINAIS EM LIBRAS

Nesta seção analisaremos quatro sinais pessoais, escolhidos pelo pesquisador-participante, para ilustrar o fenômeno abordado, qual seja, o significado social do batismo. Para tanto faremos uso da visão bakhtiniana (BAKHTIN, 2011), no fito de observar quais efeitos de sentido emergem dos exemplos elegidos.

Os nomes em português, com exceção do referente ao pesquisador-participante, são de personalidades da mídia/do meio acadêmico, motivo que justifica a divulgação sem quaisquer ressalvas – não foi necessário, desse modo, a entrega do Termo de Consentimento Livre e Esclarecido (TCLE).

Explicitado o recorte dos dados, o primeiro sinal é o do próprio pesquisador-participante. De início, no ambiente escolar, em 1991, utilizaram o sinal "GORDO" para fazer alusão, e, por algum tempo, assim ocorreu o processo de identificação. Contudo, em 1992, durante o aprendizado de língua de sinais, entendeu a forma com que lhe nomeavam e optou por algo representativo, sem quaisquer menções discriminatórias. A opção foi a seguinte:

Figura 1 – Sinal pessoal de "ARNOR"

Fonte: elaborada pelo autor

No processo interativo, o interlocutor faz uso de um apelido jocoso, valorando negativamente o sujeito. Tal coloração, por seu caráter pejorativo, foi revestida de outro caráter quando o indivíduo tomou consciência de como o termo adotado fazia-o sentir-se. Assim, a entoação, nesse caso, pode ser aceitada ou recusada, em virtude da maneira como o sujeito posiciona-se. Essa inter-relação do sujeito com os interactantes desvela uma interpretação particular do fenômeno da nomeação, mais aliada às sensações e aos sentimentos.

Em seguida, o sinal da personalidade da mídia "XUXA", como vê-se a seguir:

Figura 2 – Sinal pessoal de "XUXA"

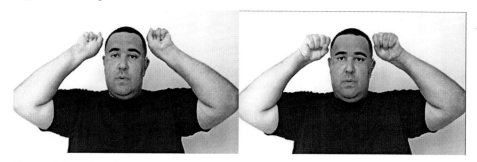

Fonte: elaborada pelo autor

Amplamente conhecida na cena brasileira, a referida apresentadora trabalhou por certo tempo como "rainha dos baixinhos", termo utilizado para referir-se à fase de sua vida em que trabalhava em um programa infantil. Nesse contexto interativo, o sinal alude a um formato particular do cabelo, junto a um movimento distinguível. As referências culturais, nessa circunstância, recuperam um sentido de grupo, comum àqueles cuja infância esteve atrelada às músicas dela aos respectivos vídeos em VHS.

O próximo sinal, do ex-prefeito de Natal, remete a uma marca em seu rosto, como se percebe:

Figura 3 – Sinal pessoal de "CARLOS EDUARDO"

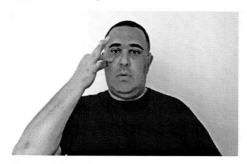 

Fonte: elaborada pelo autor

Como representação do sujeito, a marca do rosto é uma das características as quais podem ser utilizadas. No revestimento axiológico no ato da nomeação, os aspectos físicos se sobressaem como forma de identificação. Assim sendo, a visualidade, tão cara aos surdos, encontra sentido nas feições ou trejeitos comuns.

Por fim, o sinal de "SÔNIA", referente a uma CODA (*Children of Deaf Adults*) bastante conhecida no âmbito da comunidade surda:

Figura 4 – Sinal pessoal de "SÔNIA"

Fonte: elaborada pelo autor

Toda a família dela, incluindo pai, mãe e outros membros, são pessoas surdas. Quando pequena, seu tio deu-lhe um sinal, observando a maneira atemorizada com que corria e relacionava-se com as pessoas ao seu redor. Desse modo, o comportamento dela serviu de base ao batismo, notadamente, a sua expressão facial aliada ao movimento da mão. Nesse sentido, a justificativa é um acontecimento da infância cuja importância foi avaliada por parte dos pais naquele período.

CONSIDERAÇÕES FINAIS

Feitas as referidas análises, a empreitada denotou o caráter marcante da nomeação e do batismo como uma cerimônia eminentemente visual. A considerar as especificidades desse aspecto cultural, é evidente que os grupos tomam para si a materialização desses signos. Nesse âmbito, o nome torna-se uma marca maior de identificação e circunscrevem os sujeitos num grupo particular.

Apesar disso, é visível que as pessoas podem ter maior ou menor adesão a esses sinais – eles envolvem, como já evidenciado, trejeitos, características físicas, manias, comportamentos ou mesmo o nome em língua portuguesa registrado em cartório. Fica sugestivo como essas impressões sociais em torno da individualidade das pessoas pode ter repercussões. Por vezes, há uma relação de repulsa se levarmos em conta que o batismo acontece em momentos distintos da vida dos surdos. Alguns aprendem Libras posteriormente, e isso demarca a entrada deles em um novo nicho, com nova língua, novos contatos.

Para além disso, o referido ato pode ter uma dimensão no sentido de limitar códigos convencionados, que facilitam a comunicação. A ideia, por exemplo, de estipular um sinal para uma figura pública advém da quantidade de vezes em que esse nome faz-se presente nas conversações espontâneas. Certamente, à frente, estudos poderão aprofundar o discernimento do seguinte: a criação dos sinais emerge de uma necessidade imediata no mundo externo à comunidade surda ou é a realidade circundante – em sua plenitude – que requer a criação de glossários especializados?

Por fim, um último ponto capaz de sumarizar as observações empreendidas alude à afetividade presente na nomeação. Enquanto um sinal pode ter caráter visivelmente pejorativo ou depreciativo, outros constituem-se em meio a situações queridas, as quais a pessoa surda batizada guarda com estima. Isso demonstra o quão efetivo é o poder da linguagem, cujas dimensões envolvem tanto a intenção subjacente ao ato quanto a recepção das pessoas. Nas próprias palavras de Bakhtin e Volochinov (1992, p. 113), se a palavra apoia-se "em mim numa extremidade, na outra se apóia sobre o meu interlocutor. A palavra é território comum do locutor e do interlocutor".

Assim, a palavra caracteriza-se por ocupar uma posição intermediária, dado que ela provém de uma pessoa e dirige-se para outra com o fito de atingir um objetivo e de estabelecer inter-relações. A enunciação é única em si mesma, é um evento na cadeia discursiva. Como o sujeito não consegue abster-se de viver e de posicionar-se em meio à torrente de vozes sociais, ele tem um não álibi, uma atitude responsiva diante do mundo. Ao interagir, ele utiliza-se do código convencionado para dizer, no entanto, as palavras que ele mobiliza vêm do seu passado, da experiência que o constituiu previamente. Ademais, ela antecipa vozes futuras, uma vez que ela firma um elo na ligação entre os atores sociais.

A entoação dada nesse momento desvela posicionamentos únicos e determinadas maneiras de relacionar-se com o mundo. Seja devido a uma história particular, a uma marca de nascença, a um gesto ou mania, os surdos delineiam um comportamento de grupo e inscrevem-se como tais. Isso é importante, porque é nesses espaços de trocas simbólicas em que os artefatos culturais ganham sentido, isto é, nas relações valorativas e nos embates por poder. Consolidando-se como uma comunidade, com traços tipificados, os surdos inserem-se no rol das práticas sociais do grupo majoritário, instituindo uma frente de resistência.

REFERÊNCIAS

ALBRES, N. de A.; NEVES, S. L. G. (org.).. *Libras em estudo*: política educacional. São Paulo: Federação Nacional de Educação e Integração dos Surdos, 2013. 170 p. (Série Pesquisas). Disponível em: https://libras.ufsc.br/wp-content/uploads/2019/09/2013-04ALBRES-e-NEVES-_LIBRAS_Politica_educacional.pdf. Acesso em: 29 jan. 2024.

BAKHTIN, M.; VOLOVHINOV, M. *Marxismo e filosofia da linguagem*. 6. ed. São Paulo: Hucitec, 1992.

BAKHTIN, M. *Estética da criação verbal*. Tradução de Paulo Bezerra. 6. ed. São Paulo: WMF Martins Fontes, 2011.

BIGOGNO, P. *Cultura, comunidade e identidade surda*: o que querem os surdos? 2012. 18f. Trabalho de Conclusão de Curso (Graduação em Ciências Sociais) – Universidade Federal de Juiz de Fora, Juiz de Fora, 2012.

CAPOVILLA, F. C.; RAPHAEL, W. D.; MAURICIO, A. C. L.. *Dicionário Enciclopédico Ilustrado Trilíngue –Língua Brasileira de Sinais*. 2 v. 3. ed. São Paulo: Editora da Universidade de São Paulo, 2013.

PERLIN, G. *O ser e o estar sendo surdo*: alteridade, diferença e identidade. 2003. 152f. Tese (Doutorado em Educação) – Universidade Federal do Rio Grande do Sul, Porto Alegre, 2003.

PERLIN, G. *O ser e o estar sendo surdo*: alteridade, diferença e identidade. 2003. 152f. Tese (Doutorado em Educação) - Universidade Federal do Rio Grande do Sul, Porto Alegre, 2003.

QUADROS, R. *Libras*. São Paulo: Parábola, 2019.

WOODWARD, K. Identidade e diferença: uma introdução teórica e conceitual. *In:* HALL, S.; SILVA, T.; WOODWARD, K. (org.). *Identidade e diferença*: a perspectiva dos estudos culturais. Petrópolis: Vozes, 2014.

WILCOX, S.; WILCOX, P. P. Aprender a ver. Petrópolis: Arara Azul, 2005. (Coleção Cultura e Diversidade). Disponível em: http://www.editora-arara-azul.com.br/Livros.php. Acesso em: 29 jan. 2024.

4

EDUCAÇÃO BILÍNGUE: UMA PROPOSTA DE INCLUSÃO PARA SURDOS DO CENTRO-SUL BAIANO

Bárbara Viviane Silva Nascimento Alves
Adriano de Oliveira Gianotto

INTRODUÇÃO

Considerando as demandas que insurgiram no contexto do mundo globalizado e complexo em que habitamos, no qual a valorização das diferenças/diversidade tornou-se um símbolo das lutas em defesa das múltiplas manifestações culturais, as Políticas Linguísticas emergem como um projeto de resistência contra a imposição de práticas colonizadoras que envolvem saberes e fazeres ideológicos. Dessa forma, tais políticas configuram-se como uma importante vertente representativa, integrando o rol das lutas pela diferença/diversidade e assumindo um papel de destaque na promoção de uma sociedade mais justa e plural.

Partindo dessa premissa, este capítulo tem como escopo principal investigar as Políticas Linguísticas voltadas para a educação bilíngue (Libras/Português) presentes nos espaços formal e informal de ensino da cidade de Guanambi, Bahia, a partir do cenário atual, com ênfase em pesquisas realizadas por estudiosos da área de Linguística Aplicada (LA).

Na esteira desse pensamento vale a pertinente reflexão sobre as políticas linguísticas, já que elas são tomadas por governos, instituições educacionais e outros atores sociais sobre o uso e o ensino de línguas em determinado contexto. As políticas linguísticas podem ter um impacto significativo na forma como as pessoas aprendem uma língua.

No caso específico da educação bilíngue em Libras/Português, é importante considerar a Lei Brasileira de Inclusão (LBI), também conhecida como Estatuto da Pessoa com Deficiência, que estabelece que as escolas devem oferecer recursos e serviços de acessibilidade para alunos surdos, incluindo o uso da Libras como língua de instrução e presença de intérpretes de Libras. A Lei também é peculiar aos surdos e é sustentada pela Constituição Brasileira, tendo em vista:

> Art. 1º É instituída a Lei Brasileira de Inclusão da Pessoa com Deficiência (Estatuto da Pessoa com Deficiência), destinada a assegurar e a promover, em condições de igualdade, o exercício dos direitos e das liberdades fundamentais por pessoa com deficiência, visando à sua inclusão social e cidadania (BRASIL, 2015).

A presente Lei configura-se como um marco relevante no contexto educacional (e para além), uma vez que tem funcionado como elemento impulsionador para o desenvolvimento de pesquisas conduzidas na área de Linguística Aplicada. Além disso, a ciência pode fornecer *insights* sobre as melhores práticas para o ensino bilíngue em Libras/Português e as formas mais eficazes de implementar políticas linguísticas nesse contexto.

Nesse horizonte epistemológico, fundamentamo-nos nos trabalhos de pesquisadores que valorizam uma educação mais crítica e reflexiva (FREIRE, 2013), especialmente a que reconhece as particularidades dos sujeitos que foram/são invisibilizados na atualidade. Por exemplo, Gianotto e Veronese (2022) despertam nossa reflexão sobre a importância da educação bilíngue e do contato da criança surda com sua própria comunidade para promover a acessibilidade e a inclusão. Calvet (2007) aborda conceitos sobre as políticas linguísticas que favorecem a inclusão, enquanto Silveira (2020) discorre sobre o letramento político como o cerne de uma educação linguística democrática. Hamel (1995), por sua vez, destaca a importância dos direitos linguísticos.

A justificativa para esta investigação reside nas demandas emergentes da sociedade contemporânea, especialmente no que diz respeito à inclusão de indivíduos surdos como cidadãos plenos em seus respectivos meios. É importante salientar que o campo de estudo das políticas linguísticas tem sido sistematicamente discutido no Brasil (CALVET, 2007). Nessa paisagem educacional é que tecemos a próxima seção, que implica um rol de direitos individuais e coletivos que foram/são cerceados ao longo do tempo.

Teceremos brevemente o contexto histórico do público surdo (DE PAULA; GIANOTO, 2016; PEREIRA, 2021). No que tange às Políticas Linguísticas de inclusão, apresentaremos as noções de estudiosos como (GIANOTTO; VERONESE, 2022; PEREIRA, 2021; FERNANDES; MOREIRA, 2014; QUADROS, 2012; STROBEL, 2009-2008; SKLIAR, 1998;), entre outros.

4.1 PRIMEIRAS CONSIDERAÇÕES DA REALIDADE SURDA: BREVE CONTEXTO HISTÓRICO

Ecoando Dias (2006) de Paula e Gianotto (2016, p. 6),

> [...] os surdos, até o início da Idade Moderna, eram considerados ineducáveis. [...] eram excluídos da sociedade e não tinham direitos como casar, a herança, enfrentavam o preconceito, a piedade, o descrédito, e até mesmo a denominação de loucos.

O excerto apresentado revela a discriminação histórica sofrida pelas pessoas surdas, o que é preocupante. A crença de que os surdos eram ineducáveis, como salientam os autores, denota falta de compreensão do desenvolvimento cognitivo e linguístico desse público, sendo, portanto, um preconceito linguístico que outrora estava escancarado.

Nesse entendimento, a exclusão dos surdos da sociedade e a negação de seus direitos básicos, como o de casar-se e herdar propriedades, bens, valores ou qualquer outro bem ativo que implica algo deixado por um falecido do seio familiar, configura-se como um reflexo da falta de respeito à diversidade humana. No mais, a denominação de loucos é estigmatizante e discriminatória.

Nesse cenário, de Paula e Gianotto (2016), amparados em Soares (1999), seguem argumentando:

> O surdo possuía habilidade de raciocinar, isto é, que os sons da fala ou ideias do pensamento podem ser representados pela escrita. Desta maneira, a surdez não poderia se constituir num obstáculo para o surdo adquirir o conhecimento. Posteriormente o frade espanhol Pedro Ponce de Leon foi considerado o primeiro professor para surdos. Seus ensinamentos de escrita e elementos fonéticos eram direcionados para crianças surdas da elite, sob o sistema de tutoria (SOARES, 1999, p. 20 *apud* DE PAULA; GIANOTTO, 2016, p. 6).

Isso merece ser ressaltado, uma vez que a ideia de que a surdez não impede o aprendizado seja válida, ela é uma visão simplista que não leva em conta a complexidade da experiência surda. A escrita e a leitura podem ajudar os surdos a adquirirem conhecimento, mas não são suficientes para uma educação significativa e igualitária. O trabalho de Pedro Ponce de Leon, por exemplo, deve ser contextualizado em seu tempo, pois seus métodos eram limitados e destinados apenas às crianças da elite. Isso demonstra que a educação para surdos estava ligada a questões de classe e acesso à riqueza.

É crucial refletir sobre a história da educação para surdos e, a partir dela, desenvolver metodologias educacionais inclusivas e igualitárias que considerem as experiências e as necessidades dos surdos em detrimento das nuances que impossibilitam o acesso da comunidade surda (não somente) nos espaços que também são de direito em uma sociedade tão plural como a nossa.

Parafraseando Strobel (2009), podemos afirmar que não há nada mais gratificante do que sondar brevemente as origens históricas do povo surdo. A autora ressalta que ao familiarizarmo-nos com a realidade dessa comunidade, não apenas contribuímos para a construção de uma base sólida de conhecimento, mas também estimulamos nossa elucubração diante das questões que insurgem ao questionarmos o processo educativo em diferentes épocas. "Por exemplo, por que atualmente, apesar de se ter uma política de inclusão, o sujeito surdo continua excluído? Você já parou para pensar e/ou pesquisou algo sobre o povo surdo e as suas comunidades?" (STROBEL, 2009, p. 2).

Ao sustentar esse discurso, depreendemos que Strobel (2009) traz à baila questionamentos pertinentes que implicam na luta pela visibilidade dos sujeitos surdos, os quais foram/são marginalizados pela sociedade, mesmo diante das políticas de inclusão em vigor. Na mesma direção, Takaki, Alencar e Nascimento (2022, p. 237) ressaltam que por intermédio de perguntas desse teor é possível alcançar "nas exemplificações de perguntas que se prestam ao exercício (auto)crítico reflexivo freireano".

Sob essa perspectiva, essa abordagem alinha-se a um trabalho tanto individual quanto coletivo, pois enaltece a busca por conhecimento desse público e (outros/as), reverberando na conscientização e na investigação de suas realidades e das realidades de outros/as, as quais são amplamente cerceadas nos tempos hodiernos. Tal processo, por sua vez, contribui para a transformação social de todos os envolvidos.

Tendo o discurso sobre a concepção da primeira realidade da comunidade surda, voltamo-nos, neste item, que encabeça o primeiro parágrafo desta seção para corroborar a ideia de Gianotto e de Paula (2016) de que

> [...] o povo surdo já existia, voltando muito mais no tempo, centenas de gerações antes de vocês desenvolveram conhecimentos e realizaram transformações que produziram a comunidade surda [...] e para essa tarefa é de importância

> fundamental o conhecimento do passado, o saber histórico. Esta conquista, a memória viva que define o nosso presente, fornecerá artefatos culturais que permitirão alterar para melhor o mundo do povo surdo (STROBEL, 2009, p. 3).

Destaco a menção da autora às peculiaridades imanentes à valorização da identidade surda, que frequentemente são estigmatizadas em uma sociedade tão pluralizada como a nossa. Em outro trabalho, revozeando Hall (2004), Strobel (2008) advoga três características prementes sobre a identidade surda na pós-modernidade. A primeira delas remonta a uma visão iluminista na qual os romanos herdam dos gregos o amor pelo corpo perfeito, resultando na brutal e implacável eliminação de indivíduos que nascessem com qualquer traço de deficiência. A autora depreende que as crianças surdas estavam incluídas nesse rol de crueldade.

Em um segundo momento, Strobel (2008) traz outra peculiaridade, dessa vez sob uma perspectiva sociológica. A autora postula que nos séculos XIX e XX, os indivíduos surdos eram observados sob um olhar clínico, ou seja, por intermédio de uma observação treinada e sistemática, fundamentada em experiências e/ou conhecimentos teóricos. Da mesma maneira,

> [...] o normal era ouvir e falar, então eram considerados como "doentes" e "anormais", muitas vezes eram isolados nas instituições como internatos e asilos e a sociedade fazia muitas caridades e assistencialismos para ajudar esses "enfermos" (HALL, 2010, p. 10 *apud* STROBEL, 2008, p. 24).

Nessa perspectiva, a terceira e última posição mencionada pela autora diz respeito a um momento histórico marcado pela fragmentação das identidades. Ao invisibilizar a identidade surda, impõem-se padrões e modelos preestabelecidos, englobando todos os estudantes em uma única conformidade. Os surdos eram/são compelidos a aprender como os ouvintes nas escolas, o que resulta na subversão de seus próprios valores e ideais. No entanto, diante dos inúmeros desafios enfrentados pelos surdos ao longo do tempo, as batalhas contínuas resultam na quebra de paradigmas – concepções engessadas, dando lugar ao surgimento de novas identidades (STROBEL, 2008).

A partir dessa compreensão, arrolamos visões acerca das políticas linguísticas que procuram promover a inclusão do público surdo, especialmente ao expandir perspectivas que eram/são estigmatizadas e que, na sociedade contemporânea, necessitam ser problematizadas, expressas, ouvidas e incorporadas significativamente pela sociedade em geral.

4.2 CARACTERIZANDO AS POLÍTICAS LINGUÍSTICAS DE INCLUSÃO: INTERLIGANDO CONCEITOS ONTOEPISTEMOLÓGICOS[6]

A discussão em torno da consideração das políticas linguísticas de inclusão é, de certa forma uma temática antiga (nem tanto) e ao mesmo tempo hodierna, pois, para diversos autores (SKLIAR, 1998; QUADROS, 2012; PEREIRA, 2021; DE PAULA, GIANOTTO, 2016; FERNANDES; MOREIRA, 2014), entre outros, a Libras configura-se como um língua natural e completa, com sua própria gramática linguística, diferente da língua portuguesa.

Ao entender que é extremamente necessária uma reflexão minuciosa sobre uma educação bilíngue que supere os obstáculos em prol de uma educação integradora e que faça sentido, Skliar (1988, p. 52) advoga que:

> [...] toda convenção, a educação bilíngue apresenta duas características: possui um alto grau de ambigüidade e um caráter relativo de verdade. Ambigüidade porque sua própria definição é objeto de várias interpretações, inclusive diferentes entre si, e a reflexão, ainda que dentro do mesmo campo terminológico, revela-se antagônica. E apresenta um caráter de verdade, porque inclusive em sua expressão mínima – duas linguagens na educação dos surdos – já supõe e constitui uma superação relativamente à ideologia dominante e um avanço objetivo na concepção educativa para os surdos.

Em outras palavras, Skliar (1998) reconhece a importância das duas línguas na educação desses estudantes. O autor destaca, ainda, a importância e a complexidade da educação bilíngue, principalmente na educação de surdos, como parte integrante de uma educação inclusiva e que realmente faça sentido, levando em consideração as formas de opressão vivenciadas pela comunidade surda.

Nesse alinhamento, torna-se premente desmistificar certas ideologias, como a de que muitos países, incluindo o Brasil, são considerados monolíngues, mas, na verdade, têm diversos grupos usuários de outras línguas, o que os torna bilíngues, mesmo que não oficialmente reconhecidos como tal (QUADROS, 2012).

O intelectual mencionado também aponta que, historicamente, as políticas linguísticas de muitos países europeus favoreciam uma língua em detrimento de outras. O autor destaca que existe um movimento político

---

[6] A autora em questão elucida que "a epistemologia (modos de pensar para produzir sentidos e saberes) depende da ontologia (modos de ser sendo), mas de uma ontologia que aceita a diferença/diversidade, isto é, o outro" (TAKAKI, 2016, p. 435).

que obscurece a realidade linguística de vários países, inclusive o Brasil. Isso pode levar a uma falta de reconhecimento e valorização das diversas línguas e culturas presentes em um país, o que pode gerar desigualdade e discriminação. Portanto é importante refletir criticamente sobre a política linguística de um país e trabalhar para promover a inclusão e o respeito à diversidade linguística e cultural, como salienta Quadros (2012).

Nas palavras dos estudiosos de Paula e Gianotto (2016), no contexto brasileiro a inclusão começou a receber mais atenção na década de 1990, quando a Declaração de Salamanca (1994) foi adotada internacionalmente e defendeu que pessoas com necessidades especiais (NEE) fossem educadas dentro do sistema educacional.

> Essa declaração foi um propulsor para a criação da Lei de Diretrizes Básica da Educação, Lei n.º 9.394 de 20 de dezembro de 1996, garantindo a oferta da educação especial como modalidade de ensino preferencialmente no ensino regular, em todos os níveis de educação (DE PAULA; GIANOTTO, 2016, p. 8).

O excerto em questão é convidativo para aguçar nossas elucubrações sobre como essa inclusão tem sido implementada na prática, levando ao contexto que vivenciamos atualmente, quais os desafios enfrentados e como a educação inclusiva pode ser mais significativa para garantir os direitos de todas as pessoas com deficiência. Além disso, é necessário discutir sobre como a inclusão pode ser estendida para outros grupos marginalizados e como garantir a acessibilidade e a equidade educacional para todos.

Corroborando essa ideia, Pereira (2021, p. 43) elucida que

> [...] desde 1994, vivenciamos um movimento mundial em favor da integração e inclusão do aluno público-alvo da educação especial nos ambientes educacionais, defendendo o direito de acesso e permanência de todos os educandos nas instituições de ensino.

Com base no discurso de Pereira (2021), depreendemos que é necessário um compromisso contínuo para promover a inclusão e garantir que todos os estudantes tenham a oportunidade de receber uma educação de qualidade, independentemente de suas diferenças/diversidade.

Fernandes e Moreira (2014, p. 60) problematizam essa questão, argumentando que é urgente "refletir sobre os pontos de contato que determinam demandas da política linguística e ações da política de educação escolar inclusiva não pode ser um elemento que escape ao debate da gestão pública na educação de surdos".

Na esteira desse pensamento, vale a pertinente reflexão de Gianotto e Veronese (2022, p. 1), que nos lembram muito bem que:

> A Libras é a língua oficial que as pessoas surdas usam para se comunicar; é uma língua como a língua portuguesa, língua inglesa, língua alemã; é uma forma de comunicação e expressão que possui um sistema linguístico de natureza visual-motora, com estrutura gramatical própria.

Ou seja, é imprescindível que se reconheça que a Libras nem sempre é considerada uma língua legítima, o que é equivocado. Muitas pessoas ainda a veem apenas como um conjunto de gestos ou sinais simples, desprovidos de uma estrutura linguística consistente. Esse tipo de visão restrita ocasiona a exclusão das pessoas surdas em diversos contextos sociais e culturais, o que dificulta a plena participação delas na sociedade.

Por essa razão, é fundamental que a Libras seja devidamente reconhecida como uma língua completa e legítima, detentora de sua própria gramática, vocabulário e estrutura. É indispensável que a sociedade como um todo esteja ciente da relevância de garantir a inclusão das pessoas surdas e a valorização de sua língua e cultura.

É importante ressaltar o reconhecimento da Libras como uma língua completa (DE PAULA, GIANOTTO, 2016, p. 6), pois isso é fundamental para a inclusão e a valorização das pessoas surdas e sua cultura. A Libras tem sua própria gramática, força e estrutura, e é uma forma natural e eficaz de comunicação para a comunidade surda. No entanto, ainda há uma falta de reconhecimento e de conscientização sobre a importância da Libras na sociedade em geral. Muitas vezes, a Libras é vista apenas como um sistema de gestos e sinais simplificado e não como uma língua completa com suas próprias características e complexidades.

É importante que a sociedade na totalidade seja conscientizada sobre a importância da Libras e da inclusão das pessoas surdas. Isso envolve a promoção de políticas e programas que garantem a igualdade de acesso à educação, emprego, saúde e outros serviços para as pessoas surdas, bem como a preservação e o reconhecimento da língua e da cultura surda. Ao respeitar e incluir as pessoas surdas, sua língua e sua cultura, a sociedade pode tornar-se mais diversa e inclusiva, beneficiando a todos.

Nesse contexto, a presente pesquisa assume um caráter inédito ao abordar as decisões políticas relativas às línguas e as dificuldades enfrentadas pela comunidade de fala em Guanambi, Bahia, especialmente no que se refere ao acesso aos espaços que lhe são de direito. Com isso, almejamos contribuir para o desenvolvimento de estudos acerca da relação entre poder e línguas, além de dialogar com a LA, área de investigação que se dedica a métodos e propostas para o ensino de línguas/linguagens.

Desse modo, a presente pesquisa proporcionará informações sobre uma comunidade que apresenta singularidades peculiares, em que os indivíduos têm ideias e visões divergentes sobre um mesmo tema e aprendem de maneira distinta. Isso requer uma problematização de questões relevantes para esse grupo, principalmente em relação às políticas linguísticas, visando atender a essa particularidade. Essa busca contribuirá para o nosso crescimento pessoal e profissional, tanto como educadora quanto como educanda.

A Lei n.º 14.191, de 03 de agosto de 2021, altera a Lei de Diretrizes e Bases da Educação Nacional (LDB n.º 9.394/96) e prevê a oferta da modalidade de educação bilíngue para esse público, com o objetivo de contemplá-los de maneira significativa.

Diante dos inúmeros desafios ainda enfrentados no mundo globalizado, o aprendizado da língua portuguesa configura-se como mais um deles. Nesse sentido, "a imposição do Português e a proibição da Libras, ou o descaso a essa no espaço escolar, fez com que muitos surdos tivessem uma atitude negativa em relação ao Português" (QUADROS, 2006, p. 21).

Nessa direção, a Lei n.º 14.191, de 03 de agosto de 2021, representa um avanço na educação inclusiva, reconhecendo a necessidade da oferta de educação bilíngue para pessoas surdas, pois ela permite que as pessoas surdas tenham acesso a uma educação de qualidade que respeite sua cultura e identidade linguística.

A imposição do português e a segurança da Libras, ou o descaso com a língua de sinais no espaço escolar, pode causar uma atitude negativa em relação ao português por parte das pessoas surdas, pois isso exclui-as de uma comunicação efetiva e prejudica seu desenvolvimento educacional. Com a oferta da educação bilíngue, as pessoas surdas têm a oportunidade de aprender o português como segunda língua, ao mesmo tempo em que desenvolvem sua língua de sinais.

É importante destacar que a educação bilíngue não é apenas a inclusão do ensino da língua portuguesa, mas uma abordagem pedagógica que valoriza a cultura e a identidade das pessoas surdas, proporcionando um ambiente educacional inclusivo e respeitoso. Dessa forma, a educação bilíngue é fundamental para promover a igualdade de oportunidades e garantir o acesso à educação para todas as pessoas.

A questão em pauta é de grande relevância, visto que a educação bilíngue é fundamental para propiciar às pessoas surdas um ensino de qualidade, que contemple suas especificidades linguísticas e culturais. Entretanto, muitas escolas e instituições educacionais ainda não oferecem uma educação bilíngue adequada, acarretando prejuízos no aprendizado e no desenvolvimento desses estudantes.

Corroborando essa ideia, Gianotto e Veronese (2022) advogam que existem dispositivos legais que asseguram os direitos individuais e coletivos "da pessoa surda de ter uma educação bilíngue, quando sua primeira língua seja a Libras, o que, na prática, muitas vezes não ocorre, causando prejuízos em seu desenvolvimento educacional, profissional, pessoal e social" (GIANOTTO; VERONESE, 2022, p. 3).

Consequentemente, a ausência de acesso à educação bilíngue pode ter efeitos prejudiciais em outras esferas da vida das pessoas surdas, tais como a entrada no mercado de trabalho e a participação nas vidas social e cultural, como salientam os autores. Por conseguinte, é crucial que as instituições educacionais e a sociedade em geral reconheçam a importância da educação bilíngue e atuem para garantir o pleno acesso a esse direito para as pessoas surdas.

Observamos que a busca por uma educação mais justa e igualitária é uma proposta válida, especialmente por procurar retirar da margem os sujeitos que foram/são invisibilizados e trazê-los para participar de contextos que são intrínsecos às suas experiências. Quadros (2006, p. 21-22) discute isso quando diz que pelo

> […] fato dos surdos adquirirem a língua de sinais como uma língua nativa, fora do berço familiar, com o povo surdo, demanda à escola um papel que outrora fora desconhecido. Já se reconhece que a língua de sinais é a primeira língua, que a língua portuguesa é uma segunda língua, já se sabe da riqueza cultural que o povo surdo traz com suas experiências sociais, culturais e científicas. Neste momento pós-colonialista, a situação bilíngue dos surdos está posta. No entanto, os espaços de negociação ainda precisam ser instaurados. As políticas linguísticas ainda mantêm uma hierarquia vertical entre o Português e as demais línguas no Brasil, apesar de algumas iniciativas no sentido de reconhecimento das "diversidades" linguísticas do país.

Com base nesse entendimento, depreendemos que há uma urgência em promover espaços sociais democráticos e acessíveis a esse público (e outros). Para tanto, os contatos com os surdos na Associação de Pais e Amigos com Deficiência Auditiva (Apada), na Bahia (autora 1) e na Associação de Famílias, Amigos, Profissionais e Pessoa Surda (Afaps), no Mato Grosso) (autor 2), revelou-nos que eles enfrentam dificuldades nos âmbitos educacional e social, sobretudo no aprendizado de sua própria língua materna, a Libras. Tratar dessas implicações a fim de incluí-los na sociedade de maneira significativa é de extrema importância.

Ecoando Gianotto e Veronese (2022), a premissa que encabeça essa discussão é que um de seus papéis é "representar esse grupo de pessoas na sociedade, perante o poder público municipal, estadual e federal, defendendo determinados interesses, conquistando melhorias e 'dando voz' aos associados" (GIANOTTO; VERONESE, 2022, p. 6) Os autores avançam argumentando que por intermédio de parcerias é viável elaborar planos e efetuar atividades direcionadas para um propósito ou meta específica.

Partindo desses discursos, é essencial ressaltar que a instituição sem fins lucrativos (Apada) representa um espaço em que a comunidade surda reúne-se para momentos de estudo e lazer. Em consonância com a valorização da cultura e da identidade surda, aspectos intrínsecos a essa comunidade de fala, Gianotto e Veronese (2022, p. 2) declaram que é nesses espaços que

> [...] as famílias podem trocar experiências, informações e ajudar na construção de uma escola bilíngue ou um ambiente bilíngue para seus filhos, sobrinhos ou netos. A convivência da criança surda com adultos surdos é muito importante para a aquisição da cultura e da identidade.

Essa afirmação é respaldada por estudos que mostram que a comunicação e a interação com adultos surdos é um fator determinante na aquisição da língua de sinais, da cultura e da identidade surda pelas crianças surdas. A exposição a um ambiente bilíngue desde a primeira infância também é importante para o desenvolvimento cognitivo e social das crianças surdas.

Nessa linha de raciocínio, é preciso lembrar que a importância da convivência com adultos surdos não deve ser vista como uma exclusão dos ouvintes e, sim, como um complemento para a inclusão. A inclusão de crianças surdas na sociedade deve ser alcançada por meio do acesso à educação bilíngue de qualidade, de uma comunicação significativa e de oportunidades iguais de desenvolvimentos pessoal e profissional. Portanto a convivência com adultos surdos é um aspecto relevante, mas não deve ser encarada como a única forma de inclusão das crianças surdas.

A esse respeito, nenhuma política linguística satisfaz as demandas da comunidade surda na região mencionada. Em uma família composta por cinco surdos, por exemplo, apenas dois eram alfabetizados em sua língua materna, a Libras, mas tinham desistido em uma determinada fase da educação básica por falta de intérpretes para traduzir as aulas ministradas pelos professores, que não conseguiam comunicar-se na língua desses estudantes.

Isso não deixa de ser uma interferência dos poderes dominantes que

> [...] têm organizado a educação linguística de forma a criar uma massa de subalternizados, poucos lugares de destaque social e inúmeros obstáculos institucionais e no imaginário coletivo para a manutenção de formas, antigas e renovadas, de um colonialismo linguístico (SILVEIRA, 2020, p. 64).

Com base no que se observa, podemos afirmar que a sociedade é cada vez mais oprimida pelos opressores sociais, linguísticos, culturais, políticos e econômicos. Em alguns casos, essa opressão é velada e/ou escancarada e impõe padrões ocidentalizados, o que limita a capacidade dos sujeitos de se comunicarem e transitarem pelo mundo por meio da língua/linguagem. Nessa ótica Hamel (1995) postula que "os direitos linguísticos fazem parte dos direitos humanos fundamentais, tanto individuais como coletivos, e baseiam-se nos princípios universais da dignidade humana e da igualdade formal de direitos"[7] (HAMEL, 1995, p. 12).

Com base nesse entendimento, é imperativo problematizar questões que possam desconstruir perspectivas eurocêntricas, uma vez que essas muitas vezes impõem seus padrões e acabam estigmatizando particularidades inerentes a uma comunidade de fala específica. É fundamental compreender que a Língua Brasileira de Sinais (Libras) foi reconhecida no Brasil como a língua de comunicação dos surdos, o que reforça a importância de considerá-la em políticas linguísticas e educacionais que busquem promover a inclusão e a equidade.

---

[7] No original: Los derechos lingüísticos forman parte de los derechos humanos fundamentales, tanto individuales como colectivos, y se sustentan en los principios universales de la dignidad de los humanos y de la igualdad formal de derechos.

4.3 PROBLEMATIZANDO AS TEORIAS COM ENFOQUE NA PESQUISA

É importante ressaltar que esta pesquisa está em consonância com a Lei n.º 14.191, de 3 de agosto de 2021, que promove alterações na LDB n.º 9.394/96, a Lei de Diretrizes e Bases da Educação Nacional. Uma dessas alterações diz respeito à modalidade de educação bilíngue para surdos, que passou a ser reconhecida como uma política pública de inclusão. A partir dessa mudança é necessário avaliar se as políticas de inclusão estão sendo efetivamente colocadas em prática em um mundo cada vez mais globalizado e complexo.

Para realizar essa avaliação, a pesquisa propõe-se a examinar leis e trabalhos científicos que abordassem o tema da educação bilíngue para surdos e suas políticas de inclusão. Essa revisão bibliográfica permitiu uma análise cuidadosa das diferentes perspectivas teóricas e práticas relacionadas ao assunto, a fim de identificar tendências e lacunas na implementação das políticas de inclusão. Além disso, a pesquisa buscou identificar como as políticas de inclusão têm sido efetivamente aplicadas na cidade de Guanambi - BA, com o objetivo de contribuir para o aprimoramento das políticas de educação bilíngue na região (e para além).

Ademais, almejamos que esta pesquisa possa contribuir não somente com a nossa (trans)formação enquanto agentes transformadores/as da realidade, mas também com o desenvolvimento de particularidades tão urgentes na contemporaneidade, como a valorização da diversidade, não apenas no âmbito acadêmico, mas também nas esferas culturais e sociais, incluindo os saberes e as línguas/linguagens que ainda não são reconhecidos/utilizados pela sociedade.

Essa premissa desponta-se no fato de que o Atendimento Educacional Especializado (AEE) garante, de fato, o acesso das pessoas com necessidades educacionais especiais, abrangendo características múltiplas, intelectuais, sensoriais e/ou físicas. Ao amalgamarmos com essas particularidades, o processo de ensino/aprendizagem (não somente) torna-se parte integrante de uma educação humanitária e responsável.

Pereira (2021) argumenta que embora as redes estadual e federal de ensino têm se empenhado para garantir a inclusão do público surdo no âmbito acadêmico, há muito ainda o que se fazer para garantir esse suporte fundamental em todas as etapas da educação, pois a rede municipal de ensino em Guanambi (BA), à época da pesquisa, ainda não dispunha de um suporte sistematizado em prol do estudante surdo.

É válido salientar um decreto antigo (nem tanto), n.º 7.611, de 17 de novembro de 2011, que desde então dispõe sobre a educação especial, o atendimento educacional especializado e outras providências (BRASIL, 2011). Complementarmente, entendemos que há respaldo na legislação mencionada para que as escolas do município possam gozar dessas especificidades tão prementes na contemporaneidade.

Entre essas subjetividades, também se faz oportuno a menção ao que de Paula e Gianotto (2016, p. 13) advogam em seu notório trabalho, trazendo a ideia de que "a atual política nacional de inclusão escolar tem recebido severas críticas por não aprofundar as ações relativas às especificidades de seu alunado-alvo".

Corroborando essa ideia, Fernandes e Moreira (2014) sustentam a ideia de que há inconsistência/fragilidade na Lei que dispõe sobre a educação bilíngue

> [...] e a prática cotidiana das escolas – a educação especial. Na atual configuração inclusiva e do atendimento educacional especializado (AEE) a Libras não assume centralidade como língua principal na dialogia que envolve os estudantes surdos nas escolas (FERNANDES; MOREIRA, 2014, p. 66).

Nesse sentido, pode-se entender que as ideias dos autores mencionados estão alinhadas à crítica de tantos outros teóricos, que corroboram e/ou refutam neste estudo. Nessa seara educacional, as teorizações são urgentes, principalmente porque a partir delas é possível garantir os direitos individuais e coletivos do público surdo (não somente).

Em investigações pertinentes, compreender parte da realidade inicial da comunidade surda no município de Guanambi, na Bahia, é de suma importância. O primeiro processo de escolarização desse público teve início na década de 1990, "ano em que surgiu a primeira classe especial para surdos desta cidade, funcionando na escola APAE[8] [...]. A turma era composta por cerca de oito alunos, com faixa etária entre sete e dez anos" (PEREIRA; MONTALVÃO, 2002, p. 5).

Ao sustentarem esse discurso, as autoras ainda elucidam que os profissionais responsáveis pela educação dos surdos da cidade só começaram a buscar e a aprofundar seus conhecimentos da língua-alvo a partir do ano

---

[8] Associação dos Pais e Amigos dos Excepcionais (Apae).

de 1997, na capital, Salvador, por meio da Secretaria Estadual de Educação. Houve também socialização dos conhecimentos adquiridos entre os estados do Rio de Janeiro, Goiânia e Paraná.

Mais tarde, com a demanda crescente de surdos frequentando o espaço escolar, em 20 de março de 1998 emerge a Associação de Pais e Amigos de Deficientes Auditivos de Guanambi e Região (Apada), com o intuito de dar suporte para a comunidade surda (PEREIRA; MONTALVÃO, 2014). Sob essa ótica, o evento em questão foi um marco histórico, social, cultural e legal, que implica uma vitória significativa para a comunidade surda. Em resumo, para Pereira e Montalvão (2014, p. 6) tal performance rescindiu no

> [...] desenvolvimento e a difusão da língua de sinais no município de Guanambi; pois como a associação é filiada à FENEIS e mantém contato com o INES, ambos no Rio de Janeiro, passou a receber informações de eventos e acontecimentos relacionados ao universo surdo, mantendo assim, os profissionais envolvidos na área, sempre atualizados.

Endossando, portanto, as teorizações dos autores neste estudo, é pertinente recuperar importantes premissas de que a insatisfação da comunidade surda em relação aos seus direitos manifesta-se ao longo dos séculos. Como reflexo dessa realidade é possível vislumbrar direitos individuais e coletivos mesmos que ainda sejam cerceados em alguns contextos, porém é possível garanti-los mesmo que paulatinamente. Por conseguinte, expandindo as colocações já tecidas sobre os esforços da comunidade surda, é pertinente pontuar, por exemplo, que algumas conquistas foram alcançadas:

> [...] a partir de 2000: a inclusão obrigatória da disciplina da Libras nos cursos de formação de professores, a criação de cursos de Licenciatura em Letras Libras e Bacharelado em tradução e interpretação, aberturas de vagas e concursos públicos na área da Língua Brasileira de Sinais, para citar as áreas prioritárias (FERNANDES; MOREIRA, 2014, p. 65).

Portanto, retomando os estudos de Pereira (2021), depreendemos que quanto à questão da formação continuada dos profissionais qualificados, ainda há muito o que se fazer para promover uma educação significativa que reconheça os anseios e as necessidades dos surdos de Guanambi e região. Segundo a pesquisa de Pereira (2021, p. 113), "apenas uma das três professoras de AEE participantes desta pesquisa possui uma formação específica na área de surdez".

Esta pesquisa (in)conclusiva aborda apenas parte do encerramento de um ciclo, investigando somente uma parcela dos direitos individuais e coletivos da comunidade surda que foram/são cerceados ao longo do tempo. Além disso, procura contribuir para o avanço das políticas de inclusão na educação bilíngue para surdos a partir de uma abordagem crítica, capaz de fornecer subsídios concretos para aprimorar as práticas educacionais voltadas para esse público.

Uma política linguística de inclusão significativa precisa, prioritariamente, assumir um caráter inclusivo, sobretudo que valorize as peculiaridades do indivíduo surdo, como sua própria língua, como meio legal de comunicação. Além disso, o respeito à diversidade linguística é parte integrante de uma educação humanitária ética e responsável, e isso implica diretamente na quebra de paradigmas, em especial aqueles que cerceiam os direitos individuais e coletivos da comunidade surda.

Em suma, a Libras é uma realidade no Brasil, sendo utilizada em vários contextos sociais. É possível ver os usuários em atividades cotidianas como compras, vendas, estudos, trabalho e relacionamentos afetivos, um rol de interações que reflete o quanto a diversidade e o dinamismo são partes integrantes de uma sociedade plural como a nossa. Logo, ao defendermos as políticas linguísticas em prol dos direitos tratados aqui, vislumbramos uma sociedade contemporânea que não reproduza discursos hegemônicos que foram/são circulados no contexto da comunidade surda (não apenas).

REFERÊNCIAS

BRASIL. *Decreto n.º 7.611 de 17 de novembro de 2011*. Dispõe sobre a Educação Especial, o Atendimento Educacional Especializado e dá outras providências. Presidência da República/Casa Civil/ Subchefia para Assuntos Jurídicos. Brasília, DF, 2011

BRASIL. Lei n.º 14.191, de 3 de agosto de 2021. *Diário Oficial da União*, Brasília, DF, 4 de ago. de 2021. Disponível em: http://www.planalto.gov.br/ccivil_03/_ato2019-2022/2021/Lei/L14191.htm. Acesso em: 30 abr. 2021.

BRASIL. Lei n.º 13.146, de 6 de julho de 2015. Institui a Lei Brasileira de Inclusão da Pessoa com Deficiência (Estatuto da Pessoa com Deficiência). *Diário Oficial da União*: seção 1, Brasília, DF, n. 127, p. 2-11, 7 jul. 2015. Disponível em: http://www.planalto.gov.br/ccivil_03/_ato2015-2018/2015/lei/l13146.htm. Acesso em: 30 abr. 2023.

CALVET, L-J. Nas origens das Políticas Linguísticas. *In*: CALVET, L-J. As políticas linguísticas. Florianópolis; São Paulo: Ipol; Parábola. 2007, p. 7-36.

FERNANDES, S.; MOREIRA, L. C. Políticas de educação bilíngue para surdos: o contexto brasileiro. *Educar em Revista*, Curitiba, v. 2, p. 51-69, 2014.

FERNANDES, S.; MOREIRA, L. C. Políticas de educação bilíngue para surdos: o contexto brasileiro. *Educar em Revista*, Curitiba, v. 2, p. 51-69, 2014.

FREIRE P. *Pedagogia do oprimido*. Rio de Janeiro: Paz e Terra; 2013.

GERHARDT, T. E.; SILVEIRA, D. T. (org.). *Métodos de pesquisa*. Coordenado pela Universidade Aberta do Brasil/ Universidade Federal do Rio Grande do Sul e pelo Curso de Graduação Tecnológica. Planejamento e Gestão para o Desenvolvimento Rural da Secretaria de Estado de Administração. Universidade Federal do Rio Grande do Sul. – Porto Alegre: Editora da Universidade Federal do Rio Grande do Sul, 2009.

GIANOTTO, A. de O.; VERONESE, L. A importância de uma associação para construção e formação da cultura surda. *Revista Direitos Humanos e Democracia*, v. *10, n.* 20, e12620, n. 20, 2022. Disponível em: https://doi.org/10.21527/2317-5389.2022.20.12620. Acesso em: 2 jun. 2023.

GIANOTTO, A. O.; BORGES, E. F. P.; MIRANDA, J. P. R. Filhos e intérpretes dos pais surdos: Necessidade de serem mediadores. Revista Caribeña de Ciencias Sociales, 2018. Disponível em: https://www.eumed.net/rev/caribe/2018/09/filhos-interpretes-paissurdos.html. Acesso em: 2 jun. 2023.

DE PAULA, N. T.; GIANOTTO, A. O. Políticas de inclusão dos alunos surdos na rede municipal de educação do Natal/RN. *Revista Espacios*, Caracas, Venezuela, v. 37, n. 20, 2016.

GIL, A. C. *Como elaborar projetos de pesquisa*. 5. ed. São Paulo: Atlas, 2010.

HAMEL, R. E. *Derechos linguísticos como derechos humanos*: debate y perspectiva. *In*: HAMEL, R. E. (ed.). Alteridades n.º 10. Derechos humanos linguísticos en sociedades multiculturales, México: UAM, 1995. p. 11-23.

PEREIRA, J. K. F. S. *O atendimento educacional especializado para alunos surdos em instituições públicas do município de Guanambi (BA)*: organização curricular e pedagógica. 2021. 136f. Dissertação (Mestrado em Educação) – Programa de Pós-Graduação em Educação, Universidade Estadual do Sudoeste da Bahia, Vitória da Conquista, 2021.

PEREIRA, J. K. F. S.; MONTALVÃO, K. A trajetória da Libras na comunidade surda do município de Guanambi. *In*: CONGRESSO BRASILEIRO DE EDUCAÇÃO ESPECIAL. *Anais* [...] São Carlos, 2014. Anais eletrônicos. Campinas, Galoá, 2014. Disponível em: https://proceedings.science/cbee/cbee6/papers/a-trajetoria-da-libras-na-comunidadesurda-do-municipio-de-guanambi. Acesso em: 1 jun. 2023.

QUADROS, R. M.; PATERNO, U. Políticas linguísticas: o impacto do decreto 5626 para os surdos brasileiros. *Espaço*: informativo técnico-científico do Ines, Rio de Janeiro, n. 25, 2006.

QUADROS, R M. *O 'bi' em bilinguismo na educação de surdos. In*: LODI, A C. B.; MÉLO, A. D. B.; FERNANDES, E. (org.). Letramento, bilinguismo e educação de surdos. Porto Alegre: Mediação, 2012.

SKLIAR, C. Bilinguismo e biculturalismo. Uma análise sobre as narrativas tradicionais na educação de surdos. *Revista Brasileira de Educação*, s/ v., n. 8, Rio de Janeiro, maio/jun./jul./ago. 1998, p. 44-57.

SILVEIRA, A. C. Letramento político: por uma educação linguística democrática. *Travessias Interativas*, s / São Cristóvão (SE), n. 22, p. 53-66.

STROBEL, K. *História da educação de Surdos*. Florianópolis: Universidade Federal de Santa Catarina, 2009.

STROBEL, K. L. *Surdos*: vestígios culturais não registrados na história. 2008. Tese (Doutorado em Educação) – Universidade Federal de Santa Catarina, Programa de Pós-Graduação em Educação, Florianópolis, 2008. Disponível em: http://www.ronice.cce.prof.ufsc.br/index_arquivos/Documentos/karinstrobel.pdf. Acesso em: 28 maio 2023.

TAKAKI, N. H.; ALENCAR, E. B. A.; NASCIMENTO, B. S. Formação em inglês pelas perspectivas críticas decoloniais sulistas. *Revista Rascunhos culturais*, v. 13, n. 26, p. 218-241, jul./dez. 2022.

TAKAKI, N. H. Epistemologia-ontologia-metodologia pela diferença: locus transfronteira em ironia Multimodal. *Trabalhos em Linguística Aplicada*, Campinas, n, 55, v. 2, p. 431-456, mai./ago. 2016. Disponível em: https://www.scielo.br/j/tla/a/sfhCskbrBMQhXr8M6x9gcRv/?lang=pt&format=pdf. Acesso em: 30 abr. 2023.

5

TRADUTORES E INTÉRPRETES DE LÍNGUA DE SINAIS NO ENSINO SUPERIOR: ANOTAÇÕES DE ESTUDOS RECENTES

Rejane de Aquino Souza
Francimar Batista Silva

INTRODUÇÃO

Este capítulo tem como objetivo apresentar as principais notas de estudos realizados nos últimos cinco anos a respeito do tradutor e intérprete de Língua de Sinais (doravante Tils) atuante no ensino superior.

O Tils consiste no profissional que, em linhas gerais, realiza a mediação comunicativa entre as pessoas que falam em Língua de Sinais e as que não falam, e também entre pessoas que falam em línguas de sinais distintas. O profissional em questão atua em diferentes contextos de modo a favorecer a acessibilidade comunicativa para as pessoas que falam em Língua de Sinais. Um dos contextos em que a presença desse profissional tem fundamental importância refere-se à educação formal, seja qual for o nível de ensino. Cabe destacar que o Tils de referência neste texto consiste naquele que atua no ensino superior, especificamente.

Inicialmente, os Tils atuavam em demanda solidária, ou seja, foram pessoas que, por amizade ou por parentesco com surdos falantes de Língua de Sinais, colocavam-se à disposição com o intuito de auxiliá-los na acessibilidade comunicativa, mas não eram considerados profissionais. Há bem pouco tempo, eles puderam contar com processos de formação e de regulamentação profissional por intermédio de diferentes fatores, especialmente, pelos advindos a partir de dispositivos legais que versam sobre tais aspectos, e os principais foram o Decreto n.º 5.626/2005 (BRASIL, 2005), a Lei n.º 12.319/2010 (BRASIL, 2010) e a Lei n.º 14.704/2023 (BRASIL, 2023).

Consoante ao levantamento de pesquisas – nas bases de dados que serão apresentadas no próximo subitem deste texto – que foi realizado para compor este estudo, pesquisas essas concernentes ao Tils no ensino superior, ao todo foram encontrados 163 trabalhos, sendo que o primeiro deles – trata-se de uma dissertação – foi publicado no ano de 2006.

A pouca quantidade apresentada e o fato de ser, em certo sentido, recente, não, necessariamente retrata a inexistência dos surdos que falam em Língua de Sinais nesse nível de ensino, mas pode retratar a ausência do profissional em questão ou, como conjectura, a sua presença de maneira informal e/ou solidária. Outra análise possível, especificamente sobre a data indicada para a inicialização desses estudos, diz respeito à visibilidade dada aos Tils por meio dos dispositivos legais mencionados e que datam, justa-mente, a partir de 2005; e do movimento surdo em face da acessibilidade e da inclusão, tendo seus debates resultado também nos referidos dispositivos.

Ponderamos, ainda, a criação do Programa Incluir, em 2005, pelo Ministério da Educação, que teve como intuito fomentar o acesso e a per-manência de pessoas com deficiência no ensino superior. Tal Programa trouxe indicações para a reestruturação significativa das instituições com a implementação de variados recursos de acessibilidade para favorecer a inclusão. No caso dos estudantes surdos que sinalizam, tais recursos – dentre outros – envolvem a presença do profissional Tils na academia.

Para melhor compreensão sobre a atuação do Tils no ensino superior, a continuidade deste texto apresentará as principais discussões de pesquisas realizadas nos últimos cinco anos sobre a referida temática.

5.1 TRADUTORES E INTÉRPRETES DE LÍNGUA DE SINAIS NO ENSINO SUPERIOR

5.1.1 Estudos de 2018 até 2023

A busca por estudos recentes – de 2018 até 2023 – referentes à temá-tica da tradução e da interpretação de Língua de Sinais no ensino superior foi realizada em duas plataformas consideradas de relevância no meio acadêmico e com excelente abrangência em âmbito nacional, a *Scientific Electronic Library Online (SciELO Brasil)* e a Biblioteca Digital Brasileira de Teses e Dissertações (BDTD). Os descritores utilizados para o levantamento dos estudos foram "intérprete Libras" e "ensino superior", e o refinamento de busca quanto ao período de publicação foi de 2018 até 2023.

Na BDTD foram encontrados 70 resultados entre dissertações e teses, e na SciELO Brasil apenas um artigo. Um novo refinamento foi realizado, dessa vez de forma manual e com o propósito de verificar os produtos relacionados à especificidade da atuação do Tils no ensino superior. Assim, o resultado total da composição do *corpus* deste estudo foi de seis produtos, sendo um artigo da SciELO Brasil e cinco dissertações da BDTD, os quais constam no quadro a seguir com os seus respectivos dados referenciais.

Quadro 1 – Produtos (2018-2023)

Título	Autoria	Ano	Gênero	Rev. ou IES
Tradução e interpretação educacional de Libras-Língua Portuguesa no ensino superior: desdobramentos de uma atuação	Eduardo A. Gomes & Michelle N. Valadão	2020	Artigo	Rev. Trab. Ling. Aplicada
Reflexões sobre o papel do intérprete de Libras no ensino superior	Jadson A. Silva	2020	Dissertação	Uerj
O que dizem os tradutores intérpretes de Libras sobre atuar em disciplinas de Matemática no ensino superior	Nádia S. G. Porto	2019	Dissertação	UFPel
Tradução e interpretação da Libras/Língua Portuguesa no ensino superior: relatos de tradutores/intérpretes e alunos surdos	Débora U. C. Cardoso	2019	Dissertação	Unicap
Políticas inclusivas e a formação do tradutor intérprete da Libras (Tils) atuante no ensino superior	Carlene P. Santos	2018	Dissertação	UFPB
O intérprete educacional de Língua Brasileira de Sinais (Libras) atuante na UFS: em cena a construção de sua identidade profissional	Genivaldo O. Santos Filho	2018	Dissertação	UFS

Fonte: elaborado pelos autores

Na sequência deste capítulo serão apresentadas as principais anotações dos estudos elencados no quadro com posteriores discussões relativas aos elementos convergentes entre eles e aos elementos que cada qual complementa com suas especificações.

5.1.2 Notas principais

5.1.2.1 Gomes & Valadão (2020)

Gomes e Valadão (2020) entrevistaram um Tils de uma Instituição de Ensino Superior (IES) mineira que atuava com dois acadêmicos surdos sinalizantes. O Tils entrevistado afirmou que havia uma equipe que se revezava nos atendimentos, sendo estes prestados em aulas, reuniões, palestras, seminários e na tradução de materiais didático-pedagógicos. Segundo ele, as demandas das aulas eram feitas em duplas e em consonância com a matriz curricular dos cursos respectivos dos acadêmicos surdos matriculados naquele momento, e isso era visto como bastante satisfatório pela equipe de Tils.

Uma particularidade destacada por Gomes e Valadão (2020) foi o relato do Tils sobre o vínculo afetivo gerado entre os profissionais e os acadêmicos surdos. Para os pesquisadores, esse fato tem grande possibilidade de ocorrer nos contextos educacionais devido à maior proximidade e ao tempo desse contato. Conforme os autores, tal proximidade permite, inclusive, que os Tils possam perceber os recursos e os níveis linguísticos dos acadêmicos e, assim, dependendo do que se nota, atuarem com maior fluidez ou, quando necessário, lançarem mão de estratégias comunicativas diferenciadas para a expansão e a explanação dos termos, como ocorre com as adaptações, os acréscimos, as explicações, as incorporações, as modulações, as equivalências e o uso de classificadores.

O uso da datilologia pelos Tils, como dito por Gomes e Valadão (2020), foi destacado quando da ausência ou do desconhecimento de algum sinal correspondente a determinado termo da Língua Portuguesa. Nesse sentido, tende a ser comum o processo de "criação" do sinal depois da apropriação conceitual e para evitar a recorrência da datilologia durante as aulas.

O posicionamento físico do Tils na sala de aula também foi lembrado por Gomes e Valadão (2020). O Tils entrevistado disse que priorizava estar perto do professor ou dos recursos utilizados na aula, pois isso facilitava a percepção de tudo o que ocorria e favorecia ao surdo um campo visual mais nítido e sem ruídos.

> [...] dividir o espaço da sala de aula com outro profissional remete a uma redistribuição do poder historicamente atribuído exclusivamente ao professor e, além do mais, implica a reformulação dos lugares ocupados pelos estudantes da

> turma, o que provoca uma desestabilização, um sair do lugar comum, nas práticas educativas (GOMES; VALADÃO, 2020, p. 615).

Articulado ao contexto de "sair do lugar comum" anteriormente referido, em um momento específico o Tils disse aos pesquisadores que sentia a necessidade de utilizar outras metodologias diferentes das do professor por notar que seria mais proveitoso e significativo para o estudante. "A atitude do profissional, embora aparentemente inadequada às engessadas normas e técnicas preconizadas para a sua atuação, indicam uma reconceituação do seu papel enquanto ator educacional" (GOMES; VALADÃO, 2020, p. 616).

Os pesquisadores também mencionam a análise dos relatos do Tils sobre as relações de trabalho com os docentes, sendo fundamental um estreitamento e uma significativa cooperação de ambas as partes em prol da inclusão e da aprendizagem dos acadêmicos surdos. Esse processo deve envolver, por parte dos docentes, o envio dos materiais previamente para que os Tils possam preparar-se com maior aprofundamento e a disponibilidade para sanar as possíveis dúvidas dos Tils. Estes, por sua vez, podem ser considerados, segundo Gomes e Valadão (2020), como coautores dos processos de ensino e de aprendizagem dos estudantes surdos sinalizantes.

A síntese do relato do Tils entrevistado por Gomes e Valadão (2020, p. 617) demonstra a sua satisfação enquanto profissional:

> A narrativa do TILSP[9] esclarece que os mecanismos de atuação selecionados por ele cooperam para o sucesso do trabalho desempenhado, podendo trazer diversos benefícios como (i) maior interação com o estudante surdo e melhor sinalização; (ii) contribuição para (auto) formação e segurança na atuação em dupla; (iii) convenção de sinais não padronizados para referenciar os assuntos e termos rotineiramente usados em aula; (iv) promoção de novas condutas e metodologias nas diferentes disciplinas e (v) trabalho conjunto com o professor regente.

Assim, Gomes e Valadão (2020) finalizam afirmando que os Tils que atuam no ensino superior realizam muito mais do que mediação comunicativa, pois sua importância está no fato de serem agentes de transformação social.

---

[9] A sigla em questão refere-se ao Tradutor e Intérprete de Língua de Sinais/Língua Portuguesa ou Libras/Português, isto é, o profissional que atua, de forma exclusiva, na tradução e na interpretação dessas duas línguas. De todo modo, trata-se de uma entre as inúmeras variantes de identificação do profissional Tils (ALBRES, 2015).

5.1.2.2 Silva (2020)

A pesquisa de Silva (2020) foi realizada em uma IES da cidade do Rio de Janeiro por intermédio de entrevistas com as principais pessoas envolvidas na inclusão acadêmica de estudantes surdos falantes de Língua de Sinais: três discentes surdos de diferentes cursos, três professores e três Tils.

Embora visto como indispensável pelos entrevistados, o Tils, segundo Silva (2020), tende a ter o seu papel mal compreendido pela comunidade acadêmica, inclusive pelos professores e pelos próprios estudantes surdos. O pesquisador verificou a recorrência do ideário, por parte dos docentes, de que os discentes surdos sejam de responsabilidade única dos Tils, e do ideário, por parte dos estudantes surdos, de que os Tils tenham a função de auxiliá-los no processo acadêmico. O autor diz que os Tils, por seu lado, veem-se como quem soma na equipe em face de todo o processo inclusivo bilíngue que ainda encontra-se em construção, e não somente como um tradutor.

Ficou evidente para Silva (2020) a perspectiva dos entrevistados de que há a necessidade de boa interação entre todos os envolvidos, pois foi assim que eles próprios demonstraram reconhecer. Contudo houve menção de que não há tanta conexão entre os sujeitos nos cotidianos acadêmico e profissional. Houve, também, a declaração dos Tils em relação às dificuldades dos assuntos tratados pelos professores em sala de aula.

Por último, Silva (2020) identificou duas problemáticas que suscitam novos questionamentos: trata-se da rotatividade dos Tils na academia e da necessidade de maiores esforços em relação à formação dos Tils que atuam no ensino superior. Ademais, foi declarado na pesquisa que os Tils não usufruem do imprescindível direito de revezamento em razão do intenso desgaste físico e mental desencadeado no exercício da profissão.

5.1.2.3 Porto (2019)

Porto (2019) realizou entrevistas com quatro Tils de disciplinas de Matemática do ensino superior. A autora considera importante que a voz desse profissional seja contemplada não como alguém que assuma o protagonismo da educação matemática, mas como quem participa do processo como parceiro de grande significância. Outrossim, a pesquisadora concluiu que a inclusão dos acadêmicos surdos que sinalizam depende de todos os envolvidos.

Um dos principais apontamentos dos Tils entrevistados diz respeito ao desconhecimento dos outros agentes educacionais em relação ao seu papel no processo pedagógico. Segundo Porto (2019), eles afirmaram que seria fundamental que houvesse diálogo com os docentes em função de melhores articulações para a aprendizagem e a inclusão dos estudantes surdos que sinalizam.

Outro elemento de extrema relevância refere-se à formação dos Tils. Eles relataram, consoante a pesquisadora, insegurança na atuação das disciplinas de Matemática por essa não ser a sua formação inicial. Porto (2019) analisa que a legislação pertinente trata da formação para tradução e interpretação, mas não destaca questões específicas das diferentes áreas de atuação.

Porto (2019) pôde coletar algo diferenciado em sua pesquisa, que foi a atuação de Tils em duplas. Para ela, essa parceria entre os profissionais torna mais efetiva a aprendizagem dos acadêmicos em sala de aula, bem como alcança todos os espaços e momentos do trabalho em estreita colaboração.

A pesquisadora esclarece, também, que as condições de trabalho devem ser consideradas como fundamentais, inclusive no aspecto de apoio objetivo das IES para estudos e pesquisas dos Tils dentro e fora de sala de aula.

Sobre o favorecimento da aprendizagem dos estudantes surdos e da sua inclusão, Porto (2019) menciona que a configuração da sala de aula deveria ser repensada, já que os Tils precisam do livre acesso e uso do quadro-negro associado à sinalização.

Para Porto (2019), os surdos, ainda, continuam enfrentando barreiras no processo de inclusão e, nesse caso específico, no ensino de Matemática. A autora diz que há muito o que refletir e discutir para se avançar, tendo, evidentemente, os próprios Tils como importantes cooperadores.

5.1.2.4 Cardoso (2019)

Além das observações das aulas traduzidas e interpretadas em Libras, a pesquisa de Cardoso (2019) reuniu entrevistas com nove Tils e sete discentes surdos sinalizantes de cursos de graduação e de pós-graduação de três instituições distintas, abrangendo as áreas de humanas, biológicas e exatas.

Sobre o perfil dos Tils, Cardoso (2019) verificou que os profissionais tinham, em média, 11 anos de experiência em distintas áreas da tradução e interpretação em Libras, e diferentes cursos de licenciatura, sendo somente um deles sem especialização em Libras e apenas um com mestrado.

Para Cardoso (2019), o conhecimento da Libras não deve ser o único quesito para contratação e atuação do Tils no ensino superior. Ademais, a autora afirma que são várias as exigências para se considerar um ambiente acadêmico como, de fato, bilíngue, sendo preciso estabelecer, inclusive, muitas mudanças nas IES como um todo.

Nesse sentido, a pesquisadora sugere que sejam estabelecidas iniciativas por parte das IES e dos Tils em vista de favorecer a inclusão dos estudantes surdos que sinalizam: criação de grupo de pesquisa, de troca de experiências, de conhecimentos e de sinais; criação de sindicato da categoria de Tils; conscientização do papel dos Tils, já que os docentes e demais indivíduos presentes nas instituições demonstraram desconhecer o papel desses profissionais, o que traz complicadores, principalmente nas relações entre eles, os professores e os estudantes surdos que falam em Libras; acesso prévio ao material a ser traduzido e interpretado; atuação dos Tils na própria área de formação; cursos específicos e formação continuada para aprimoramento dos Tils, pois os participantes consideram a formação inicial deficitária para atuação no ensino superior e afirmaram que existe a necessidade de mais qualificação, capacitação e complementação dessa formação (CARDOSO, 2019).

5.1.2.5 Santos (2018)

Como parte da metodologia de sua pesquisa, Santos (2018) realizou entrevistas com os Tils da Universidade Federal da Paraíba (UFPB). De antemão, a autora relata a importante presença de uma equipe técnica de Tils que atuava na demanda da inclusão e da acessibilidade linguística entre os surdos falantes de Libras, os professores e os acadêmicos da UFPB.

E somado à equipe técnica de Tils havia um Programa denominado Aluno Apoiador – consiste em conceder bolsa a outros acadêmicos aprovados em processo seletivo para tal atividade – que realiza acessibilidade comunicativa – não necessariamente em Libras – aos estudantes surdos, de modo a acompanhá-los nos diferentes espaços e situações da academia com o intuito de favorecer a participação efetiva – inclusão – e a permanência desses estudantes na universidade.

> O direito à educação implica em mudanças no âmbito das IES para receber e educar as pessoas surdas. [...]. Uma política de inclusão numa instituição de Ensino Superior requer antes da formação um processo amplo de informação de

> modo a sensibilizar a comunidade universitária como um todo, da gestão aos educadores e estudantes, para então, conhecendo os direitos presentes nas leis inclusivas poder criar estratégias de inclusão, que passe pela estrutura, pelo material pedagógico, pela formação inicial e continuada, pelas ações de extensão e pesquisa, pela gestão, pela convivência universitária (SANTOS, 2018, p. 136-140).

Retomando a discussão sobre os Tils, Santos (2018) informa que a atuação deles nos diferentes âmbitos da Universidade acontecia mediante agendamento via sistema interno de comunicação eletrônica. Conforme a autora, esses contextos universitários podiam ser resumidos em: aulas de graduação e de pós-graduação para docentes ou discentes surdos falantes de Libras; atividades didático-pedagógicas; atividades de pesquisa da graduação ou da pós-graduação; processos seletivos de pós-graduação; atividades de extensão; reuniões institucionais; eventos institucionais e científicos; e tradução de Trabalhos de Conclusão de Curso da Língua Portuguesa para a Libras e vice-versa para acadêmicos surdos que sinalizam, da graduação e da pós-graduação. Os Tils trabalhavam em jornadas de 40 horas semanais com variação entre os três turnos a depender da demanda dos envolvidos.

Consoante a Santos (2018), além da invisibilidade com a qual são tratados os Tils pelos docentes ouvintes, há dois principais complicadores para os Tils do ensino superior: o primeiro deles diz respeito ao número reduzido de profissionais em relação à alta demanda de trabalho, e o segundo refere-se à dificuldade de acesso prévio aos materiais para tradução e interpretação.

A autora deixa claro que é preciso haver uma preparação com antecedência ao evento a ser mediado em face de uma atuação assertiva e sem entraves, visto que o fazer do Tils já tende a ser exaustivo física e mentalmente. Por esse motivo, a pesquisadora lembra da importância do revezamento entre os profissionais, com intervalos de 20 minutos.

Além dos complicadores pontuados, Santos (2018, p. 151, 155, 160-161) ainda destaca os seguintes aspectos a partir dos relatos dos Tils que participaram de sua pesquisa:

> Sobre as dificuldades no processo de atuação dos TILS, estes citam as limitações de ordem pessoal no modo de se expressar e se comunicar, as questões culturais, articular trabalho e formação, a dissonância entre a legislação conquistada e a prática, a complexidade entre o conhecimento teórico e os desafios da prática. [...]. Para os TILS há situações, também, em que professores não aceitam a presença de tradutores

> em sala de aula, havendo necessidade da intermediação da chefia de departamentos. [...]. Os aspectos críticos no plano cultural referem-se à necessidade de construção de uma cultura inclusiva para que atitudes de rejeição e recusa em relação aos TILS sejam encerradas e não sejam motivos de atos de discriminação.

Nesse sentido, Santos (2018) explica que os Tils da UFPB vêm construindo diretrizes para nortearem suas ações em razão de todos esses elementos vivenciados no cotidiano da academia.

Acerca da formação do Tils atuante no ensino superior, Santos (2018) nota que entre os entrevistados havia profissionais com diferentes graduações, porém tendiam a afunilar os estudos para a área da Libras em nível de pós-graduação lato sensu, ou por outra forma autônoma de busca de conhecimentos para a atuação profissional, como os cursos em nível de extensão universitária ou em nível técnico oferecidos por diferentes organizações sociais.

O fato é que nos depoimentos dos Tils ficou evidente para a pesquisadora o quanto eles sentiam a necessidade de estudos para além dos requisitos de investidura no cargo, isto é, da formação e dos critérios de qualificação exigidos. Estudos esses relacionados à busca de vocabulário específico por área de conhecimento, de estratégias de tradução e de formação permanente.

Interessante observar o que Santos (2018) registra sobre a experiência dos Tils no contexto profissional, pois tende a ter início, costumeiramente, na educação básica, e somente depois de significativo tempo de atuação nesse nível de ensino é que galgam para a academia. Ainda assim, o ingresso por concurso público foi possibilitado posteriormente à regulamentação profissional do Tils por meio da Lei n.º 12.319/2010 (BRASIL, 2010).

Os Tils que participaram da pesquisa de Santos (2018) relataram que embora existam empasses a serem superados, a experiência no ensino superior vinha sendo, para eles, positiva, gratificante e oportuna.

5.1.2.6 Santos-Filho (2018)

Santos-Filho (2018) realizou a sua pesquisa por intermédio de narrativas de seis Tils da Universidade Federal de Sergipe (UFS). O pesquisador identificou que havia diferenças nas áreas de formação inicial dos participantes e que alguns tinham pós-graduação ou certificação pelo ProLibras – Proficiência em Libras.

No que tange à identificação com o trabalho, apenas um dos Tils disse-se não satisfeito. Contudo, todos relataram que havia desafios e obstáculos a serem superados em relação a diversos fatores, por exemplo, as atitudes divergentes frente à inclusão, tanto da parte dos docentes quanto da IES; a falta de reconhecimento do profissional Tils; o nível de exigência de tradução e de interpretação do ensino superior (SANTOS-FILHO, 2018).

No aspecto da função do Tils, o autor disse que, para além do empenho na mediação comunicativa, os participantes viam-se como responsáveis, juntamente aos demais profissionais, pelo desenvolvimento da inclusão, pela aprendizagem e pelo processo acadêmico dos estudantes surdos falantes de Língua de Sinais. Entretanto, o pesquisador destaca que os participantes falaram sobre a falta de entendimento do papel do Tils na Instituição e sobre a corriqueira visão dos docentes de que os únicos responsáveis pelos discentes surdos são os Tils, como se fossem tutores, e isso acaba favorecendo a exclusão.

Dos demais dilemas profissionais, Santos-Filho (2018) discute que os narradores trouxeram antigas questões compartilhadas entre os Tils, como a ideia equivocada de que a não aprendizagem do acadêmico surdo dá-se, somente e necessariamente, por incompetência dos Tils. Mencionaram, ainda, que não recebiam com antecedência o material a ser traduzido e interpretado, que exerciam o trabalho de forma desgastante por muitas horas de atuação sem o devido revezamento, e que os salários não faziam jus às atividades que desempenhavam.

A última análise pontuada por Santos-Filho (2018) diz respeito aos caminhos para a valorização do Tils. Nesse sentido, houve prevalência entre os profissionais, segundo o autor, de que essa valorização deve perpassar pelo aprimoramento profissional em termos de formação constante e de postura ética dos Tils.

5.1.3 Elementos convergentes e complementares: breves discussões

Em face das principais anotações dos estudos apresentados anteriormente, podemos verificar que existem elementos convergentes que exprimem significativa relevância. O principal deles, em consonância com referenciais da área, como Quadros (2004), Santos e Lacerda (2015), Albres (2006; 2015) e Santiago e Lacerda (2016), refere-se à necessidade de maior reconhecimento profissional como meio de valorização do Tils, bem como do seu fazer diante de sua fundamental contribuição para a inclusão de acadêmicos surdos que sinalizam. Nesse aspecto, Gomes e Valadão (2020), Silva (2020), Cardoso (2019), Porto (2019), Santos (2018) e Santos-Filho (2018) convergem em suas pesquisas quanto ao pouco reconhecimento e à ausência de valorização do profissional Tils nas academias.

Esses fatores relacionam-se intimamente com o que os seis pesquisadores destacaram em seus textos, isto é, a também convergência de resultados concernentes à falta de parceria no trabalho entre os Tils, os docentes e os demais agentes educacionais universitários. Em favor da inclusão, Santos e Lacerda (2015) afirmam ser essencial o estabelecimento da boa interação e cooperação entre os entes que atuam nas instituições educacionais. Deve-se prevalecer a flexibilidade e a escuta e não mais haver o frequente desconhecimento de que os Tils, além da mediação da comunicação, são coautores dos processos de ensino e de aprendizagem dos surdos que sinalizam, conforme complementam Gomes e Valadão (2020), Silva (2020), Porto (2019) e Santos-Filho (2018). Contudo, o que foi detectado por todos os autores foi a dificuldade de repasse antecipado dos materiais a serem traduzidos e interpretados, com o devido tempo para a tomada de conhecimento, seja das aulas, seja dos diferentes contextos acadêmicos.

Tais discussões lembram o quanto a inclusão ainda precisa avançar e, no caso da presença dos Tils no ensino superior, o quanto ainda são vistos de maneiras equivocadas, conforme alertam Quadros (2004), Santos e Lacerda (2015) e Santiago e Lacerda (2016). Nessa esteira, Silva (2020), Cardoso (2019), Porto (2019) e Santos-Filho (2018) puderam verificar em seus respectivos estudos que os docentes tendem a deixar os discentes surdos sob a responsabilidade exclusiva dos Tils. Santos-Filho (2018) acrescentou que na ocorrência de baixo desempenho dos estudantes surdos sinalizantes, a culpa recai, única e corriqueiramente, aos Tils.

Somado a esses reveses, Santos (2018) e Santos-Filho (2018) destacaram alguns protestos dos entrevistados em razão da rejeição e da invisibilidade com que são tratados. Nesse contexto, Cardoso (2019), Porto (2019) e Santos (2018) apontam a necessidade de diálogo sobre as reais funções e o papel dos Tils na academia, e de maiores esclarecimentos e conscientização dos diversos elementos que devem corroborar a inclusão dos acadêmicos surdos que sinalizam.

Porto (2019) e Santos (2018) adicionam, ainda, que as IES precisam observar as condições gerais de trabalho desses profissionais, conceder apoio em qualquer aspecto advindo de sua atuação profissional e empenhar-se contra a discriminação que os Tils tendem a sofrer. Santos-Filho (2018), por seu lado, tematiza sobre a necessidade de melhoria da remuneração dos Tils como um importante fator de motivação.

Como já dito, é essencial que as relações entre os diferentes profissionais atuantes nas instituições educacionais sejam estreitas, mas conforme os esclarecimentos de Santos e Lacerda (2015) e Santiago e Lacerda (2016), essas relações devem ultrapassar o caráter direto e imediato para alcançarem a revisão das atitudes e a remodelação do espaço para ser amplamente inclusivo e bilíngue. Nesse sentido, Cardoso (2019), Santos (2018) e Santos-Filho (2018) enfatizaram em seus textos a necessidade de alterações significativas nas IES e nas atitudes dos agentes educacionais dessas instituições em face da inclusão dos surdos no ensino superior.

Sobre a organização da sala de aula especificamente, Gomes e Valadão (2020) e Porto (2019) analisaram que a sua configuração deve favorecer a participação e a equidade de todos os estudantes, sejam surdos ou ouvintes, e facilitar a livre atuação de todos os profissionais, docentes e Tils, em função da inclusão e da evitação do estabelecimento da hierarquização entre eles.

Considerando a intensa demanda de trabalho no ensino superior, isto é, atuar como Tils em todos os espaços da academia, Quadros (2004) e Santos e Lacerda (2015), a despeito de terem visado à educação básica em suas discussões, já haviam alertado para a necessidade de trabalho em equipes ou em duplas dos Tils educacionais. Gomes e Valadão (2020), Silva (2020), Porto (2019), Santos (2018) e Santos-Filho (2018) também pontuaram em suas pesquisas sobre a necessidade de uma equipe de Tils na universidade, tendo em vista a possibilidade de praticar o revezamento para evitar desgaste físico e mental, a colaboração e o compartilhamento entre os atuantes, e para melhores condições em termos de tempo e de meios para realizarem seus estudos.

Os produtos elencados neste capítulo que trouxeram a ausência dessa equipe ou o número reduzido de profissionais, como o de Silva (2020), o de Santos (2018) e o de Santos-Filho (2018), demonstraram maiores dificuldades para os Tils e, consequentemente, para os estudantes surdos que sinalizam. Esse aspecto pode estar associado ao que destacou Silva (2020) em relação à rotatividade de profissionais Tils na instituição pesquisada. Santos (2018) trouxe o importante complemento que versa sobre o posicionamento dos Tils da instituição por ela pesquisada no sentido de que estão estabelecendo diretrizes diante de suas especificidades e, como efeito, das dos universitários surdos que sinalizam.

Quanto ao quesito estudos e base formativa, embora o Decreto n.º 5.626/2005 (BRASIL, 2005) oriente para o curso de Letras/Libras – bacharelado –, ainda não se verifica, na prática, uma especificação da formação dos Tils em termos de graduação e de pós-graduação. Cardoso (2019), Santos (2018) e Santos-Filho (2018) destacaram, por exemplo, que os Tils participantes de suas pesquisas tinham diferentes áreas e níveis de estudos. Há que se recordar o que discutem Silva (2020), Cardoso (2019), Porto (2019), Santos (2018) e Santos-Filho (2018) a respeito da formação inicial e continuada desses profissionais: os próprios Tils devem buscar esse aprimoramento e as IES, por sua parte, devem favorecer as condições objetivas para que eles possam submeter-se à qualificação e à capacitação em constância.

Cardoso (2019) e Porto (2019) também analisam a importante questão referente à atuação do Tils em cursos compatíveis com a sua formação. Cardoso (2019) destaca, ainda, que a fluência em Libras não pode ser o único critério de conhecimento para contratação desse profissional no ensino superior. Já Santos (2018) e Santos-Filho (2018) complementam que o nível de exigência do trabalho na academia tende a ser altíssimo para os Tils. Ou seja, todos os autores chamam a atenção para a relevância de uma formação específica e com contínuo aperfeiçoamento.

No aspecto de metodologias, Albres (2006; 2015) e Santiago e Lacerda (2016) discutem o quanto é preciso os Tils utilizarem de estratégias e de técnicas de tradução para evitarem prejuízos ao seu fazer e, por conseguinte, aos estudantes surdos sinalizantes. Nesse contexto, Gomes e Valadão (2020) e Santos (2018) refletem sobre a necessária busca de meios diferenciados para a aprendizagem significativa. Assim, os pesquisadores mencionaram as diferentes técnicas e estratégias de tradução que são largamente utilizadas pelos Tils, pois esses profissionais podem receber retornos imediatos devido à proximidade entre eles e os universitários surdos. A exemplo, os autores destacaram a datilologia e a elaboração de sinais novos como tendências recorrentes do cotidiano acadêmico. De todo modo, Santos-Filho (2018) lembra da imprescindível postura ética na atuação desses profissionais.

Reconhecer e empenhar ações na direção de todos os elementos discutidos já seria de grande valia diante das indispensáveis mudanças apontadas pelos pesquisadores em vista da inclusão universitária dos acadêmicos surdos que sinalizam.

CONSIDERAÇÕES FINAIS

As análises e discussões apresentadas neste capítulo foram possibilitadas a partir do levantamento de estudos dos últimos cinco anos – 2018 até 2023 – concernentes à temática do Tils no ensino superior, sendo, ao todo, cinco dissertações e um artigo científico.

Embora as pesquisas elencadas para as anotações aqui expostas tenham sido dos últimos cinco anos, o que se depreende, em linhas gerais, refere-se à existência de entraves já conhecidos há tempos pelos Tils educacionais, independentemente do nível de ensino em que atuam.

O fato de emergirem estudos problematizando a presença e a atuação dos Tils no ensino superior demonstra, inegavelmente, que a inclusão está avançando. Entretanto, os entraves supramencionados indicam que esteja havendo, em certo sentido, uma lentidão nesse processo.

De acordo com as evidências destacadas nos seis estudos consultados, os principais problemas enfrentados pelos Tils no ensino superior dizem respeito à falta de reconhecimento e valorização por parte dos outros profissionais das IES; à ausência de parceria e de cooperação dos demais educadores no cotidiano da academia; às perspectivas equivocadas quanto ao papel dos Tils na academia, sendo algumas enviesadas, inclusive, por elementos de discriminação; ao modo como os espaços são organizados e que acabam por dificultar o trabalho dos Tils e, também, gerar a exclusão dos acadêmicos surdos que falam em Língua de Sinais; à falta de apoio e de melhores condições de trabalho por parte das IES como um todo; à baixa e incompatível remuneração que recebem diante da intensa demanda de trabalho; às dificuldades ou precarização em relação à formação inicial e continuada desses profissionais.

Foi possível compreender pelas pesquisas que, mesmo com os enfrentamentos diários, os Tils têm se empenhado para a realização do seu trabalho da melhor forma possível, de maneira a assumir a corresponsabilidade pela inclusão e pela aprendizagem significativa e formação dos acadêmicos surdos que sinalizam.

REFERÊNCIAS

ALBRES, N. A. Interpretação da/para Libras no ensino superior: apontando desafios da inclusão. *Anais* […]. Simpósio Multidisciplinar, 5, São Paulo: Unifai, 23-27 out. 2006.

ALBRES, N. A. *Intérprete educacional*: políticas e práticas em sala de aula inclusiva. São Paulo: Harmonia, 2015.

BRASIL. *Decreto n.º 5.626, de 22 de dezembro de 2005*. Regulamenta a Lei n.º 10.436, de 24 de abril de 2002, que dispõe sobre a Língua Brasileira de Sinais – Libras, e o art. 18 da Lei n.º 10.098, de 19 de dezembro de 2000. Disponível em: https://www.planalto.gov.br/ccivil_03/_ato2004-2006/2005/decreto/d5626.htm Acesso em: 10 maio 2023.

BRASIL. *Documento Orientador do Programa Incluir*: Acessibilidade na Educação Superior. Brasília: Ministério da Educação; Secretaria de Educação Continuada, Alfabetização, Diversidade e Inclusão; Secretaria de Educação Superior, 2013. Disponível em: http://portal.mec.gov.br/index.php?option=com_docman&-view=download&alias=12737-documento-orientador-programa-incluir-pdf&-category_slug=marco-2013-pdf&Itemid=30192 Acesso em: 16 maio 2023.

BRASIL. *Lei n.º 12.319, de 10 de setembro de 2010*. Regulamenta a profissão de Tradutor e Intérprete da Língua Brasileira de Sinais – Libras. Disponível em: https://www.planalto.gov.br/ccivil_03/_ato2007-2010/2010/lei/l12319.htm Acesso em: 15 maio 2023.

BRASIL. *Lei n.º 14.704, de 25 de outubro de 2023*. Altera a Lei n.º 12.319, de 1º de setembro de 2010, para dispor sobre o exercício profissional e as condições de trabalho do profissional tradutor, intérprete e guia-intérprete da Língua Brasileira de Sinais (Libras). Disponível em: https://pesquisa.in.gov.br/imprensa/jsp/visualiza/index.jsp?data=26/10/2023&jornal=515&pagina=5&totalArquivos=145 Acesso em: 26 out. 2023.

BRITO, F. M. *Professora surda e intérprete de Libras no ensino superior*: relações papéis e referências em sala de aula. 2019. 167f. Dissertação (Mestrado em Educação) – Programa de Pós-Graduação em Educação, Universidade Federal do Paraná, Curitiba, 2019.

CARDOSO, D. U. C. *Tradução e interpretação da Libras/Língua Portuguesa no ensino superior*: relatos de tradutores/intérpretes e alunos surdos. 2019. 136f. Dissertação (Mestrado em Ciências da Linguagem) – Programa de Pós-Graduação em Ciências da Linguagem, Universidade Católica de Pernambuco, Recife, 2019.

GOMES, E. A.; VALADÃO, M. N. Tradução e interpretação educacional de Libras--Língua Portuguesa no ensino superior: desdobramentos de uma atuação. *Trabalhos em Linguística Aplicada*, Campinas, v. 59, n. 1, p. 601-622, jan./abr. 2020.

Disponível em: https://periodicos.sbu.unicamp.br/ojs/index.php/tla/article/view/8655944/22450 Acesso em: 22 abr. 2023.

PORTO, N. S. G. *O que dizem os tradutores intérpretes de Libras sobre atuar em disciplinas de Matemática no ensino superior.* 2019. 192f. Dissertação (Mestrado em Educação Matemática) – Programa de Pós-Graduação em Educação Matemática, Universidade Federal de Pelotas, Pelotas, 2019.

QUADROS, R. M. *O tradutor e intérprete de Língua Brasileira de Sinais e Língua Portuguesa.* Brasília: MEC; Seesp, 2004.

SANTIAGO, V. A. A.; LACERDA, C. B. F. O intérprete de Libras educacional: o processo dialógico e as estratégias de mediação no contexto da pós-graduação. *Belas Infiéis*, Brasília, v. 5, n. 1, p. 165-182, 2016. Disponível em: https://periodicos.unb.br/index.php/belasinfieis/article/view/11375 Acesso em: 10 jun. 2023.

SANTOS, C. P. *Políticas inclusivas e a formação do tradutor intérprete da Libras (Tils) atuante no ensino superior.* 2018. 203f. Dissertação (Mestrado em Educação) – Programa de Pós-Graduação em Educação, Universidade Federal da Paraíba, João Pessoa, 2018.

SANTOS-FILHO, G. O. *O intérprete educacional de Língua Brasileira de Sinais (IELibras) atuante na UFS*: em cena a construção de sua identidade profissional. 2018. 146f. Dissertação (Mestrado em Educação) – Programa de Pós-Graduação em Educação, Universidade Federal de Sergipe, São Cristóvão, 2018.

SANTOS, L. F.; LACERDA, C. B. F. Atuação do intérprete educacional: parceria com professores e autoria. *Cadernos de Tradução*, Florianópolis, v. 35, n. especial 2, p. 505-533, 2015. Disponível em: https://periodicos.ufsc.br/index.php/traducao/article/view/2175-7968.2015v35nesp2p505/30723 Acesso em: 10 jun. 2023.

SILVA, J. A. *Reflexões sobre o papel do intérprete de Libras no ensino superior.* 2020. 68f. Dissertação (Mestrado em Processos Formativos e Desigualdades Sociais) – Faculdade de Formação de Professores, Universidade do Estado do Rio de Janeiro, Rio de Janeiro, 2020.

6

ASPECTOS DO LETRAMENTO VISUAL EM APRENDIZES DE LIBRAS COMO SEGUNDA LÍNGUA

Gabriele Cristine Rech
Fabíola Sucupira Ferreira Sell

INTRODUÇÃO

É incontestável a importância do reconhecimento da Libras enquanto língua oriunda das comunidades surdas brasileiras por meio da Lei n.º 10.436/02, regulamentada pelo Decreto n.º 5.626/05. Tal reconhecimento tem como consequência o ensino de Libras no ensino superior, a garantia do atendimento ao surdo considerando aspectos culturais e linguísticos, a formação do tradutor e intérprete de língua de sinais e língua portuguesa e do professor de Libras, entre outras conquistas.

Contudo, passados mais de vinte anos, alguns pontos ainda carecem de investimentos, quer sejam por intermédio de investimentos financeiros, quer sejam intelectuais, o que nos encaminha para mais pesquisas na área, como o ensino de Libras para ouvintes, público que a cada dia tem mais interesse em aprender essa língua sinalizada.

Qualquer pessoa que tenha curiosidade pelo ensino de Libras, ao realizar uma busca em sites de pesquisas, encontrará poucos trabalhos que versem a respeito da temática. Mais escasso ainda são os materiais que se dedicam a metodologias e métodos para o ensino de uma língua visuoespacial para ouvintes.

Enquanto pesquisadoras da área do ensino de Libras para ouvintes desde 2015, dedicamo-nos a esta investigação tendo como foco o ensino superior e os cursos de Libras considerando questões como as percepções dos alunos quanto à oferta da disciplina de Libras nos cursos superiores (SELL; RECH, 2017); as motivações para o aprendizado da Língua Brasileira de Sinais (RECH; SELL, 2020a); os impactos da disciplina de Libras na visão dos licenciados em relação à surdez e à Libras (SELL; RECH, 2020b); os conhecimentos prévios a respeito dessa língua (SANTOS; SELL; RECH, 2021a, 2021b) e produção de materiais didáticos para a disciplina de Libras (SELL; RECH, 2020c).

Atualmente, nosso foco encontra-se mais em questões práticas envolvendo o ensino de Libras em si, discutindo métodos e abordagens utilizados nas aulas de Libras como segunda língua para ouvintes. A abordagem utilizada por nós e, consequentemente, no curso analisado, é denominada Abordagem Comunicativa, na qual as atividades baseiam-se em comunicações reais ou simuladas, tendo em vista que "é comunicando que aprendemos a nos comunicar" (MARTINEZ, 2009, p. 69).

Uma das atividades recorrentes em nossas atividades propostas aos aprendizes de Libras envolve gravações de vídeos pelos alunos, visando não só à produção dos sinais, mas também a percepção de possíveis falhas, visto que, após a sinalização, os alunos têm a oportunidade de enxergarem-se na gravação e de, assim, melhorarem seus desempenhos em uma língua que trabalha com aspectos visuais e espaciais.

Como a língua de sinais acontece por meio da visualidade e da espacialidade, é possível considerar que aprendizes de línguas que se apresentam nessa modalidade precisam desenvolver também suas habilidades de leitura de visual, que trataremos aqui por *letramento* ou *alfabetização visual*.

Nesse sentido, este capítulo tem por objetivo discutir aspectos do letramento visual de aprendizes de Libras como segunda língua por intermédio de uma atividade de autogravação e análise de vídeo na ferramenta Diário de Bordo[10] do ambiente desenvolvida por meio do ambiente virtual de aprendizagem Moodle.

Dessa forma, introduzimos o conceito de letramento visual no campo dos estudos surdos, descrevemos a metodologia da presente pesquisa e seguimos para a análise dos dados coletados em um curso de Libras para aprendizes de Libras como segunda língua. Ao final, apresentamos as considerações finais e apontamos para pesquisas futuras surgidas dessa proposta de trabalho.

6.1 REFERENCIAL TEÓRICO

A atividade desenvolvida pelos estudantes e descrita neste trabalho insere-se em um ensino de língua ancorado na Abordagem Comunicativa, no qual o sinalizante aprende ao comunicar-se. Nesse sentido, o aprendiz

---

[10] A ferramenta Diário de Bordo do Moodle permite que os estudantes registrem suas atividades por escrito, áudio ou vídeo, ou mesmo anexem documentos, e só que tem acesso é o estudante e o professor.

torna-se agente de seu aprendizado, pois utiliza a língua em contextos reais ou fictícios que se utilizam de práticas sociais de uso da língua alvo centradas no estudante. O papel do professor nessa abordagem é de mediador e facilitador para as necessidades de cooperação dos estudantes (MARTINEZ, 2009).

Nesse sentido, conforme o autor, pode-se considerar papel do professor também proporcionar momentos de desenvolvimento de habilidades relacionadas na literatura, como ler, falar ou sinalizar, escrever, escutar ou ver. Nesse viés, as tarefas analisadas neste estudo têm por objetivo desenvolver as habilidades de sinalizar e ver a sinalização para aprimorar as habilidades de letramento visual dos aprendizes.

Santaella (2012, p. 13) discute o conceito de *visual literacy*, traduzido como letramento visual ou alfabetização visual:

> Alfabetização visual significa aprender a ler imagens, desenvolver a observação de seus aspectos e traços constitutivos, detectar o que se produz no interior da própria imagem sem fugir para outros pensamentos que nada tem a ver com ela ou seja significa adquirir os conhecimentos correspondentes e desenvolver a sensibilidade necessária para saber como as imagens se apresentam, como indicam que querem indicar qual é o seu contexto de referência como as imagens significam, como elas pensam quais são os seus modos específicos de representar a realidade.

Em vista disso, o letramento ou a alfabetização visual para a autora também passam pela compreensão das combinações, misturas e hibridismos das três matrizes lógicas da linguagem: o verbal, o visual e o sonoro. Ou seja, a leitura de imagem está atrelada a outras linguagens que a circundam e perpassam-nas.

No campo dos estudos surdos, Lebedeff (2010, 2014, 2017) e Taveira e Rosado (2017) partem dos estudos de Santaella (2012) para abordarem a questão do letramento visual surdo nos processos de ensino e aprendizagem já que a experiência dos surdos dá-se em grande medida por meio da visualidade, sendo essa o primeiro artefato da cultura surda, materializada na língua de sinais como sua principal expressão (STROBEL, 2009).

Nesse sentido, pensar no ensino e na aprendizagem de línguas de sinais passa por pensar no desenvolvimento do letramento visual. Sendo assim, conforme Lebedeff (2010), o letramento visual para a surdez é a área de estudo que abrange aquilo que pode ser visto e de que forma o que é visto pode ser interpretado e entendido, levando em conta as práticas sociais e culturais de leitura e compreensão de imagens. A autora enfatiza, portanto, que a condição de experiência visual dos surdos não deve ser tomada como algo inato para a leitura e compreensão de imagens. O letramento visual, portanto, é uma habilidade que deve ser desenvolvida e aprimorada por intermédio de práticas pedagógicas.

Ou seja, conforme Taveira e Rosado (2017, p. 22), "existe uma didática específica desenvolvida em contextos de educação bilíngue que tem como predominância os processos de letramento visual enriquecidos dos artefatos multimídia contemporâneos". Essa afirmação indica que o aprendizado de uma língua de sinais passa também pelo letramento visual por parte dos ouvintes aprendizes de libras como segunda língua.

Nesse sentido, é importante destacar que tanto Lebedeff (2010) bem como Taveira e Rosado (2017) problematizam a questão do letramento visual levando em conta a educação bilíngue e tendo como foco educadores e educandos surdos. Por outro lado, o que propomos aqui é refletir sobre o letramento visual necessário a aprendizes de Libras como segunda língua.

Ora, se estamos diante de uma língua e uma cultura que materializam na visualidade e na espacialidade, aprendizes ouvintes de Libras também precisam desenvolver suas habilidades de leitura de imagem. O aspecto verbal das línguas de sinais perpassa, portanto, aspectos na visualidade próprios da cultura surda, materializada na língua de sinais. Portanto, o ensino e a aprendizagem de uma língua de sinais baseada na abordagem comunicativa não podem furtar-se dos aspectos que tocam a visualidade e a espacialidade dessas línguas.

Em nossa experiência como professoras de Libras de estudantes ouvintes, percebemos o quão difícil para eles pode ser pensar e produzir formas verbais sem a "muleta" da imagem acústica do som, ou, ainda, como pode ser complicado para um ouvinte cuja língua materna é oral entender a sintaxe espacial de uma língua de sinais.

Tendo isso em mente, uma maneira encontrada de o aprendiz ouvinte de Libras perceber-se nesse processo de aprendizado é a captura de seus próprios vídeos sinalizando e, posteriormente, realizando uma análise tanto de seu desempenho linguístico como de seus sentimentos. Nesse sentido, a ferramenta Diário de Bordo, proposta no curso realizado, permitiu-nos uma análise desse movimento de incursão dos estudantes ouvintes nas visualidades proporcionadas pela língua de sinais, de forma que possamos entender um pouco mais sobre como se dá o processo de letramento visual de aprendizes de Libras como segunda língua.

O uso de vídeos como ferramenta pedagógica aqui proposto coaduna com modelos perceptivo-cognitivos diferenciados e processos de letramento visual, abordados por Taveira e Rosado (2017, p. 30), os quais são constituídos de suportes, recursos e linguagens que têm o uso de formas visuais, as combinações entre as matrizes de linguagem propostas por Santaella (o verbal, o visual e o sonoro) e os aspectos culturais e sociais contextualizadores da mensagem.

6.2 PROCEDIMENTOS METODOLÓGICOS

Esta pesquisa baseou-se em métodos qualitativos para a investigação proposta. Os dados analisados foram extraídos de Diários de Bordos confeccionados por alunos matriculados em um Curso de Libras Intermediário ministrado por uma das autoras, a qual é professora da Universidade Estadual de Mato Grosso do Sul (UEMS), na cidade de Dourados-MS, instituição no qual o referido curso foi devidamente cadastrado e aprovado pela Pró--Reitora de Pesquisa, Cultura e Assuntos Comunitários.

O Curso de Libras foi ministrado no segundo semestre de 2019 e ocorria em uma escola estadual situada na região central da cidade, visto que a universidade localiza-se em uma área mais distante. Na oportunidade contava com 25 alunos, na grande maioria mulheres, todos externos à comunidade acadêmica, oriundos de diversas profissões ligadas ao ramo do comércio, da educação e da saúde.

No primeiro dia de aula foi explicado aos alunos que eles teriam algumas atividades on-line, realizadas em um Ambiente Virtual de Aprendizagem, dentre elas, um Diário de Bordo, que precisava ser preenchido ao final de cada aula, objetivando registrar o percurso do cursista no decorrer do curso. O enunciado do Diário de Bordo trazia:

> O Diário de Bordo é um caderno no qual você irá anotar o seu percurso no curso de Libras. Este registro deve ser deve ser detalhado e preciso, indicando todos os fatos, passos, descobertas e indagações que você teve em cada aula.
> Deixamos alguns questionamentos norteadores para auxiliá-los:
> 1. Hoje, durante a aula, eu senti _____, por quê/por causa de...
> 2. O que mais chamou minha atenção na aula de hoje foi...
> 3. A(s) dificuldade(s) que senti nesta aula...

Ao final do curso, observamos que alguns cursistas preencheram o diário todos os dias, outros preencheram apenas alguns dias e alguns não realizaram a tarefa. Neste texto consideramos apenas 15 diários, os quais trouxeram considerações acerca de uma atividade que envolveu a gravação de um vídeo.

Seguindo a ordem de inserção dos alunos no Ambiente Virtual de Aprendizagem e, consequentemente, a ordem das respostas obtidas na questão, tratamos os informantes seguindo uma ordem numérica, denominando Informante 1, Informante 2, Informante 3 e assim por diante.

A atividade em si consistia em entrevistar um colega e depois gravar um vídeo apresentando-o em Libras. Após a gravação, a professora apresentou todos os vídeos gravados na sala de aula, apontando os pontos positivos e as possíveis falhas na sinalização em Libras.

A metodologia utilizada nesta pesquisa, portanto, caracteriza-se como pesquisa documental, ao analisar as respostas obtidas em uma atividade desenvolvida em sala de aula com aprendizes de Libras como segunda língua.

6.3 ANÁLISE E DISCUSSÃO DOS DADOS

A atividade aqui analisada decorre da prática de gravação de um vídeo contendo a apresentação de um colega cursista. Essa prática visa não só à produção de um texto na Libras como também desenvolver a capacidade de análise do conteúdo produzido. O uso de vídeos em Libras parece-nos uma boa estratégia, tendo em vista que a Libras é uma língua que se organiza no espaço e é percebida por meio da visão. Logo, no momento da produção dos sinais os alunos não conseguem visualizar o que está sendo analisado e, consequentemente, não observam possíveis erros, quer sejam fonológicos, morfológicos, sintáticos e até mesmo lexicais.

Analisamos algumas questões decorrentes da produção do vídeo. A primeira diz respeito aos sentimentos que surgiram no decorrer do processo tendo em vista que o uso do recurso de gravação de vídeos em Libras não é uma prática recorrente na vida cotidiana dos alunos, necessitando de um pouco de conhecimento tecnológico associado ao conhecimento do uso da Libras e da autovisualização em tempo real. Alguns dos relatos apresentados foram:

> *Tive muita dificuldade em gravar o vídeo, pois **me deparar com algo novo assusta.** Não deveria porque estamos aprendendo, **mas é muito difícil gravar você mesmo,** coisa que daqui*

para a frente no curso acredito que se será necessário para nossa aprendizagem. Fiquei quase uma hora para gravar o vídeo, mas consegui (Informante 1).

*Para mim foi uma **experiência difícil, porém construtiva**. Pois é possível deparar com nossas próprias barreiras e, a partir desse ponto, tentar melhorar nosso estudo (Informante 2).*

*Hoje, durante a realização da atividade, **eu me senti alegre**, pois percebi um certo avanço ao gravar o vídeo com a apresentação das colegas de classe (Informante 3).*

*Senti **um pouco de inibiçã**o no princípio, mas depois me recordei dos vídeos do semestre anterior e me senti mais confortável (Informante 5).*

*Acho que a mesma de sempre em saber que temos que fazer vídeos, hora que **não me sinto muito à vontade mesmo**, e outros pelo tempo corrido, mas vou conseguir me ajustar em ambos os itens. Temos que vencer nossos "medos" (Informante 6).*

*Minha experiência em gravar um vídeo em libras **foi uma mistura de sensações ruins e ao mesmo tempo boas**. Começando por desespero e preocupação se iria conseguir [...], mas apesar do **nervosismo da ansiedade** em gravar o vídeo gostei da experiência, e que venham mais vídeos (Informante 7).*

*Em relação à minha experiência de gravar vídeos, confesso que cada vídeo é **um desafio novo**. São diversas tentativas, memórias de celular cheia, frustrações por às vezes estar quase no final do vídeo e cometer uma gafe, como esquecer ou errar algum sinal, entre outras coisas (Informante 8).*

*Dificuldade com o vídeo, por **eu mesma me filmar** [...] (Informante 9).*

*Para falar sobre a gravação do vídeo, apesar de já ter realizado atividades semelhantes durante o primeiro módulo, foi **bastante difícil** realizar a filmagem correta até o final. Sempre tinha uma parte que as mãos não obedeciam ao que eu queria realizar e isso foi uma situação que causou bastante **frustração e nervosismo** (Informante 10).*

*[Dificuldade em] criar a frase e **vencer o nervosismo** durante a filmagem (Informante 11).*

*Foi **bem tranquilo** fazer o vídeo, pois já tivemos várias atividades como essa no semestre anterior. E como nós escrevemos o roteiro do vídeo optei por usar sinais que já dominava. Foi bem tranquilo (Informante 12).*

> *Senti um **pouco de insegurança** também, pois há sinais que ainda não conheço. Acredito que com a experiência das filmagens iremos nos aperfeiçoando e desenvolvendo a Língua Brasileira de Sinais (Informante 13).*

Os relatos apresentados denotam o que anunciamos anteriormente: fazer uma filmagem em Libras emerge sentimentos de nervosismo e insegurança, principalmente àqueles que estão realizando a atividade pela primeira vez. Tais sentimentos, como observado nos excertos, na maioria das vezes decorrem da observação, em tempo real, de sinais realizados de forma errônea, do esquecimento de alguns sinais e do conhecimento da importância do papel das expressões não manuais na sintaxe da Libras. De outro modo, outros alunos que participaram do primeiro curso e já haviam gravado outros vídeos tiveram mais facilidade, demonstrando sentimentos mais positivos.

Nesse sentido, a atividade de filmagem por aprendizes de Libras que têm como língua materna uma língua oral parece indicar-nos um primeiro movimento no desenvolvimento das habilidades do letramento visual, uma vez que o aprendiz precisa ver a própria sinalização para identificar-se como sinalizante usuário de uma língua visual e espacial, e também precisa analisar a sinalização dos colegas.

Taveira e Rosado (2017) chamam a atenção em seus estudos sobre as práticas utilizadas por professores surdos em sala de aula em que câmeras fotográficas e filmadoras são utilizadas como uma espécie de extensão do corpo e de documentação da língua de sinais em processos de autofilmagem como recursos próprios do letramento visual. Além disso, a análise de vídeos de colegas também coloca o aprendiz como protagonista de seu aprendizado no sentido de ver e analisar a produção sinalizada para a tarefa proposta pela professora.

No Diário de Bordo foi solicitado que os cursistas relatassem dificuldades encontradas em cada aula. Alguns alunos relataram as principais dificuldades envolvendo a atividade de gravação de vídeo. Na sequência elencaremos as principais dificuldades encontradas, segundo as respostas apresentadas:

> *A dificuldade que tive é que ás vezes, sem perceber, eu acabo sinalizando todas as palavras do diálogo, o que acaba ficando o **português sinalizado** (Informante 1)*

> *Minhas principais dificuldades foram: a) **apontar** e colocar a colega no determinado local: falar sobre a colega me pareceu fácil, mas ficar apontando, seja com o olhar ou com a mão, foi um pouco complicado. A impressão que tive foi que parecia ser algo repetitivo*

> *no discurso, me dando a impressão de estar fazendo errado; b)* **pensar em Libras:** *isso será com o tempo, mas ainda percebo que pensar em Libras, ou seja, organizar a ordem da oração, os termos, as palavras e, consequentemente, os sinais (Informante 3).*

> *Tive que regravar algumas vezes porque sempre* **errava um sinal** *(Informante 4).*

> *[...] finalmente no ponto para gravar vem a dificuldade em* **lembrar os sinais** *da conversa para apresentar o amigo sem ter que desviar o olhar para ler e deixar o vídeo bem natural; me preocupar com a* **expressão facial** *(essa é minha pior dificuldade, junto com os classificadores, é claro) (Informante 5).*

> *[...] percebi que* **minhas expressões às vezes não condizem com o que estou traduzindo** *no momento. Alguns sinais vejo que tenho mais dificuldade, principalmente quando falo sobre outra pessoa e preciso transcrever da língua portuguesa para a libras (Informante 9).*

> *Por fim até que eu consegui realizar o vídeo, mas depois de já tê-lo enviado pude perceber erros pequenos, como a* **colocação da mão que deveria ser de pé e no vídeo foi deitada.** *Coisas que deram para entender, mas que não foram executadas de forma correta (Informante 10).*

> *Dificuldade* **na expressão** *facial (Informante 12).*

> *Sobre o vídeo da atividade, não foi difícil pensar no diálogo, mas na hora de gravar o vídeo não foi tão simples. Por várias vezes retomei a gravação, pois me atrapalhava* **na execução dos sinais, dava branco** *(Informante 15).*

Conforme já anunciamos, o uso do recurso de gravação de vídeo permite que o cursista identifique suas principais dificuldades, as quais não seriam possíveis sem que o sinalizante visse o texto produzido na Libras. As respostas apresentadas apontam que o objetivo foi alcançado. Identificamos que os alunos perceberam que podiam seguir a estrutura da Língua Portuguesa, como o caso dos Informantes 1 e 3, o que aponta também o fato de o cursista já ter um conhecimento sobre a sintaxe da Libras, embora não a execute no momento da produção.

O uso dos dêiticos na Libras também foi uma dificuldade apontada pelo Informante 3, o que é comum em vários aprendizes de Libras, visto que, na Língua Portuguesa, o uso dos pronomes pessoais ocorre de outra forma. Não se lembrar dos sinais ou executá-los de forma errada também foi uma dificuldade identificada pelos cursistas, situação que ocorre no aprendizado de qualquer língua. Por fim, utilizar as expressões faciais foi elencada como uma das dificuldades encontradas. A esse respeito, Gesser (2012) aponta que essa é uma grande dificuldade dos aprendizes ouvintes, pois eles nem sempre compreendem que as expressões não manuais comportam-se como marcadores de aspectos gramaticais.

Até o momento apresentamos diversos relatos que demonstram as dificuldades enfrentadas pelos cursistas em relação à gravação de vídeos, contudo encontramos também outros relatos que denotam uma percepção positiva dos alunos quanto ao uso desse recurso, conforme verificamos na sequência:

> *Nessa aula a professora fez a correção dos vídeos, mostrando onde devíamos melhorar. Foi muito importante porque a cada dia só enriquecemos mais nosso conhecimento [...]. Foi uma aula muito produtiva (Informante 1).*

> *[...] a proposta é excelente, uma vez que demonstra um pouco como é a vivência da Libras quando formos conversar com um surdo (Informante 3).*

> *Percebi que é uma atividade muito rica em aprendizagem, pois pude me assistir e observar meus erros, que de outra forma nem notaria. Percebi também que quando ficava observando minha imagem sendo gravada sempre acabava esquecendo algum sinal e que o jeito era gravar e depois assistir para só então ver onde poderia melhorar. Sei que meu vídeo não ficou perfeito, pois estou aprendendo. Mais uma coisa: eu meu celular temos certeza, as tentativas foram muitas. Mas apesar do nervosismo e da ansiedade em gravar o vídeo, gostei da experiência. E que venham mais vídeos (Informante 7).*

> *Confesso que os vídeos exigem de nós treino, paciência, concentração e algum tempo disponível devido às tentativas de erros e acertos. A ferramenta do vídeo é uma técnica ótima de nós vermos, é uma linha do tempo para vermos nossa evolução desde o primeiro vídeo do semestre passado (lembrar que naquela época minhas pernas tremiam de tensão e nervosismo), e ver onde estamos chegando (Informante 8).*

> *Situação assim faz ter ainda mais certeza de que devemos ter alguém para nos corrigir e, muito importante, nos ver fazendo os movimentos, para também facilitar o nosso entendimento do que outra pessoa sinaliza (Informante 10).*

> *Para mim a experiência de fazer o VÍDEO foi GRATIFICANTE. Foi novo ver minhas expressões e saber onde estou errando. GOSTEI da experiência. Espero melhorar a cada vídeo produzido (Informante 12).*

> *Acredito que com a experiência das filmagens iremos nos aperfeiçoando e desenvolvendo a Língua Brasileira de Sinais (Informante 13).*
>
> *Fizemos vídeos que a meu ver são muito importantes. Contribui muito, pois podemos nos ver, nos conhecer, fazendo os sinais. Aula muito produtiva (Informante 14).*

As anotações feitas pelos alunos demonstraram que muitos deles compreenderam a importância desse tipo de atividade, pois, por intermédio dela, os alunos puderam: perceber seus próprios erros, ter a oportunidade de serem corrigidos ao produzirem textos em Libras e perceber a própria evolução durante todo o percurso de aprendizado da língua. Cabe observar que, para nós, erro não está ligado a uma interferência negativa, mas "como um resultado natural do processo de desenvolvimento de qualquer tipo de aprendizagem, incluindo a de uma L2" (FIGUEIREDO, 2023, p. 61).

Em relação ao desenvolvimento das habilidades de letramento visual dos aprendizes de Libras como segunda língua, pode-se perceber pelas respostas obtidas que o observar-se nos vídeos aciona nos aprendizes uma consciência tanto de seus avanços como de suas limitações em relação aos aspectos visuais e espaciais da língua de sinais.

Esse movimento parece levar à percepção da combinação de elementos verbais e visuais próprios da Libras, como é o caso do uso das expressões faciais, cuja gramaticalidade precisa estar expressa no visual e de acordo com o contexto da língua em uso. Sendo assim, perceber-se no vídeo não associando a expressão facial ao contexto foi mais uma forma de desenvolver o letramento visual de ouvintes aprendizes de Libras.

Do mesmo modo, quando o aprendiz tem consciência de misturar o verbal com o visual e o sonoro em situações de bimodalismo, por exemplo, estamos diante do desenvolvimento de seu letramento visual.

CONSIDERAÇÕES FINAIS

Conforme abordamos no início do capítulo, o ensino de Libras como segunda língua para pessoas ouvintes é uma área que ainda precisa ser mais explorada a partir de algumas vertentes teóricas.

Em nossas experiências como docentes buscamos, por meio da Abordagem Comunicativa, proporcionar um ambiente de ensino e aprendizagem de Libras em contextos reais ou fictícios, oportunizando ao aprendiz um papel ativo em diferentes momentos, inclusive na cooperação com os demais colegas no processo de apropriação da Língua. Para tal, a gravação e a análise de vídeos, conforme verificado nas repostas apresentadas, têm-se demonstrado uma ferramenta de grande valor.

Todo esse processo de aprendizagem da Libras como segunda língua para ouvintes fez-nos pensar na possibilidade de articulação com o conceito de Letramento ou alfabetização visual abordado por Santaella (2012) e trazido para os estudos surdos por Lebedeff (2010), pois percebemos que os aprendizes ouvintes também precisam desenvolver habilidades relacionadas ao ato de ler, ver (no sentido de *Listening*), sinalizar e interpretar o que está sendo sinalizado.

A partir dos relatos dos estudantes pudemos observar aspectos do letramento visual em ouvintes que precisam ser desenvolvidos durante o aprendizado de uma língua de sinais, tais como a utilização do espaço a consciência sobre a execução dos sinais e das expressões não manuais, entre outros.

Diante disso, faz-se necessário desenvolver didáticas específicas para o ensino de Libras como segunda língua para ouvintes, o que passa pela utilização de artefatos tecnológicos atuais, como o uso do celular para a gravação de vídeos em Libras, tendo em vista que essa é uma língua que se organiza no espaço e percebe-se por meio da visão. Tais estratégias proporcionam ao estudante a percepção de sua sinalização, além de trabalharem com os sentimentos dos estudantes diante de uma tarefa de gravação de vídeo, algo pouco comum na cultura ouvinte.

Outro ponto importante diz respeito ao uso do Diário de Bordo, instrumento que possibilita ao aprendiz registrar suas limitações, seus sentimentos durante e após a atividade, seus progressos, bem como trazer elementos que melhorem a prática do professor mediador, o qual, em virtude da falta de materiais didáticos disponíveis, muitas vezes busca criar atividades para o ensino da língua de sinais ou, até mesmo, procura fazer adaptação dos materiais disponíveis para o ensino de línguas orais.

Portanto esperamos que este estudo contribua com pesquisas futuras na área de ensino de Libras como segunda língua para ouvintes, no sentido de pensarmos estratégias próprias para línguas nas modalidades espacial e visual e que contemplem o letramento visual. Isso porque a difusão e o ensino da Libras para ouvintes certamente é um passo importante para a inclusão de pessoas surdas nos espaços sociais, culturais e políticos brasileiros, pois, assim, colocamo-nos no movimento de valorização de uma língua e de uma cultura tão rica para o nosso país. Estar em contato e fazer parte de uma comunidade surda é abrir os olhos para a diversidade cultural e isso passa pelo domínio da língua de sinais.

REFERÊNCIAS

BRASIL. *Lei n.º 10.436, de 24 de abril de 2002*. Regulamento. Dispõe sobre a Língua Brasileira de Sinais - Libras e dá outras providências. Brasília: Brasília: Presidência da República, Casa Civil, Subchefia para Assuntos Jurídicos, 2002.

BRASIL. *Decreto n.º 5.626 de 22 de dezembro de 2005*. Regulamenta a Lei n.º 10.436, de 24 de abril de 2002, que dispõe sobre a Língua Brasileira de Sinais -Libras, e o art. 18 da Lei n.º 10.098, de 19 de dezembro de 2000. Brasília: Presidência da República, Casa Civil, 2005.

FIGUEIREDO, F. J. Q. de. *Aprender com os erros*: uma perspectiva comunicativa do ensino de línguas: São Paulo: Parábola, 2023.

GESSER, A. *O ouvinte e a surdez*: sobre ensinar e aprender a Libras. São Paulo: Parábola Editorial, 2012.

LEBEDEFF, T. B. *Letramento visual e surdez* (org.). Rio de Janeiro: Wak, 2017.

LEBEDEFF, T. B. Experiência visual e surdez: discussões sobre a necessidade de "visualidade aplicada". *Revista Fórum*, Rio de Janeiro, v. 29-30, p. 13-25, 2014.

LEBEDEFF, T. B. Aprendendo "a ler" com outros olhos: relatos de oficinas de letramento visual com professores surdos. *Cadernos de Educação*, Pelotas, v. 36, p. 175-196, 2010.

MARTINEZ, P. *Didática de línguas estrangeiras*. São Paulo: Parábola Editorial, 2009.

RECH, G. C.; SELL, F. S. F. Libras na formação docente: o que pensam os alunos? *Interletras*, Dourados, v. 6, p. 1-14, 2017.

RECH, G. C.; SELL, F. S. F. Motivações/orientações para o aprendizado de Libras por ouvintes: um estudo de caso. *Revista Eletrônica do Instituto de Humanidades*, v. 48, p. 33-50, 2020a.

RECH, G. C.; SELL, F. S. F. A disciplina de Libras no Ensino superior e seus impactos na visão dos licenciandos em relação à surdez e à Libras. *The Especialist*, São Paulo, v. 41, p. 1-13, 2020b.

SELL, F. S. F.; RECH, G. C. Materiais didáticos para a disciplina de Libras nas licenciaturas: conteúdos abordados *In*: OLIVEIRA, E. N. de; CONSTÂNCIO, R. de F. J. *Libras*: trilhas linguísticas e educacionais. Leopoldo: Oikos, 2020c. p. 71-84.

SANTOS, A. P.; SELL. F. S. F.; RECH, G. C. Concepções prévias de licenciandos acerca da surdez: as imagens do outro e suas implicações. *In*: CONSTÂNCIO, R. de F. J.; NANTES, J. de M.; ROCHA, E. M. *Libras*: estudos linguísticos e culturais. Curitiba: CRV, 2021a. p. 71-84.

SANTOS, A. P. X.; SELL, F. S. F.; RECH, G. C. Conhecimentos prévios de aprendizes de libras como segunda língua acerca das línguas de sinais. *In*: GIANOTTO, A. de O. CABRAL, C. de A. *Pesquisas atuais sobre a educação de surdos*: avanços e possibilidades. Curitiba: CRV, 2021b. p. 183-196.

STROBEL, K. As imagens do outro sobre a cultura surda. Florianópolis: Editora da Universidade Federal de Santa Catarina, 2008.

TAVEIRA, C. C.; ROSADO, L.A.S. O letramento visual como chaves de leitura das práticas pedagógicas e da produção de artefatos no campo da surdez. *In*: LEBE-DEFF, T. *Letramento visual e surdez* (org.). Rio de Janeiro: Wak, 2017.

7

O LIVRO INFANTIL: ESCOLHAS, POSSIBILIDADES E INTERAÇÕES BILÍNGUES

Juliana Fernandes Montalvão Mateus
Claudia Pimentel

INTRODUÇÃO

A primeira etapa da escola básica, reconhecida como educação infantil, é contemplada nos documentos do Ministério da Educação (MEC), em especial na Base Nacional Curricular Comum (BNCC), como lugar e tempo de práticas educativas que respeitem os direitos de aprendizagem das crianças. Destacam-se os direitos de conviver, brincar, participar, explorar, expressar e conhecer-se, registrados neste documento (BNCC).

Como pesquisadoras do Mestrado Profissional em Educação Bilíngue do Instituto Nacional de Educação de Surdos (Ines), inseridas na linha de pesquisa "Educação de surdos e suas interfaces" (Linha 1), consideramos as práticas escolares e a produção de materiais bilíngues, sempre tendo em vista o que pesquisadores surdos e outros comprometidos com as práticas escolares bilíngues (Língua Portuguesa escrita e Libras) propõem como didáticas visuais que consideram a língua gesto-visual própria dos surdos e suas maneiras de ser e de estar no mundo. Nesse sentido, é importante fazer um recorte sobre o que entendemos como criança e como primeira infância, e relatar alguns estudos sobre a criança surda para melhor apresentar os livros selecionados para a observação das interações das crianças surdas com o conto e o reconto em língua de sinais.

Nas proposições do MEC, percebemos princípios que devem contemplar todas as crianças, como seus direitos de aprendizagem e o respeito às suas especificidades culturais, em diálogo com o conhecimento historicamente construído e socialmente valorizado. Nesse sentido, encontramos ressonância entre a proposta de garantia dos direitos de aprendizagem da BNCC e algumas estratégias didáticas próprias da educação de surdos, a exemplo do quinto princípio da leitura compartilhada:[11] "Seguir a liderança da criança. Muitas vezes a criança quer ler apenas uma pequena parte do livro, ou pular páginas" (LEBEDEFF, 2007, p. 7).

Ao longo do texto usaremos as expressões "primeira infância", "infância" ou "infantil", considerando que o Estatuto da Criança e do Adolescente[12] considera criança a pessoa até 12 anos de idade incompletos, e adolescente aquele entre 12 e 18 anos de idade, podendo, em casos expressos em lei, aplicar-se, excepcionalmente, às pessoas entre 18 e 21 anos de idade. A opção por considerar a infância como um período da vida que vai até os 12 anos de idade baseia-se, portanto, nos direitos das crianças e na compreensão de que a BNCC deve ser lida à luz de outros documentos sobre a infância e de abrangência nacional.

Ao propor um currículo baseado na experiência e nos direitos de aprendizagem para a primeira etapa da educação básica (creches e pré-escolas), e em habilidades e competências a serem atingidas nos primeiros anos do ensino fundamental, pode ser compreendido que há uma proposta de ruptura entre a educação infantil e o ensino fundamental na BNCC. Porém, essa aparente ruptura deve ser superada tendo em vista os direitos historicamente conquistados e que devem ser garantidos a todas as crianças.

Os direitos de aprendizagem propostos na BNCC merecem, portanto, serem resguardados até os 12 anos de idade (e ao longo da vida), como forma de garantir princípios educacionais baseados em direitos historicamente construídos e garantidos pela legislação vigente aos cidadãos brasileiros.

Por isso, como opção metodológica da pesquisa aqui apresentada em seus resultados parciais, entendemos que as escolhas de livros para atividades com crianças de 7 e 8 anos de idade foram feitas a partir de bases curriculares que devem ser respeitadas e adequadas a todas as crianças. Contudo, compreendemos que para os bebês, as crianças bem pequenas e as crianças pequenas, é necessário um olhar atencioso, e concordamos com a divisão etária proposta na BNCC, que considera a primeira etapa da escola básica aquela que atende às seguintes especificidades (Figura 1):

---

[11] Segundo Lebedeff (2007, p. 6): "O Shared Reading Program, ou Programa de Leitura Compartilhada foi desenvolvido e implementado por David Schleper, Jane Fernandes e Doreen Higa em 1993 na Hawai Center for the Deaf and Blind, escola de surdos no Havaí, ao descobrirem que nenhum dos pais ouvintes lia livros para seus filhos surdos".

[12] Disponível em: https://www.planalto.gov.br/ccivil_03/leis/l8069.htm. Acesso em: 28 jan. 2024.

Figura 1 – Tabela da BNCC

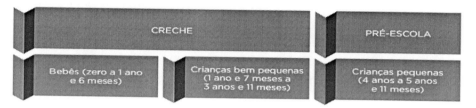

Fonte: MEC[13]

Para a primeira etapa do ensino fundamental, a BNCC aumenta as referências às habilidades e competências que as crianças devem alcançar, mas espera-se que os direitos de aprendizagem permaneçam como conquistas garantidas desde a primeira infância no contexto educacional. Ou seja, mesmo que as crianças estejam no ensino fundamental, deseja-se que os direitos de aprendizagem sejam garantidos, em especial o direito de conhecer-se, o que significa, no caso da educação de crianças surdas, a garantia de acesso a referências da cultura surda, materiais em língua de sinais e o modelo de adultos que dominem a língua de sinais, em especial os educadores surdos. Para tanto, o trabalho com a literatura surda ganha destaque, uma vez que tem como fundamento a garantia do acesso à arte e aos temas tratados de forma estética e aberta às diferentes interpretações.

Os resultados preliminares da pesquisa que serão apresentados aqui partem do princípio de que a infância é tempo de construção da identidade, sendo, portanto, missão da escola proporcionar um ambiente seguro para que as crianças possam se conhecer melhor e reconhecer-se no outro, num processo que se dá principalmente por meio do acolhimento das diferenças e por identificação às referências culturais.

Os estudos sobre a educação infantil, considerando as crianças surdas, podem levar-nos a proposições sobre aquelas que nascem em famílias de ouvintes e às reiteradas indicações médicas de adequar as crianças surdas ao mundo dos ouvintes, o que nos leva a percebê-las pela falta ou pela privação cultural.

No entanto, autoras como Karnopp e Quadros (2001) apresentam estudos que demonstram habilidades linguísticas desde os bebês surdos e que se adequam à perspectiva dos nossos estudos de perceber, analisar e

---

[13] Disponível em: http://basenacionalcomum.mec.gov.br/abase/. Acesso em: 28 maio 2023.

propor uma didática que respeite os direitos de aprendizagem a todas as crianças, inclusive as surdas. Não optamos por uma visão "etapista", que resulta em diagnósticos como "não atingiu" ou "quase conquistando", mas achamos relevante considerar as pesquisas que apontam para um desenvolvimento linguístico regular à medida que as interações com a cultura e a aposta dos adultos na potência das crianças surdas fazem-se presentes.

Karnopp e Quadros (2001) indicam a necessidade de não se perder de vista que a língua é aprendida no acesso à cultura com todos os seus artefatos, mídias, objetos cotidianos, literatura e narrativas. Em seus estudos, as autoras afirmam que a aquisição da Libras começou a ser investigada no Brasil na década de 90, quando as pesquisas procuram demonstrar que desde o chamado "período pré-linguístico" podem ser observados o balbucio manual, gestos sociais, o ato de apontar, quando, nas interações com adultos, as crianças encontram "o uso de expressões faciais, a repetição de sinais e a utilização de movimentos mais lentos e amplos na articulação dos sinais [que] são estratégias utilizadas pelos pais para atraírem a atenção visual dos bebês surdos" (KARNOPP; QUADROS, 2001, p. 4).

A importância da interação com artefatos culturais e adultos experientes em língua de sinais resulta no reconhecimento de que há no ser humano uma capacidade linguística que sustenta a aprendizagem da língua como meio de comunicação na interação com pessoas que a transmitem com o seu uso cotidiano, na presença de livros, imagens, brinquedos e cultura de forma ampla.

A conclusão é que a língua apresenta-se mediante as interações com a cultura desde a idade mais tenra (os bebês) e ao longo de toda a vida, o que justifica o interesse da nossa pesquisa pela seleção de livros infantis, traduções para Libras e adaptações à cultura surda, com o objetivo de observar as formas de interação das crianças surdas com a pesquisadora surda na presença de narrativas literárias e mantendo visíveis as duas línguas (português escrito e Libras),[14] assim como garantindo a percepção visual de ilustrações, projetos gráficos e outros recursos gesto-visuais.

Os livros infantis foram eleitos como material didático excelente por trazerem a arte da ilustração, do projeto gráfico e da elaboração da linguagem literária, sendo opção metodológica não aferir o "certo e o errado",

---

[14] Do artigo de Lebedeff (2012, p. 7) sobre a leitura compartilhada, destacamos o princípio 2: "Manter ambas as línguas (ASL e inglês) visíveis. O adulto deve certificar-se que as crianças visualizem tanto a língua escrita como a língua de sinais, assim como as ilustrações".

mas garantir os direitos das crianças de expressarem-se a partir de temas relevantes à infância e às crianças surdas, como forma de garantir o direito de aprendizagem de conhecer-se.

Neste texto apresentamos resultados parciais, em especial os critérios de seleção dos livros infantis, adaptações, traduções e edições necessárias de vídeos em Libras a partir de livros escritos em língua portuguesa. Essa etapa da pesquisa deu-se antes da entrada no campo (turmas do segundo ano do ensino fundamental 1 (SEF1) da Escola Básica do Instituto Nacional de Educação de Surdos (Debasi-Ines). Como optamos pela metodologia da pesquisa-ação, as etapas subsequentes da pesquisa foram observações iniciais da escola; entrevistas; planejamento das oficinas; apresentação da proposta para a equipe docente; escolha dos dias e horários das oficinas; realização das oficinas com registros de diário de campo com uso de filmagens; devolutiva para as crianças de seleção de imagens do diário de campo filmado e elaboração de categorias de análise e devolutiva para os docentes e coordenadores envolvidos na pesquisa (realizada após a defesa da dissertação no Programa de Pós-Graduação em Educação Bilíngue do Ines (PPGEB-Ines).

Adiantamos que o projeto da pesquisa foi submetido ao Comitê de Ética em Pesquisa e submetido à Plataforma Brasil, tendo sido aprovado e encaminhado aos gestores do Ines, antes da entrada no campo da pesquisa para a realização das oficinas. Essas etapas não serão apresentadas aqui. Nesse momento, mostraremos resultados parciais referentes às escolhas dos livros e ao processo de adequação à cultura surda.

7.1 CRITÉRIOS DE SELEÇÃO, TRADUÇÃO E ADAPTAÇÃO DE LIVROS PARA USO EM OFICINAS COM CRIANÇAS SURDAS

Para dar início à proposta de pesquisa-ação com crianças surdas de 7 e 8 anos de idade, numa turma de ensino fundamental 1 do Ines, foram analisados três livros de literatura infantil. Em seguida, foram produzidos vídeos a partir de tradução, adaptação e edição, com princípios de visualidade próprios à língua de sinais.

Para a edição dos vídeos foram acionados conhecimentos circulantes no ambiente do Grupo de Pesquisa Educação, Mídias e Comunidade Surda, liderado por Cristiane Taveira e Alexandre Rosado[15] (do Programa

---

[15] Disponível em: https://edumidiascomunidadesurda.wordpress.com/. Acesso em: 28 jan. 2024.

de Pós-graduação em Educação Bilíngue [PPGEB-Ines]). Foi necessária uma parceria entre os estudantes pesquisadores mais competentes em edição de vídeo com sinalizantes em destaque. A estética das edições realizadas varia, mas partem do princípio de dar destaque à língua de sinais. Foram, portanto, considerados elementos mapeados pelos pesquisadores em sua gramática visual (ROSADO; TAVEIRA, 2019), em especial aqueles que apontam para o uso de espaço de destaque para a imagem da pessoa que usa a língua de sinais para expressar-se.

A gramática visual proposta pelos autores merece estudo aprofundado, mas aqui apresentamos de forma sintética os sete elementos mapeados pelos pesquisadores, com base na observação de vídeos produzidos em Libras e que podem ser estudados para a elaboração criteriosa de edição de vídeos, considerando que:

> Propomos então sete elementos basilares para as composições de cada frame [...], a saber: (1) o ator/intérprete sinalizante, ou seja, a pessoa que utiliza a língua de sinais para se expressar; (2) o ator/intérprete usando língua oral, isto é, a pessoa que fala para se expressar; (3) a massa textual, na forma de títulos e textos descritivos em escrita alfabética; (4) a ilustração/imagem, gráfico ou fotografia; (5) a legenda em língua oral escrita alfabética; (6) o cenário natural ou fundo artificial inserido por intermédio de substituição pela técnica do Chromakey; e (7) o vídeo menor sobre o vídeo principal, o Picture-in-Picture ou *PIP* (ROSADO; TAVEIRA, 2019, p. 362).

O princípio da identidade surda prevaleceu tanto no referencial teórico como nas escolhas da pesquisadora surda, pois, como afirma Strobel (2003, p. 112), "a cultura surda é profunda e ampla, ela permeia, mesmo que não a percebamos, como sopro da vida ao povo surdo com suas subjetividades e identidades". O processo de imersão na prática da tradução para que fosse possível uma didática bilíngue nas oficinas propostas na metodologia da pesquisa-ação (com destaque para a proposta de oficinas literárias com crianças surdas e para as interações escola-família), considerou dar visibilidade a duas línguas, português escrito e Libras, sem perder de vista o projeto gráfico do livro, seus temas e suas ilustrações.

Consideramos que a cultura surda é transmitida a crianças surdas pelo contato com adultos surdos, por pesquisadores da cultura surda, por produtos gerados em determinados grupos de surdos, como no teatro, na poesia visual, em brinquedos e em diversas manifestações culturais que envolvem a literatura surda, assim como em ambientes de pesquisa, como o Programa de Pós-Graduação em Educação Bilíngue do Ines (PPGEB), no qual nos inserimos.

A transmissão da cultura surda tem um grande papel na construção da identidade, tornando possível a expressão das subjetividades. Questões relacionadas à cultura também devem ser consideradas, pois as construções linguísticas, bem como as percepções de vida de pessoas surdas e de ouvintes, são distintas.

Segundo Santana e Bergamo (2005), cultura remete a um conjunto de práticas simbólicas de um determinado grupo: língua, artes (literatura, música, dança, teatro etc.), religião, sentimentos, ideias, modos de agir e de vestir. É importante considerar que identidade e cultura surda são fatores complexos, que não se encontram isolados. Ou seja, a cultura surda não está alheia a outra cultura (cultura ouvinte), é uma cultura dentro de outra cultura (muitas vezes considerada "majoritária"), já que os surdos convivem com outra língua (como português escrito, conversas entre ouvintes e outras situações sociais) e outras experiências em espaços multiculturais.

Ao mesmo tempo em que fazem parte de um grupo visual, como comunidade que atravessa fronteiras, os surdos fazem parte de uma sociedade nacional, com uma língua de sinais própria e com culturas partilhadas com pessoas ouvintes de seu país (QUADROS; SUTTON- SPENCER, 2006).

Consideramos também que as crianças identificam-se com as histórias, os personagens e as ilustrações, pois a literatura infantil "é a linguagem de representação, linguagem imagística [...] é o meio ideal não só para auxiliá-las a desenvolver suas potencialidades naturais, como também para auxiliá-las nas várias etapas de amadurecimento que medeiam entre a infância e a idade adulta" (COELHO, 2000, p. 43).

Por meio do lúdico presente na literatura infantil, a criança pode obter um desenvolvimento em nível global e uma percepção de mundo de forma efetiva e verdadeira. Por intermédio da criatividade e das descobertas, a criança pode expressar-se de forma crítica e analítica em relação à realidade que a cerca. Se esse processo ocorrer adequadamente, a educação literária poderá contribuir para a melhoria do ensino, quer na qualificação ou na formação crítica do educando, quer para redefinir valores e para melhorar o relacionamento entre as pessoas na sociedade.

A expressão "literatura surda" é utilizada nas comunidades surdas para designar as narrativas que apresentam a língua de sinais e a questão da identidade e da cultura surda em seu bojo. Acreditamos, como Perlim e Strobel, que "temos outros caminhos que, mesmo desconhecidos, merecem ser trazidos à tona, vivenciados e narrados por constituírem a genuína história natural e cultural dos surdos" (PERLIN; STROBEL, 2005, p. 20).

Partindo desses pressupostos teóricos, os livros para as oficinas com as crianças do Debasi-Ines foram selecionados a partir de categorias definidas por Mourão (2011), que distingue três tipos de produções em literatura surda: a criação, a adaptação e a tradução. O livro de (co)autor surdo (criação) tematiza o nascimento de uma criança surda; o livro adaptado, tematiza a conquista da amizade; o livro traduzido, tematiza o crescimento da criança e suas interações com seus desejos e afinidades com o outro.

Apresentamos a seguir os livros selecionados:

Tibi e Joca, de Cláudia Bisol: o livro mostra a vida de um menino desde o momento do seu nascimento até sua família descobrir que ele é surdo. Ele enfrenta dificuldades para compreender que existem "dois mundos", um surdo e um ouvinte, e que o amor une esses mundos.

O livro foi escolhido por estar na categoria "criação", pois a autora escreve com a participação de Tibiriçá Maineri, (co)autor surdo, indicado como "participação especial" na capa do livro, que tem projeto gráfico e ilustrações de Marco Cena.

A narrativa é predominantemente visual, com poucas palavras/legendas para ilustrações, que ocupam a página inteira, e representam situações e sentimentos tais como: "Nasci", "Língua de sinais", "Surdo", "Felicidade", "Dúvidas", "Culpa", "Tristeza", "Solidão", "Difícil" e "Amor".

As ilustrações sem texto verbal escrito narram grande parte da história e a quarta capa do livro apresenta o endereçamento da obra: "Este livro pode ser facilmente compreendido por crianças surdas e ouvintes".

Além da autoria (ou coautoria/participação especial) de surdo, o livro tematiza aspectos da cultura surda e o nascimento de uma criança surda em família de ouvintes. A capa do livro pode ser observada na Figura 2:

Figura 2 – *Tibi e Joca*

Fonte: Claúdia Bisol; Participação de Tibiriçá Maineri (coautor surdo) (2001)
Ilustrador: Marco Cena

Clara, de Ilan Brenman: Ilan Brenman é considerado um dos mais importantes autores de livros infantis do Brasil, apesar de ter nascido em Israel. É ganhador de diversos prêmios e traduzido em vários países. Sua obra contempla a infância.

Nesse livro, aborda o desejo de crescer das crianças e a importância dos modelos e referências de outras pessoas na construção da identidade.

Sempre com um toque de humor, entre os modelos da personagem Clara está uma girafa, que representa seu desejo de ser alta. Também estão presentes vizinhos e crianças da sua idade, revelando ao leitor a complexidade própria da busca de referências no processo de individuação.

O livro foi inspirado na filha do autor, de 3 anos, que vivia estalando os dedos e dizia que não conseguia, mas que quando crescesse conseguiria. A ilustradora Silvana Rando inspirou-se na filha Verônica para dar cabelos cacheados à personagem principal do livro.

O autor e a ilustradora compartilham, por meio da arte, a experiência de observar as crianças pequenas na relação com sujeitos e elementos de dentro e de fora de casa.

O livro foi escolhido para ser traduzido para Libras (tradução) e mesmo não tendo um endereçamento explícito para crianças surdas, traz o tema de modelos identitários de forma literária.

Como tema, compreendemos que a leitura do livro com as crianças surdas compartilha o cerne do debate sobre a presença do adulto surdo na escola para crianças surdas, relação entre parentes surdos e ouvintes, o sentido da comunidade surda e a necessidade de encontrar referências para lidar com desejos de crescer e conquistar autonomia.

Figura 3 – *Clara*

Fonte: autor: Illan Brenman
Ilustradora: Silvana Rando

Você quer ser meu amigo?, de Érick Battut: Éric Battut vive e trabalha na França e desde a publicação de *O grande segredo do ratinho* ganhou notoriedade internacional, sendo seus livros traduzidos para diversas línguas. Ele é principalmente um roteirista e ilustrador de seus livros, mas também ilustra textos de outros autores, sendo autor de mais de uma centena de álbuns e livros, muitos sem texto escrito, mas com narrativas visuais e temáticas próprias à curiosidade da criança pequena.

Em *Você quer ser meu amigo?* (ver capa na Figura 5) encontramos a história do ratinho verde que parte em busca de um amigo. Em sua jornada, ele encontra muitos bichos verdes, procura identificação pela cor, mas nenhum quer ser seu amigo.

A repetição da pergunta-título dá uma cadência à narrativa, como um lenga-lenga. Quando encontra um elefante verde de medo, acaba fazendo amizade, pois passam um tempo em silêncio e as diferenças são respeitadas: o elefante acalma-se e volta à sua cor cinza e a busca pela identificação dá espaço à amizade entre os diferentes.

Na adaptação para a cultura surda, o ratinho é surdo e não é compreendido por outros bichos, pois usa língua de sinais e suas mãos são destacadas com o uso de luvas. O ratinho parte para sua jornada, percebendo a movimentação do capim ao seu redor. Os capins ganham mãos sinalizantes. O ratinho inicia uma conversa com um elefante, oferecendo o capim para ele. Como no original, os amigos passam um tempo em silêncio e depois seguem juntos, como pode ser visto na ilustração da Figura 4 (adaptação):

Figura 4 – Adaptação para a cultura surda

Fonte: baseado em livro de Érick Battut (Desu-Ines) (2022)

Figura 5 – *Você quer ser meu amigo?*

Autor: Érick Battut (2021)
Tradutora: Lígia Cademartori

Durante o processo da tradução e adaptação dos livros, foram gravados vídeos em Língua de Sinais no estúdio do Departamento de Ensino Superior (Desu) do Ines, com o recurso do *Chromakey*. Posteriormente, os vídeos foram editados por alunos do mestrado, sendo as opções estéticas dos editores reveladoras de recursos diferentes. Seguindo o mapeamento de recursos apresentados na gramática visual proposta pelos pesquisadores Taveira e Rosado (2019), identificamos os seguintes elementos, com destaque para o sinalizante:

Figura 6 – O ator/intérprete sinalizante, ou seja, a pessoa que utiliza a língua de sinais para expressar-se

Fonte: Pesquisa de mestrado de Juliana Fernandes Montalvão Mateus

Figura 7 – O cenário natural ou fundo artificial inserido por intermédio de substituição pela técnica do Chromakey

Fonte: Pesquisa de mestrado de Juliana Fernandes Montalvão Mateus

Para dar acesso à versão Libras do livro *Clara* e à adaptação para a cultura surda do livro *Você quer ser meu amigo?*, anexamos os QR code para os vídeos editados, em que os créditos podem ser vistos:

Figura 8 – Versão Libras para o livro *Clara* (tradução)

Fonte: Pesquisa de mestrado de Juliana Fernandes Montalvão Mateus

Figura 9 – Livro adaptado para a cultura surda a partir do original *Você quer ser meu amigo?* (adaptação)

Fonte: Pesquisa de mestrado de Juliana Fernandes Montalvão Mateus

Registramos também três ilustrações do livro de (co)autoria surda, em que predomina a narrativa visual, destacando elementos da cultura surda (autoria):

Figura 10 – Seleção de ilustrações do livro Tibi e Joca.

Fonte: Pesquisa de mestrado de Juliana Fernandes Montalvão Mateus

CONSIDERAÇÕES FINAIS

Apresentamos resultados parciais dos estudos realizados no PPGEB--Ines. Como integrantes da Linha 1 do Mestrado Profissional em Educação Bilíngue do Ines, debruçamo-nos sobre a BNCC como forma de referenciar a construção de materiais didáticos para uso em pesquisa-ação com crianças do SEF1 em consonância com a proposta curricular atualmente vigente no país.

Foi relevante, portanto, considerar os direitos de aprendizagem propostos para a primeira etapa da educação básica, em especial o direito de conhecer-se. Acreditamos que esse direito deve ser garantido a todos, pelo menos até os 12 anos de idade, de acordo com a definição de criança encontrada no Estatuto da Criança e do Adolescente (ECA).

Abordamos algumas reflexões sobre a educação de crianças surdas, considerando a relevância das pesquisas das Dra.Lodenir Karnopp e Dra. Ronice Müller de Quadros. Nos estudos dessas pesquisadoras sobre aquisição da língua de sinais desde os bebês encontramos subsídios para uma proposta de acesso à cultura por meio da Libras que contribua para a construção de um olhar que supere a tradicional visão da privação cultural com a qual as crianças surdas são percebidas em diversos discursos.

Partindo do nosso compromisso com práticas educativas que respeitem os direitos das crianças e que busquem articular suas experiências e saberes com o conhecimento historicamente produzido, foi importante conhecer a proposta de leitura compartilhada (LEBEDEFF, 2007).

Destacamos o princípio de monitorar o interesse das crianças encontrado no projeto de escola de referência em educação de surdos para planejamento e execução de oficinas literárias com crianças surdas, respeitando-as como protagonistas na proposta em nossa pesquisa-ação. Não foi nosso interesse apresentar a pesquisa em sua totalidade e, sim, os resultados parciais para destacar o processo de seleção, tradução e adaptação de livros infantis.

Os livros foram selecionados, traduzidos e adaptados a partir de categorias definidas por Mourão (2011) (criação, tradução, adaptação). Nosso objetivo foi apresentar os livros por intermédio de sinopses, ilustrações, figuras e frames de vídeos, e alguns resultados podem ser encontrados por intermédio de Qr codes, que direcionam o leitor para os vídeos. Os livros tematizam assuntos recorrentes na educação de crianças, como o nascimento, a amizade e a identificação com parentes e amigos e presumimos que respeitam o direito de conhecer-se e identificar-se por meio do acesso à cultura.

Os vídeos produzidos na pesquisa deram destaque ao sinalizante da língua de sinais. Foram considerados elementos como o fundo artificial, inserido por intermédio de substituição pela técnica do *Chromakey*, para inserção do sinalizante nas imagens do livro infantil e alternativas baseadas para inserção da pessoa que utiliza a língua de sinais para expressar-se (ROSADO; TAVEIRA, 2019).

O princípio da identidade surda prevaleceu tanto no referencial teórico como nas escolhas da pesquisadora surda. O processo de imersão na prática da tradução para ser possível uma didática bilíngue considerou dar visibilidade a duas línguas, português escrito e Libras, considerando o projeto gráfico do livro, seus temas e ilustrações. Essa proposta está em sintonia com os princípios da leitura compartilhada (*Shared Reading Program*).

Esperamos contribuir para um currículo para crianças surdas que considere a relação com a cultura, com a arte expressa em ilustrações, elaboração da linguagem literária, projeto gráfico do livro e com a gramática visual para a edição de vídeos com destaque para o uso da língua de sinais.

Concluímos que a construção de uma didática comprometida com a estética requer diversos materiais e tecnologias e agradecemos a oportunidade de encontrar recursos no Ines, como estúdios e aplicativos, além

da importante colaboração entre integrantes de grupo de pesquisa e mes-
trandos do PPGEB.

REFERÊNCIAS

COELHO, N. N. *Literatura infantil*: teoria, análise, didática. 1. ed. São Paulo:
Moderna, 2000.

KARNOPP, L.; QUADROS, R. M. de. Educação infantil para surdos. *In*: ROMAN,
E. D.; STEYER, V. E. (org.). *A criança de 0 a 6 anos e a educação infantil*: um retrato
multifacetado. Canoas: 2001. p. 214-230.

LEBEDEFF, T. B. Alternativas de letramento para crianças surdas: uma discussão
sobre o Shared Reading Program. *In*: 30ª REUNIÃO ANUAL DA ANPED. *Anais*
[...]. Caxambu, 2007, p. 1-15.

MOURÃO, C. H. N. *Literatura surda: a produção cultural de surdos em Língua de Sinais*.
2011. 132f. Dissertação (Mestrado em Educação) – Programa de Pós-Graduação
da Faculdade de Educação da Universidade Federal do Rio Grande do Sul, 2011.

PERLIN, G. T. O lugar da cultura surda. *In:* THOMA, Adriana da Silva *et al.* A
invenção da surdez: cultura, alteridade, identidade e diferença no campo da educação. Santa Cruz do Sul: Editora da Universidade de Santa Cruz do Sul, 2005.

ROSADO, L. A. S.; TAVEIRA, C. C. Proposta de uma gramática visual para descrição
e análise composicional de vídeos digitais em Línguas de Sinais. *Revista Brasileira
de Educação Especial*, Bauru, v. 25, n. 3, p. 355-372, jul.-set. 2019.

SANTANA, A. P. BERGAMO, A. CULTURA E IDENTIDADE SURDAS: ENCRU-
ZILHADA DE LUTAS SOCIAIS E TEÓRICAS. *Educ. Soc.*, Campinas, vol. 26, n.
91, p. 565-582, Maio/Ago. 2005 Disponível em: http://www. cedes.unicamp.br.
Acesso em: 10 jan. 2023.

STROBEL, K. *As imagens do outro sobre a cultura surda*. Florianópolis: Editora da
Universidade Federal de Santa Catarina, 2008.

SUTTON-SPENCE, R.; QUADROS, R. M. Poesia em língua de sinais: traços da
identidade surda. *In:* QUADROS, R. M. (org.). *Estudos surdos I*. Petrópolis: Arara
Azul, 2006.

8

RELATO DE EXPERIÊNCIA DA EQUIPE DO CURSO DE FORMAÇÃO CONTINUADA: TRADUÇÃO E INTERPRETAÇÃO DE LIBRAS DURANTE A PANDEMIA DO CORONAVÍRUS – COVID-19

Débora Gonçalves Ribeiro Dias
Ana Regina e Souza Campello
José Arnor de Lima Júnior

INTRODUÇÃO

A temática deste texto é um desafio para alunos surdos no enfrentamento para se formar como profissionais de interpretação e tradução de Libras (Língua de Sinais Brasileira), cujas aulas foram realizadas pelos professores surdos e ouvintes com uso de uma língua de instrução Libras no Curso de Formação Continuada de Tradução e Interpretação de Libras (CTILIBRAS) durante a pandemia do Coronavírus (Covid-19) e da sua forma de lidar com as situações na formação dos alunos em trabalho remoto.

O presente artigo visa contribuir em forma de relato sobre as experiências vivenciadas pelos autores na perspectiva de ensino e de estudo do curso on-line organizado pelo Instituto de Educação e Ensino de Libras (IEEL) em parceria com a Federação Brasileira das Associações dos Profissionais Tradutores e Intérpretes e Guia-Intérpretes de Língua de Sinais (Febrapils) durante o período de isolamento social devido à pandemia do Coronavírus (Covid-19), determinada pela Lei n.º 13.979/20, que dispõe sobre o enfrentamento à doença (BRASIL, 2020). A partir de então foram introduzidos o curso de formação, inicialmente presencial e depois on-line, com 13 turmas ao total, matriculadas no período de 2020 a 2022 pelo IEEL.

O objetivo geral era identificar o número dos alunos matriculados no curso de Formação de Tradutores e Intérpretes Surdos do Brasil, e o específico conhecer o funcionamento desse curso por meio do relato de experiências.

O Decreto n.º 5.626/2005 (BRASIL, 2005), em seu capítulo V, artigo 19, item 3, estabelece que o surdo tem competência para realizar a interpretação de língua de sinais de outros países para a Libras e atuar como tradutor e intérprete em cursos e eventos que envolvam Libras ou outras línguas de sinais. Esse decreto é considerado uma grande conquista da comunidade surda e nele consta explicitamente a função da tradução e interpretação de Língua Brasileira de Sinais e a formação de profissionais nessas áreas.

É importante observar que a formação dos intérpretes surdos é um tema de suma importância no desenvolvimento de várias abordagens, discussões, implementação de metodologia e outros nos Estudos de Tradução, com apresentações de práticas condizentes com os eventos que promovam a aprendizagem a todos os alunos surdos.

Desse modo, salientamos a discussão sobre temas relacionados à área da educação de surdos e no trabalho de tradução e interpretação, visando contribuir com o estímulo teórico para a formação continuada de tradução e interpretação de Libras para pessoas surdas, como capacitação e formação de intérpretes surdos.

O Instituto de Educação e Ensino de Libras (IEEL) inaugurou o Curso de Formação Continuada de Tradução e Interpretação de Libras (CTILI-BRAS) em 2020, inicialmente na modalidade presencial. No entanto, com o surgimento da pandemia de Covid-19, o IEEL tomou a decisão de migrar o curso para modalidade a distância. Nesse período, devido à dificuldade e desconhecimento do curso à distância e do acesso remoto, as pessoas surdas quanto as pessoas ouvintes, em sua maioria, optaram pelos cursos cientes da importância e da necessidade de se capacitar e formar como intérpretes e tradutores.

O IEEL foi fundado no dia 21 de agosto de 2017, no município de Natal, Rio Grande do Norte, com o objetivo de ensinar e divulgar a Língua Brasileira de Sinais, e conta hoje com vários cursos, sendo seu público-alvo todas as pessoas interessadas em comunicar-se com a comunidade surda.

No período de março de 2020, o curso de Formação Continuada de Tradução e Interpretação de Libras ofertou inicialmente 30 vagas na primeira e na segunda turmas, em modalidade presencial. No entanto, devido à pandemia, as turmas 01 e 02 precisaram ser alteradas para a modalidade remota, a partir das turmas de 03 a 17. A proposta foi elaborada conforme Quadro 1, que apresenta a tabela de carga horária.

PESQUISAS ATUAIS SOBRE A EDUCAÇÃO DE SURDOS: ENTRE A TEORIA E A PRÁTICA

Quadro 1 – Carga horária do curso de Formação Continuada de Tradução e Interpretação de Libras de 2020 a 2023

TURMA	MODA-LIDADE	ANO (INÍCIO)	ANO (TÉRMI-NO)	DISCI-PLINAS	CARGA HORÁ-RIA	Observação
01	Presencial	Março de 2020	-	16	360 horas	Suspenso desde março de 2020 por causa da pandemia e não há previsão de retorno.
02	Presencial	Março de 2020	-	16	360 horas	Suspenso desde março de 2020 por causa da pandemia e não há previsto de retorno
03	Remoto	Agosto de 2020	Novembro de 2021	18	420 horas	Concluído
04	Remoto	Agosto de 2020	Novembro de 2021	18	420 horas	Concluído
05	Remoto	Agosto de 2020	Novembro de 2021	18	420 horas	Concluído
06	Remoto	Setembro de 2020	Dezembro de 2021	18	420 horas	Concluído
07	Remoto	Setembro de 2020	Dezembro de 2021	18	420 horas	Concluído
08	Remoto	Janeiro de 2021	Setembro de 2021	18	420 horas	Concluído
09	Remoto	Janeiro de 2021	Setembro de 2021	18	420 horas	Concluído
10	Remoto	Julho de 2021	Junho de 2022	18	420 horas	Concluído
11	Remoto	Setembro de 2021	Julho de 2022	18	420 horas	Concluído
12	Remoto	Janeiro de 2022	Em andamento	21	460 horas	Em andamento

TURMA	MODA-LIDADE	ANO (INÍCIO)	ANO (TÉRMI-NO)	DISCI-PLINAS	CARGA HORÁ-RIA	Observação
13	Remoto	Janeiro de 2022	Em andamento	21	460 horas	Em andamento
14	Remoto	Maio de 2022	Em andamento	21	460 horas	Em andamento
15	Remoto	Agosto de 2022	Em andamento	21	460 horas	Em andamento
16	Remoto	Janeiro de 2023	Em andamento	21	460 horas	Em andamento
17	Remoto	Março de 2023	Em andamento	21	460 horas	Em andamento

Fonte: elaborado pelo autores

As turmas 01 e 02 foram suspensas em março de 2020, durante a pandemia de Covid-19 e a IEEL teve que acatar as determinações das legislações do Ministério de Saúde (BRASIL, 2020) e do Ministério de Educação (por intermédio de pareceres e resoluções do Conselho Nacional de Educação [CNE]). Essas turmas não têm previsão de retorno na modalidade presencial e os alunos não se interessaram em participar na modalidade a distância.

O IEEL abriu as novas turmas, de 03 a 17, como pode ser visto no Quadro 1, com o início do curso on-line, e algumas turmas (de 01 a 09) já foram concluídas. Após a pandemia, do segundo semestre de 2022 em diante, as turmas 12 a 17 ainda estão em andamento, na modalidade remota, pois há alunos que moram em outros estados.

No entanto, as disciplinas e as cargas horárias foram modificadas para três tempos (360 horas, 420 horas e 460 horas): na turma 01 havia 18 disciplinas e a partir da turma 10 foram acrescidas mais três. A decisão desse acréscimo foi homologada em uma reunião de coordenação, que apresentou a proposta no IEEL, diante de uma nova metodologia, a abordagem de avaliação, que passou a ser assim: avaliação da situação de cada aluno e das novas disciplinas. A IEEL quer firmar o compromisso de atender às expectativas dos alunos em relação ao perfil do tradutor e intérprete com o curso de Formação Continuada, tanto para surdos quanto para os ouvintes.

8.1 CAMINHO METODOLÓGICO

De acordo com Gil (2010), a pesquisa quantitativa é um método de pesquisa social que utiliza a quantificação nas modalidades de coleta de informações e seu tratamento mediante técnicas estatísticas, tais como percentual, média, entre outros. É frequentemente utilizada quando se necessita garantir a precisão dos resultados, evitando distorções de análise de interpretação e possibilitando uma margem de segurança quanto às inferências, ou seja, é projetada para gerar medidas precisas e confiáveis que permitam uma análise estatística. Normalmente implica a construção de investigação documental, em que são contatados os números de alunos surdos/ouvintes matriculados. Portanto, a pesquisa quantitativa é aplicada na busca de resultados exatos, evidenciados por intermédio de variáveis preestabelecidas, em que se verifica e explica-se a influência sobre as variáveis mediante análise da frequência de incidências e correlações estatísticas.

Já a pesquisa qualitativa é aquela que busca entender um fenômeno específico em profundidade. Ao contrário de estatísticas, regras e outras generalizações, ela trabalha com descrições, comparações e interpretações. Assim, é mais participativa e menos controlável, dado que os participantes podem direcionar o rumo em suas interações com os pesquisadores, como foi o nosso caso.

Apresentamos no Quadro 2 as primeiras informações sobre as quantidades dos alunos surdos e ouvintes matriculados no curso, entre 2020 a 2022, das turmas 01 e 02 da modalidade presencial, e as turmas de 01 a 15 da modalidade remota, sendo o destaque em amarelo para as turmas presenciais e o azul-claro para as turmas remotas. E no Quadro 3 visualizamos o número dos alunos que já concluíram e os que não concluíram o curso na modalidade remota.

Quadro 2 – Surdos/Ouvintes matriculados no curso de Formação de Tradução e Interpretação de Libras, de 2020.1 a 2023.1.

Turmas	Período	Alunos matriculados	Surdos	Ouvintes
01	2020.1	25	-	25
02	2020.1	25	-	25
03	2020.2	10	07	03
04	2020.2	10	06	03

Turmas	Período	Alunos matriculados	Surdos	Ouvintes
05	2020.2	16	13	03
06	2020.2	18	15	03
07	2020.2	21	12	09
08	2021.1	25	21	04
09	2021.1	12	09	02
10	2021.2	21	11	10
11	2021.2	13	11	02
12	2022.1	10	02	08
13	2022.1	20	10	10
14	2022.1	19	07	12
15	2022.1	20	06	14
16	2022.1	23	04	19
17	2022.1	17	04	13

Fonte: elaborado pelo autores

Quadro 3 – Surdos/ Ouvintes que concluíram curso Formação de Tradução e Interpretação de Libras na Modalidade Remota

Turmas	Alunos surdos	Alunos ouvintes	Não concluídos	Concluídos
03	07	03	03	07
04	06	03	-	09
05	13	03	03	13
06	15	03	01	17
07	12	09	09	12
08	21	04	04	21
09	09	02	03	08
10	11	10	09	12
11	11	02	05	08
12	02	08	Em andamento	Em andamento

Turmas	Alunos surdos	Alunos ouvintes	Não concluídos	Concluídos
13	10	10	Em andamento	Em andamento
14	07	12	Em andamento	Em andamento
15	06	14	Em andamento	Em andamento
16	04	19	Em andamento	Em andamento
17	04	13	Em andamento	Em andamento

Fonte: elaborado pelos autores

De acordo com os quadros apresentados, da turma de 03 a 11, 107 alunos concluíram o curso, 37 alunos ainda não o concluíram, sendo 10 surdos e 27 ouvintes formados; e as turmas de 12 a 17 ainda estão em andamento. Em algumas turmas, dos alunos que ainda não concluíram o curso, estavam repondo disciplinas junto a outras turmas em andamento, por motivo pessoais e/ou comprovação de atestado médico como justificativa.

Buscamos os dados para a atuação profissional de tradutores e intérpretes que possam pensar a formação no curso direcionada aos surdos, e é importante que consideramos relevante a formação no curso em questão.

Este curso tem como objetivo a formação de profissionais para desempenhar atividades interpretativas e tradutivas. Essa área é complexa e autônoma, envolvendo tradutores que atuam de forma independente em interpretação simultânea, consecutiva, *feedback*, entre outras modalidades. Esses profissionais podem atuar em diversos contextos, como conferências, eventos, festivais e na comunidade surda. Além disso, desempenham um papel fundamental na formação de professores e cursistas.

O curso abrange 21 disciplinas, sendo ministrado por 15 professores, entre surdos e ouvintes, incluindo 4 especialistas, 6 mestres e 5 doutores nas áreas de Estudos da Tradução e Interpretação de Libras, Linguística (Libras e Língua Portuguesa). Alguns professores ofereceram mais de duas disciplinas ao longo do curso.

É notável o surgimento de novos capacitadores e formadores surdos, representando os primeiros intérpretes surdos em todo o Brasil para comunidade surda. Esses intérpretes surdos têm conquistado cada vez mais espaço na rede social e em eventos nacionais, colaborando inclusive com intérpretes ouvintes. Os trabalhos de tradução produzidos por surdos para a língua de sinais circulam socialmente, contribuindo para a interação entre comunidades surdas e ouvintes.

8.2 RESULTADOS E DISCUSSÃO

Quando a pandemia da Covid-19 eclodiu e as legislações dos ministérios da Saúde (BRASIL 2020) e da Educação impossibilitaram os alunos de frequentarem aulas presenciais, a busca ou a adaptação do curso presencial para cursos a distância aumentou em pelo menos 50% em todo o país, segundo aos dados do Censo da Educação a Distância feito pela Associação Brasileira de Educação a Distância (Abed) em 51 instituições de ensino. O Censo também apontou que 34% delas viram um aumento significativo no número de matrículas dos cursos on-line, como é o caso do Ieel.

Ensinar de forma remota trouxe vários desafios aos professores e às instituições, especialmente nos estudos dos alunos já matriculados, como a falta do contato presencial, a criação de novas rotinas de estudos e o nível de dispersão dos estudantes em aula.

Em uma pesquisa realizada pela Abed com alunos e educadores, os números apontaram que 67% dos alunos tiveram dificuldades para organizar os estudos on-line durante a pandemia. O levantamento também mostrou que 94,8% dos professores consideraram importante a interação virtual com os alunos para manter o processo de ensino e aprendizagem. Com base nos resultados apresentados foi possível observar que os alunos participantes obtiveram aceitação satisfatória e útil devido à localização geográfica.

No ambiente virtual, o curso de Formação Continuada de Tradução e Interpretação de Libras, o meio de comunicação utilizado foi o *Zoom*[16] (videoconferência), com carga horária total de 420 horas, divididas em encontros on-line uma vez ao mês, com duração de oito horas cada. Havia um técnico em informática que monitorava as aulas, contratado pela instituição, e o coordenador participou/participa como voluntário, ao lado dos professores responsáveis pelas disciplinas e os alunos surdos e ouvintes, o que pode ser visto nas Figuras 1, 2 e 3.

---

[16] Zoom – É um programa de software de videotelefonia desenvolvido pela Zoom Video Communications.

Figura 1 – Foto da turma 4, com apresentação do coordenador José Arnor Lima Junior

Fonte: foto tirada pelo autores

Figura 2 – Foto da turma 4, da aula inicial da Prof.ª Dr.ª Ana Regina Campello

Fonte: foto tirada pelo autores

No plano didático, em cada atividade das aulas os alunos recebem o material PPT (PowerPoint) e referências bibliográficas complementares. A aula funcionava on-line, e os alunos eram obrigados a deixar a câmera ligada durante a aula, como podemos ver na Figura 3.

Figura 3 – Foto da turma 4, com a Prof.ª Dr.ª Ana Regina Campello, com PPT (*PowerPoint*) durante aula de remota

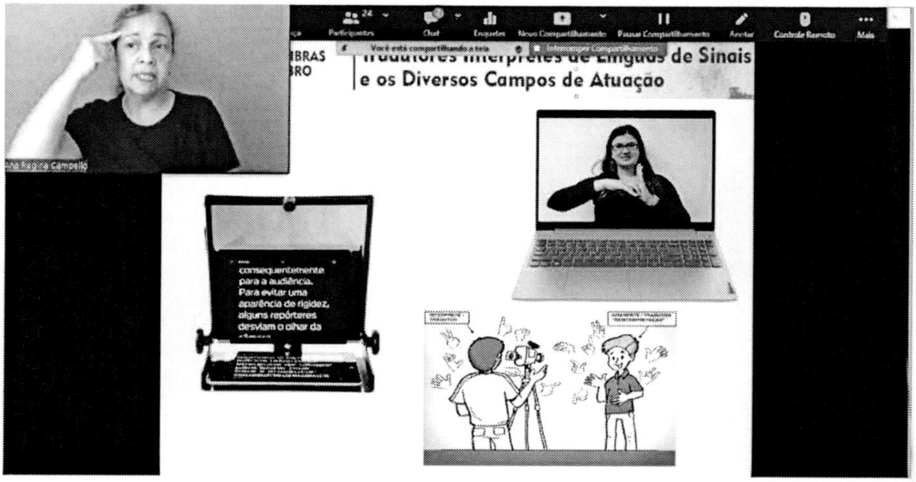

Fonte: arquivo pessoal da Prof.ª Dr.ª Ana Regina Campello

a. O olhar da experiência do Coordenador – José Arnor

No início do mês de abril de 2017, a equipe, composta de duas pessoas surdas da IEEL, criou o projeto denominado de Curso de Tradução e Interpretação de Libras, e em 2020, outra equipe, composta de três pessoas surdas do mesmo instituto, criou o curso de Formação Continuada de Tradução e Interpretação de Libras (CTILIBRAS) na modalidade presencial. Com o surgimento da pandemia de Covid-19 foi necessário trocar de presencial para remoto.

Pela minha experiência como coordenador do curso de Formação Continuada de Tradução e Interpretação de Libras, iniciado no período de 2020 até presente data, em caráter voluntário, com o objetivo de trabalhar, organizar e desenvolver estudos na área de tradução e interpretação em Libras das 15 turmas, aos sábados e domingos, era responsável por informar, divulgar, organizar o canal de comunicação, supervisionar as notas e motivar os alunos surdos e ouvintes.

Na área de supervisão, minha função é resolver os problemas que surgem, como atraso e faltas, além de outros quanto à participação dos alunos; promover reunião junto aos alunos, conscientizando-os dos seus atos e comportamentos, e junto aos professores, sobre as disciplinas, mudança de carga horária (excluindo-as ou aumentando-as para melhorar o perfil do curso), grade curricular e afins; divulgar a criação de novas turmas com o "influenciador" e de desenhos pelo designer surdo; orientar sobre período letivos e feriados; organizar o cronograma pedagógico e as reuniões com os alunos para solucionar questões sobre a ética das avaliações dos professores por intermédio de formulário simples – uso dos pinos: positivo (associado a *feedbacks* favoráveis) e negativo (*feedbacks* críticos ou de melhoria).

Desenvolvo, ainda, nas tarefas de passar informações; lembrar a todos as aulas que acontecerão aos sábados e domingos; participar das reuniões de professores (como consta no regimento interno dos alunos e do corpo); elaborar convites aos professores para ministrarem a disciplina proposta; gerenciar as turmas; incentivar os alunos, com observação, atenção e respeito a cada um deles, sempre deixando o canal de diálogo em aberto.

Em suma, são as atribuições como coordenador do curso, ressaltando que o trabalho não é individual, há sempre o apoio da Secretaria, composta de dois colegas, um surdo e um ouvinte, além do monitor, que administra o Zoom.

b. O olhar da experiência da professora surda – Prof.ª Dr.ª Ana Regina Campello

Comecei a dar aula no segundo semestre de 2020, após as reuniões intensivas com a equipe do IEEL, direcionadas pelo coordenador do curso de Formação, mestrando e Prof. José Arnor de Lima Junior, um dos autores deste texto, em relação às disciplinas ofertadas, nomes dos professores para serem convidados e cronograma das disciplinas para melhor organização.

Como a minha disciplina – O que é Língua – é a primeira a ser ministrada em cada turma/semestre, acolhemos cerca de 25 alunos ativos e participantes. Por ser uma aula com oito horas o resultado é produtivo e com respostas satisfatórias, pois as curiosidades emanam no campo de conhecimento. O Dr. Matthias Gruber (2014, 2019, s/p) explica que isso acontece porque "a curiosidade coloca o cérebro em um estado que lhe permite aprender e reter qualquer tipo de informação, que motiva o aprendizado".

A maioria dos alunos tem poucas informações sobre o tema "Língua" por não terem acesso a informações nas escolas em que estudaram e por serem ágrafos,[17] sem contato com a língua escrita. Ainda, em sua fase de infância e adolescência não tiveram a presença de intérpretes de Libras como suporte comunicativo e de interpretação das disciplinas na fase escolar.

---

[17] São aqueles que culturalmente não têm representação escrita e têm cultura ágrafa.

A disciplina, ministrada com o uso da Libras, como primeira língua das pessoas surdas, costuma despertar muito interesse sobre a língua a ser adquirida, inclusive para entender o conceito da língua em si.

O contato e "encontro surdo-surdo" (PERLIN, 1998; PIMENTA, 2017, p. 83)

> [...] promove as diferenças surdas que impulsionam as comunidade(s) surda(s) a serem formadoras de um espaço-tempo de produção linguística. Essas diferenças são possíveis devido a vários fatores, tanto de âmbito cognitivo quanto social, como também a influências a que cada um está exposto, seguindo seu fluxo onde lhe for mais confortável, possível e desejado. Compreende-se como comunidade surda(s) os diferentes espaços de relação entre os sujeitos, não somente um modo específico de comunidade que engessa e iguala todos. Tal engessamento se dá pelas lutas políticas e por algumas ações que ditam um modo ideal de ser e estar sendo sujeito dessa ou daquela comunidade, ocasionando o apagamento das diferenças existentes e o apagamento das diferenças surdas.

De acordo com Perlin (1998, p. 54), a identidade surda "é uma identidade subordinada com o semelhante surdo [...] o encontro surdo-surdo é essencial para a construção da identidade surda".

Portanto, o tema "Língua" desperta a vontade de aprender mais e buscar mais conhecimento quanto às diferentes línguas e culturas do mundo, já que a língua, em si, promove a cultura interna, invisível e subjugadora à espera do "despertar" de modo consciente para lutar aquilo a que pertence.

Alguns alunos ficam confusos quando pensam que Libras é a língua portuguesa utilizada no Brasil e até erram no ato de sinalizar; por exemplo, em vez de sinalizar a Libras, usam o sinal da língua portuguesa.

É uma experiência enriquecedora, pois os alunos sentem as suas dificuldades e expectativas nos outros discentes para serem tradutores e intérpretes de Libras, assim como os desafios no novo campo de trabalho e de atuação nas áreas distintas da educação.

c. O olhar da experiência da aluna surda – Débora Dias

As aulas e as atividades foram desenvolvidas por meio da modalidade remota, no horário da manhã e da tarde, totalizando oito horas cada aula, e aos domingos, uma vez por mês, durante um ano e três meses, de 2020.2 a 2021.2.

Durante as aulas, os professores de todas as disciplinas transmitiram aos alunos a compreensão e o entendimento de como trabalhar na área de tradução e de interpretação. As atividades eram corrigidas pelos professores e os alunos levavam para casa o *feedback* das experiências vivenciadas.

O curso trouxe muito aprendizado e conhecimento, muitas rotinas e práticas da profissão e, principalmente, orientou-nos coletivamente ao trabalho. O resultado foi muito satisfatório, sobretudo por haver o envolvimento de todos.

Todas as disciplinas ensinaram-nos muito sobre a importância de ajudarmos uns aos outros, de como agir como tradutores e intérpretes de Libras dentro ou de fora da sala de aula, e que tenhamos sempre a preocupação de estimularmos a comunicação da comunidade surda.

A experiência do curso como aluna foi desafiadora, pois ocorreu durante a pandemia da Covid-19, enquanto eu também equilibrava os fatos de ser professora, mãe de um bebê e estudante de doutorado.

A experiência relatada neste texto trouxe-me importantes ferramentas para o aprimoramento das práticas de tradução e de interpretação de Libras como aprendiz e profissional, como prática de interpretação, *feedbacks* etc., tendo sido utilizadas as habilidades de aprendizagem conforme o interesse dos alunos e professores.

O uso da tecnologia gerou vários debates entre professores e alunos e ajudou a diminuir um pouco o distanciamento das pessoas e o reconhecimento da sua importância na vida das pessoas.

Que esta minha contribuição possa ser útil a outras pessoas surdas para poderem refletir melhor e se sentem incentivadas quanto à participação no Curso de Formação Continuada e, assim, construir mais conhecimentos que tragam resultados positivos na área de Tradução e Interpretação Profissional de Libras.

CONCLUSÃO

O desenvolvimento deste estudo possibilitou-nos apresentar a vivência da equipe do curso de Formação Continuada: Tradução e Interpretação de Libras durante a pandemia da Covid-19, em especial no ambiente remoto, o que se trata de um novo mundo tanto para os ouvintes quanto para os surdos.

Diante disso, procedeu-se à análise dos relatos referentes aos conhecimentos, habilidades e atitudes dos profissionais, especificamente na equipe da IEEL. Essa avaliação visa garantir a constante atualização para a formação como tradutores e intérpretes de Libras, visando ao contínuo desenvolvimento da aprendizagem necessária para desempenhar eficazmente essas funções. Além disso, enfatiza-se a importância da adequação e aprimoramento do desempenho atitudinal na interação profissional.

REFERÊNCIAS

BRASIL. *Lei n.º 13.979, de 6 de fevereiro de 2020*. Dispõe sobre as medidas para enfrentamento da emergência de saúde pública de importância internacional decorrente do coronavírus responsável pelo surto de 2019. Presidência da República. Brasília: DF. 2020. Disponível em: https://www.in.gov.br/en/web/dou/-/lei-n-13.979-de-6-de-fevereiro-de-2020-242078735. Acesso em: 2 fev. 2023.

GIL, A. C. *Métodos e técnicas de pesquisa social*. 3. reimpr. São Paulo: Atlas 201, 2010. Disponível pelo link: https://ria.ufrn.br/jspui/handle/123456789/1236. Acesso em: 2 mar. 2023.

GRUBER, M. J.; VALJI, A.; RANGANATH, C. *Curiosity and learning*: a neuro scientific perspective. 2019. Disponível em: https://psycnet.apa.org/record/2018-33248-016. Acesso em: 2 fev. 2023.

GRUBER, M. J.; GELMAN, B. D.; RANGANATH, C. *States of curiosity modulate hippocampus-dependent learning via the dopaminergic circuit. Neuron.* October 2 2014 Disponível em: https://pubmed.ncbi.nlm.nih.gov/25284006/. Acesso em: 2 fev. 2023.

PERLIN, G. T. T. Identidades surdas. *In*: SKLIAR, C. B. *A surdez*: um olhar sobre as diferenças. Porto Alegre: Mediação, 1998. p. 51-73.

PIMENTA, B. M. *Encontros surdo-surdo(s) como espaço de produção de uma comunidade*: a potência do encontro(s)-amizade(s). Vitória: Universidade Federal de Espírito Santo, 2017.

A (DES)CONFIGURAÇÃO DO EDITAL DO CONCURSO E PROCESSO SELETIVO: DO CARGO DE INSTRUTOR DE LIBRAS E PROFESSOR DE LIBRAS, AVALIAÇÃO DE CANDIDATO SURDO E CANDIDATO NÃO SURDO – PROVA OBJETIVA À PRÁTICA

Ana Regina e Souza Campello
Maria Elisa Della Casa Galvão
José Arnor de Lima Júnior

INTRODUÇÃO

A Lei n.º 10.436, de 24 de abril de 2002 (BRASIL, 2002), que reconhece a Língua de Sinais Brasileira (Libras), diz em seu artigo 1º: "É reconhecida como meio legal de comunicação e expressão a Língua Brasileira de Sinais – Libras e outros recursos de expressão a ela associados" e em seu parágrafo único:

> Entende-se como Língua Brasileira de Sinais - Libras a forma de comunicação e expressão, em que o sistema linguístico de natureza visual-motora, com estrutura gramatical própria, constitui um sistema linguístico de transmissão de ideias e fatos, oriundos de comunidades de pessoas surdas do Brasil.

Para bom entendimento, isso significa que a Libras é oriunda de comunidades de pessoas surdas do Brasil (grifo nosso) e essa expressão é inquestionável e desmistifica que a Libras pode ser utilizada por qualquer (segundo o dicionário, isso equivale como designação de pessoa sem especificação) pessoa ouvinte como instrumento de ensino e justifica o uso dela como segunda língua, na abordagem comunicativa e não de domínio da primeira língua e cultura das pessoas surdas.

Neste texto apresentamos as condições de pessoas surdas bilíngues, professores e pesquisadores de Libras em prol da educação de surdos, assim como a experiência vivenciada e familiarizada nos concursos e processos seletivos prestados anteriormente, inclusive até recentemente.

A solução para o problema da (des)configuração do edital de concursos ou processos seletivos é importante para a área de Administração Pública. Este relato promove a conscientização do tema, estabelecendo um convite-reflexão, e traz os critérios básicos e acertados para uma configuração de editais destinados para os candidatos surdos ou não surdos à vaga de instrução e/ou docência de Libras.

Como foco do texto é o tema-objeto da (des)configuração do edital do concurso ou processo seletivo, acreditamos que ele possa conscientizar os atuais e futuros profissionais envolvidos da Administração Pública ou as Comissões responsáveis pelos concursos e/ou processos seletivos e leva-los a se interessarem por ele, que é hoje muito discutido no cotidiano da comunidade surda e de professores surdos de Libras.

No caso da seleção ou de concurso público para professores de Libras a elaboração do edital é importante, bem como as configurações baseadas nas regras da Administração Pública. Para a efetivação de determinados cargos públicos, os profissionais inscritos passam por processos de seleção, incluindo fases e provas de caráter eliminatório e classificatório.

De caráter eliminatório, o concurso e/ou processo seletivo aplica uma prova objetiva, cujo conteúdo servirá para uma avaliação prévia de conhecimentos básicos, de conhecimentos gerais e de conhecimentos específicos. Essa prova é feita de múltiplas escolhas. Em seguida, é conferida pelos gabaritos divulgados nos sites.

Também há a prova dissertativa, com os temas relacionados à disciplina que se vai ministrar, relacionada à área da surdez específica ou à metodologia e à filosofia do ensino de Libras. As duas técnicas são de caráter eliminatório e classificatório e são enquadradas nessa fase.

Então há a prova de caráter classificatório, cuja pontuação varia de acordo com os critérios elaborados pelas universidades públicas e particulares e visa à pontuação pela análise curricular e de titulação.

Atualmente, existe o Projeto de Lei n.º 2.258/2022 (PL n.º 252/2003 e Substitutivo da Câmara dos Deputados ao Projeto de Lei do Senado n.º 92, de 2000) relativa a norma geral para concursos públicos, que está no momento na mesa do Senado para ser aprovado. Trata-se de regras para a realização de concursos públicos em todas as etapas da seleção, da autorização, do planejamento e da execução até a avaliação.

No caso para professor de Libras, essa questão merece ser destacada em razão da vaga ser específica na área de linguística.

9.1 OBJETIVOS

Este artigo propõe conscientizar os atuais e futuros profissionais envolvidos da Administração Pública ou das Comissões responsáveis pelos concursos e/ou processos seletivos quanto a análise da estrutura do edital, vagas percentuais, descrição das vagas, cotas, critérios de avaliação do concurso e mecanismo do processo seletivo.

Os objetivos específicos foram:

1. Rever a composição examinadora bem como seus critérios estabelecidos.

2. Investigar a legalidade na avaliação.

3. Analisar a competência linguística dos candidatos profissionais de Libras nos concursos e/ou processos seletivos.

4. Propor aos presentes servidores e futuros profissionais envolvidos da Administração Pública ou das Comissões responsáveis pelos concursos e/ou processos seletivos na elaboração da estrutura do edital quanto a análise da estrutura do edital, vagas percentuais, descrição das vagas, cotas, critérios de avaliação do concurso e mecanismo do processo seletivo.

9.2 METODOLOGIA

Em caráter exploratório (GIL, 2010), a metodologia contou com uma pesquisa qualitativa, realizada por intermédio de referência documental (coleta dos editais dos concursos públicos do período de 2012 a 2019 no Google, na ferramenta de "busca"), revisões bibliográficas (legislações) que abrange a área linguística da Libras à luz de estudos surdos e estudos culturais. Além disso, foram elencados os pontos principais para análise documental nas tabelas dos textos administrativos a seguir relacionados junto às pontuações ✘ como "não aplicável" e ✔ como "aplicável":

a. As disposições legais, assim como a prova objetiva, de caráter classificatório e eliminatório, prova discursiva, de caráter classificatório e eliminatório, prova de desempenho didático, de caráter classificatório e eliminatório, e prova de títulos, de caráter classificatório, de acordo com os decretos n.º 86.364/1981 (BRASIL, 1981) e n.º 9.739/2019 (BRASIL, 2019).

b. Inscrição como Pessoa com Deficiência (PCD) de acordo com a Constituição Federal (BRASIL, 1988) e parágrafo 2º do art. 5º da Lei n.º 8.112/90 (BRASIL, 1990).

c. Definição de Deficiência, de acordo com o Decreto n.º 3.298/99 na súmula 552 do Superior Tribunal de Justiça (STJ): "o portador de surdez unilateral não se qualifica como pessoa com deficiência para o fim de disputar as vagas reservadas em concursos públicos".

d. Percentual ou reserva de vagas – nos artigos 37 a 44 do Decreto n.º 3.298/1999 e Decreto n.º 9.508/2018.

e. Tempo da prova, de acordo com os artigos n.º 27 a n.º 30 da Lei Brasileira da Inclusão – Lei n.º 13.146/2015 (BRASIL, 2015).

f. Prova discursiva (ou prova dissertativa) no julgamento da banca examinadora que apreciará, além do conhecimento técnico-científico sobre a matéria, a sistematização lógica e o nível de persuasão, bem como a adequada utilização do vernáculo.

g. Respeito à singularidade linguística da escrita dos candidatos surdos, valorizando o aspecto semântico, nos termos da Lei n.º 10.436/2002 (BRASIL, 2002) e do Decreto n.º 5.626/2005 (BRASIL, 2005).

h. Para a realização da prova de desempenho didático, o candidato deverá apresentar Plano de Aula, sobre o tema a ser ministrado e sorteado em sessão pública, com temas condizentes com a área de ensino e metodologia de Libras.

i. Composição de bancas examinadoras, de acordo com o § 3º do artigo 8 do Decreto n.º 5.626/2005 (BRASIL, 2005).

j. Aplicação das provas em Libras (vídeolibras) de acordo com o Decreto n.º 9.508/2018 (BRASIL, 2018).

São esses os critérios selecionados para nortear melhor a análise documental para facilitar o trabalho dos futuros professores e servidores que farão parte da Comissão de Processo Seletivo ou Comissão Permanente de Concurso Público.

9.3 LIBRAS COMO LÍNGUA DE COMUNIDADES DE PESSOAS SURDAS

Para bom entendimento, isso significa que a Libras é oriunda de comunidades de pessoas surdas do Brasil (grifo nosso) e essa expressão é inquestionável e desmistifica que a Libras pode ser utilizada por qualquer (segundo o dicionário, isso equivale como designação de pessoa sem especificação) pessoa ouvinte como instrumento de ensino e justifica o uso dela como segunda língua, na abordagem comunicativa e não de domínio da primeira língua e cultura das pessoas surdas.

A autora Oliveira (2020, p. 76) deixou claro que a cultura da visualidade procede do saber visual e teoricamente é construída e formada por meio da língua de sinais simultaneamente à cultura silenciosa.

A diferença entre o mundo dos surdos e dos ouvintes no ensino de Libras como segunda língua às pessoas ouvintes está:

> [...] nas apreensões visuais conduzem o que foi experienciado pela língua visualmente (PERLIN, 1998, p. 51-73 *apud* OLIVEIRA, p. 76). A experiência visual é lugar de produção, pois advém dos sujeitos surdos, de suas comunidades e de seus variados artefatos: língua de sinais, identidade, literatura, história cultural, arte e dramaturgia (QUADROS; PERLIN, 2007, p. 76 *apud* OLIVEIRA, p. 76).

A Libras, como língua oriunda das comunidades de pessoas surdas do Brasil, é uma língua de pertencimento, construída por intermédio de lógica, pensamentos e cognição, que visualmente e culturalmente inova sua gramática específica e inerente do universo surdo. A autora e intérprete Oliveira (2020, p. 76) explica:

> A Libras dá-se corporalmente porque envolve as mãos, o corpo, a face, o olhar como conectores que constituem os sinais. Trata-se de uma língua construída na perspectiva visual, com uma gramática determinada com base no uso do espaço visual, em que os respectivos sinais são definidos

e organizados. As marcações de tempo são demarcadas e o entendimento do que é certo e preciso se compõe (QUA-DROS; KARNOPP, 2004, p. 76 *apud* OLIVEIRA, 2020, p. 76).

Na tese defendida pela autora Oliveira (2020) deste texto ela diz que as definições visuais da Libras não são constituídas para serem estáticas e demarcadas dentro de um ponto de vista estruturalista. A imagem é formada de diversos matizes e é improvável determinar e ater-se à estrutura da língua oral-auditiva. As caracterizações visuais das pessoas surdas podem ser percebidas, sobretudo, ao olhar, com o uso da imagem com percepção visual e cognitiva, diferentemente das pessoas ouvintes.

"Não ouvir" significa muito para o contexto do conjunto de significados e sentidos. Os sujeitos Surdos, em sua relação com o mundo, não desconhecem a presença do som, mesmo que não o registrem pelo órgão dos sentidos apropriado para tal. Ao contrário, criam estratégias para lidar com os indícios visuais do som interpretando esses indícios pelo contexto em que se encontram (CAMPELLO, 2008, p. 87).

O símbolo ou o signo visual animado ou inanimado, som, densidade, sabor, odor, toque, tamanho e a imagem visual compõem-se de interpretações visuais do que está à volta do universo surdo. São impulsos visuais que adentram os olhos com direção e intensidade, são expressões e sinais visuais constituídos e construídos dentro de uma estrutura linguística que não permite uma tradução específica para o português como acontece entre as línguas orais. A cultura surda simboliza a vida dos surdos, os seus diálogos, as suas relações com seus pares, as suas artes, o seu jeito de perceber e estar no mundo.

Quadros (2003, p. 81-111 *apud* OLIVEIRA, 2020, p. 76) argumenta que as experiências visuais:

[...] são aquelas que atravessam a visão. É significativo ver marcar relações de olhar, servir-se do olhar para determinar as correspondências gramaticais em um discurso, a bagagem visual a partir da mente (pensamento, língua, ideias, sonhos). As concepções linguísticas e artísticas são visuais e, como decorrência, podemos dizer que a cultura é visual. Ao tratarmos da língua e da cultura surda, adentramos nas sutilezas culturais que incorporam a língua de sinais e a sua constituição visual. Trata-se de entender, compreender uma pessoa se comunicando por intermédio de uma língua com a perspectiva visual que se dá por expressões, formas, sentidos etc.

Então, para ensinar uma língua – no caso, Libras – como segunda língua às pessoas ouvintes, como disciplina nos cursos, as universidades públicas ou particulares devem elaborar um mecanismo ou um instrumento, como na elaboração de um concurso ou processo seletivo, cuja definição é obter oferecimento de vagas para o serviço público ou particulares do país de forma democrática, mediante uma prova objetiva e prática. O objetivo é selecionar, admitir, contratar ou reservar os profissionais para trabalhar no serviço público e em serviços particulares.

Há dois tipos de concursos públicos ou processos seletivos para preenchimentos de cargos e funções, que dependem da escolaridade: concurso ou seleção de nível médio e superior. Nível médio é referente às funções administrativas ou de ensino de Libras, como no caso da seleção para instrutor de Libras, exercido pelas pessoas surdas, de acordo com o item II do artigo 7º do Decreto n.º 5.626 de 2005 (BRASIL, 2005): "II - instrutor de Libras, usuário dessa língua com formação de nível médio e com certificado obtido por intermédio de exame de proficiência em Libras, promovido pelo Ministério da Educação". E do subitem "a", do item III, do § 1º do artigo 14 desse Decreto: "III - prover as escolas com: a) professor de Libras ou instrutor de Libras".

Então, com a extinção da Proficiência de Libras (Prolibras), em 2016, no território brasileiro, definida pelo Decreto n.º 5.626, de 22 de dezembro de 2005 (BRASIL, 2005). O Ministério de Educação (MEC) era responsável pela execução, em parceria com as instituições de ensino (universidades e instituições de ensino, como a UFSC e o INES), o que durou 10 anos. Depois desse período, a responsabilidade passou a ser das instituições de ensino superior que ofertam o curso superior de Letras Libras, Pedagogia e outras áreas afins, de acordo com o artigo 11 do Decreto n.º 5.626 de 2005 (BRASIL, 2005):

> Art. 11. O Ministério da Educação promoverá, a partir da publicação deste Decreto, programas específicos para a criação de cursos de graduação:
>
> I - para formação de professores surdos e ouvintes, para a educação infantil e anos iniciais do ensino fundamental, que viabilize a educação bilíngüe: Libras - Língua Portuguesa como segunda língua;
>
> II - de licenciatura em Letras: Libras ou em Letras: Libras/ Língua Portuguesa, como segunda língua para surdos;
>
> III - de formação em Tradução e Interpretação de Libras - Língua Portuguesa.

> Art. 12. As instituições de educação superior, principalmente as que ofertam cursos de Educação Especial, Pedagogia e Letras, devem viabilizar cursos de pós-graduação para a formação de professores para o ensino de Libras e sua interpretação, a partir de um ano da publicação deste Decreto.
>
> Art. 13. O ensino da modalidade escrita da Língua Portuguesa, como segunda língua para pessoas surdas, deve ser incluído como disciplina curricular nos cursos de formação de professores para a educação infantil e para os anos iniciais do ensino fundamental, de nível médio e superior, bem como nos cursos de licenciatura em Letras com habilitação em Língua Portuguesa.
>
> Parágrafo único. O tema sobre a modalidade escrita da língua portuguesa para surdos deve ser incluído como conteúdo nos cursos de Fonoaudiologia.

A meta 4.13 da Lei n.º 13.005/2014 (BRASIL, 2014) garante a presença prioritária dos professores surdos nas disciplinas de Libras na educação básica, prerrogativa da garantia do art. 2º da Lei n.º 7.853/1989 (BRASIL, 1989), sendo obrigação do Poder Público proporcionar às pessoas com deficiência o pleno exercício de seus direitos, inclusive o direito ao trabalho.

No caso da seleção ou de concurso público para professores de Libras, é preciso partir para a elaboração do edital, bem como as configurações baseadas nas regras da Administração Pública. Para o preenchimento de determinados cargos públicos, os profissionais inscritos passam por processos de seleção com várias fases e provas de caráter eliminatório e classificatório.

9.1.1 Aplicabilidade da prova objetiva e prática

As universidades públicas ou particulares que pretendem abrir concurso ou seleção pública de provimento de vagas para professor de Libras devem ter como trabalho principal preparar a equipe de profissionais (professores nomeados e portariados pelo Colegiado ou Assembleia dos Professores) que irão elaborar com o edital junto à Comissão de Concurso, ou contratar uma equipe de Concurso mediante, que é comum nas universidades públicas, e depois indicar ou convidar professores para participar da banca examinadora, por intermédio de portaria, para avaliar e entrevistar os candidatos.

No final da elaboração do edital, ele deve estar de acordo com o item VII, do artigo 30 da Lei n.º 13.146/2015 (BRASIL, 2015), com informações claras sobre os requisitos necessários para ocupar determinada função, isto é, especificações para quem busca o emprego e quem precisa contratar, saber o que se procura e suas reais possibilidades do preenchimento do cargo ou função, nesse caso o ensino de Libras como segunda língua às pessoas ouvintes.

Os autores Leão e Albuquerque (2019) deixaram claro que isso envolve conhecer as capacidades e as habilidades enquanto pessoa e não como "deficiente". A avaliação específica proporciona igualdade de oportunidades para os que têm desvantagens, mas não leva a nenhuma forma de privilégios.

No que diz respeito às pessoas com deficiências, suas especificidades e diferenciados, não há cabimento haver diferença entre ouvintes e surdos. Cada um deve receber igualdade de oportunidades, ainda que as provas, a avaliação e os títulos sejam diferenciado, como modalidade oral-auditiva e modalidade viso-gestual.

Respeitar as peculiaridades não significa que do concursado, quando ele for empregado, não será exigido o cumprimento das obrigações do contrato de trabalho (art. 5º, item III, do Decreto n.º 3.298/99). Por isso, a ética e a responsabilidade social estão intrinsecamente ligadas à questão da inclusão, no caso de ensino de Libras como disciplina obrigatória, de acordo com o Decreto n.º 5.626, de 2005 (BRASIL, 2005).

Os autores Leão e Albuquerque (2019, p. 97) citam antes de ser instituída a obrigatoriedade de contratação de pessoas com deficiência, raras eram as empresas que as empregavam. Ou seja, não eram dadas oportunidades às pessoas com deficiência para terem, em seu currículo, experiências profissional e acadêmica, devido à discriminação ao preconceito, além da evasão escolar das pessoas surdas.

Conforme citado por Pastore (2000, p. 97 *apud* LEÃO; ALBUQUERQUE, 2019, p. 97) sobre a experiência no ingresso de trabalho:

> [...] quando a experiência for realmente necessária ao desempenho da função, a própria empresa pode oportunizar que a pessoa adquira habilidades, postura e conhecimentos exigidos para o exercício de certos cargos (art. 36, alínea "c", da Recomendação nº 168 da OIT, c/c item 4.4 do Repertório de Recomendações Práticas da OIT: Gestão de questões relativas à deficiência no local de trabalho). Além disso, tendo em vista que não foram dadas iguais oportunidades de acesso à escolarização, deve ser dada a oportunidade às pessoas com deficiência de fazer um teste, para revelarem suas reais condições de realizar

o trabalho (art. 36, alínea "c" da Recomendação nº 168 da OIT, c/c item 4 do Repertório de Recomendações Práticas da OIT: Gestão de questões relativas à deficiência no local do trabalho). O modelo atual de organização do trabalho impôs um perfil de trabalhador polivalente, que desempenha inúmeras funções. Dependendo das especificidades impostas pela deficiência, muitas vezes a pessoa não consegue desenvolver o conjunto das funções inseridas num mesmo cargo. Entretanto, pode realizar grande parte delas. A empresa, sempre que possível, deve verificar a possibilidade de desmembrar as funções de forma a adequar o cargo às peculiaridades dos candidatos (art. 36, alínea "d", da Recomendação nº 168 da OIT). Erroneamente, muitas vezes, o candidato surdo é associado a determinados tipos de atividades, como por exemplo, as que não exigem interação com outras pessoas. Perlin (2005) menciona que, por muitos anos, uma instituição pública de encaminhamento de candidatos a empregos possuía uma lista de atividades para as quais o trabalhador surdo deveria ser encaminhado. Isso é restritivo, desumanizante e anula as possibilidades do trabalhador surdo.

Segundo Galvão (2022), existem vários desafios no que se diz a respeito à aplicabilidade das provas objetiva e prática da fase eliminatória em relação aos candidatos surdos à vaga de instrução ou docência de Libras.

> Muitos professores surdos encontram barreiras para participar e/ou serem aprovados nos concursos ou nos processos seletivos em razão da acessibilidade em Libras (no Edital ou nas provas objetivas). Falta comprovação da competência linguística de candidatos profissionais não surdos que concorrem também (GALVÃO, p. 192, 2022).

Nota-se a resistência, por parte das universidades e faculdades públicas e particulares e das comissões de concurso ou de processos seletivos, das pessoas que trabalham na elaboração dos editais, do direito dos candidatos surdos, usuários de Libras, de proporcionar acessibilidade, sem levar em conta as legislações que envolvem a questão da surdez e das pessoas surdas. Mais do que isso, exclui-se o direito linguístico de usar a sua própria língua, a Libras, nas provas da fase eliminatória.

A Libras é uma língua da modalidade gestual-visual (BRITO, 1998; QUADROS; KARNOPP, 2004), com uma estrutura diferenciada da Língua Portuguesa, que tem por base o campo oral-auditivo. Os sinais são formados a partir da combinação da forma e do movimento das mãos, do ponto no corpo ou no espaço onde eles são feitos (QUADROS; KAR-NOPP, 2004).

Na falta dessa comprovação (certificado de proficiência de Libras) e da fluência de acordo com a competência linguística de candidatos não surdos, os candidatos surdos são postos de lado, perdendo o privilégio da língua, de ensinar a sua língua, como determinam os decretos e as leis que estabelecem a presença de professores surdos na educação de seus pares.

Recentemente surgiu um movimento social chamado "Privilégio Ouvinte", no qual as pessoas ouvintes estão tomando o espaço de pertencimento da língua e cultura no campo de trabalho dos professores surdos, na área linguística de Libras, especialmente no ensino dela como segunda língua às pessoas ouvintes. Também surgiu o termo "Capacitismo Ouvinte", que diz que a comunidade ouvinte acha que um profissional surdo não está apto para a função apenas por não ter a possibilidade de ouvir, criando muitos desafios na comunicação entre surdos e ouvintes, além de um ambiente hostil (SPUTNIK.WORKS, 2022, s/p) e da apropriação da língua de sinais, transformando-a em libraportuguesada.

A seguir elencamos as formas de cada prova citada neste capítulo:

a. A prova objetiva, de caráter classificatório e eliminatório, é um dos tipos mais comuns, com questões que são aplicadas em concursos e processos seletivos de níveis fundamental, médio ou superior. São perguntas em que deve se assinalar um "x" na resposta supostamente certa, e por isso são assim chamadas dessa forma. Na maioria das vezes, as provas não vêm traduzidas em Libras, o que privilegia as pessoas ouvintes por causa do uso da sua primeira língua, a Língua Portuguesa, pois muitas vezes as frases semânticas são incompreensíveis à comunidade surda.

b. Na prova discursiva, também de caráter classificatório e eliminatório, as questões são abertas e os candidatos têm que organizar as ideias e expor sua resposta de forma clara e fundamentada. Igualmente, as questões formuladas não vêm traduzidas em Libras, o que beneficia mais uma vez as pessoas ouvintes por causa do uso da Língua Portuguesa. Não é dado o direito aos candidatos surdos de optarem em responder em Libras (o que seria filmado) ou em língua portuguesa, modalidade escrita (há surdos bilíngues). Nessas questões, a banca examinadora (composta de pessoas ouvintes e não usuárias de Libras), que desconhece a estrutura da Libras como resposta sinalizada, sempre avalia mais a língua do seu domínio, a língua portuguesa (tanto como na modalidade oral auditiva ou da escrita), privilegiando o domínio da modalidade escrita dos candidatos ouvintes em relação à surdez ou à educação de surdos. Para ser aprovado, o candidato precisa ser objetivo, claro e usar sempre a linguagem e escrita correta, e deveria haver a possibilidade do uso de Libras (com sinalização e filmagem), de acordo com a Lei n.º 10.436, de 2002 (BRASIL, 2002).

c. A prova de desempenho didático ou de prova prática, de caráter classificatório e eliminatório, visa avaliar o candidato quanto a habilidade, técnicas e uso de metodologias de ensino de Libras. Como a **Libras é da modalidade viso-gestual e prova prática tem que ser em Libras** e não em escrita da língua portuguesa. Este é um ponto que merece mais atenção em todos os concursos públicos do país.

d. A prova de títulos, de caráter classificatório, e não eliminatório, conforme seu resultado. Embora essa prova não elimine, ela pode tirar o candidato da competição pela vaga se outro obtiver a menor pontuação devido **a inacessibilidade e ausências** (grifo nosso) de intérpretes/tradutores de Libras em cursos, eventos ou cursos de extensão. O que impede o acesso dos candidatos surdos é a ausência de nível de doutorado, mestrado e pós-graduação lato sensu, assim como publicações de livros, artigos, experiência na função, cursos na área, prêmios etc. Por fim, o que deveria era, em primeira ordem, exigir a avaliação por título, pois fica mais fácil perceber a sua origem, experiência acadêmica (no caso de trabalho como instrutor e/ou professor), e uso de línguas no ato da inscrição. Assim, se o candidato não tiver tal experiência, não deveria prosseguir para a próxima etapa.

Apresentaremos agora os oito editais selecionados e publicados nas universidades públicas para análise documental conforme a Tabela 1.

Tabela 1 – Pesquisas por editais, ano, instituição e itens dos principais do texto administrativo, a partir de 2012 e 2019

Edital	Ano	Instituição	Item a	Item b	Item c	Item d	Item e	Item f	Item g	Item h	Item i	Item j
1	2012	Ines	✓	✗	✓	✗	✗	✓	✗	✓	✗	✗
2	2013	Unioeste	✓✗	✓	✓	✓	✗	✗	✗	✗	✗	✗
3	2014	UFPE	✓	✓	✗	✓	✗	✓	✓	✓	✗	✗
4	2015	Unir	✓	✓	✗	✓	✗	✗	✓	✓	✗	✗
5	2016	UFPB	✓✗	✓	✓	✗	✓	✓	✓	✓	✓	✓
6	2017	UFFS	✓✗	✓	✓	✓	✗	✗	✗	✓	✗	✓
7	2018	UFSC	✓✗	✓	✓	✓	✓	✓	✓	✓	✓	✓
8	2019	UFC	✗	✓	✗	✓	✗	✗	✓	✓	✓	✗

Fonte: adaptada e elaborada pelos autores, 2023

As indicações de oito editais das universidades deram-se pelo fato de serem públicas, federais e estaduais, que comumente apresentam muitos erros de informações: a) desinformação total acerca das legislações que envolvem a Libras; b) desorientação total dos gestores públicos e administrativos sobre o ensino de Libras como segunda língua aos ouvintes; c) desorganização estrutural parcial do texto do edital com as regras estabelecidas e subdivisão com as determinadas disposições; d) visão deturpada e confusa ao leitor do edital, em especial ao leitor surdo e bilíngue (muitas vezes estão sem tradução em Libras).

9.1.2 Composição da banca

De acordo com o § 3º do artigo 8º do Decreto n.º 5.626/2005 (BRASIL, 2005), os membros da banca examinadora para o **exame de proficiência em Libras**, e outros temas a depender da área, constituída por **docentes surdos e linguistas com amplo conhecimento em Libras de instituições de educação superior.**

O lema "Nada sobre nós sem nós", do Sassaki (2011), vem da ideia de as universidades públicas não procurarem os profissionais (linguistas, educadores ou professores) surdos fluentes de Libras para participarem na banca examinadora de avaliação junto aos demais membros (não surdos) nas universidades públicas.

Dependendo do tema da prova, a banca examinadora pode ser constituída de um profissional surdo junto a dois profissionais (não surdos) fluentes em Libras, ou dois profissionais surdos juntos a um profissional (não surdo) igualmente fluente em Libras, ou três profissionais surdos, pelo fato de ter a presença do seu par linguístico denominado de "conforto linguístico":

> Entende-se, então. por conforto linguístico, a situação de uma pessoa que se comunica e interage com o mundo, por intermédio de uma língua que lhe é natural, língua esta que lhe dá condições de entender e interpretar o mundo de maneira completa e significativa, e de produzir sentido nos enunciados nesta língua (SANTIAGO, 2013, p. 147).

O "conforto linguístico" também tem relação com a consolidação das bases no campo de trabalho como professor de Libras no espaço universitário: difusão de empoderamento, cultura, alteridade e da diferença:

"São significativas, pois temos acesso a Língua de Sinais, a intérpretes, e principalmente a teorias que envolvam pesquisas sobre os surdos (resposta da entrevista com o Voluntário (D2) na pesquisa do autor) (SCHMITT, 20, p. 110).

Portanto é imprescindível incluir a porcentagem de vagas ou provimento de vagas dos concursos públicos ou dos processos seletivos aos professores surdos para ensinar a Libras como segunda língua a pessoas ouvintes, como se fosse cota. Lembramos que a **Libras é oriunda de comunidades de pessoas surdas do Brasil.**

9.1.3 Classificação

A classificação e a pontuação de notas e de pesos varia de acordo com o critério das resoluções ou portarias das Comissões de cada universidade pública e estadual, como mostra o exemplo a seguir, do edital do Ines (menos o item 4 que foi extinguido em 2016), que apresenta clareza de informações: forma, pontos, caráter e pontuação máxima.

Figura 1 – Critério de Pontuação de notas e de pesos

NÍVEL SUPERIOR							
CARGO	FASE	TIPO DE PROVA	ÁREA DE CONHECIMENTO	Nº DE QUESTÕES	VALOR POR QUESTÃO (PONTOS)	VALOR TOTAL (PONTOS)	CARÁTER
PROFESSOR DA CARREIRA DO ENSINO BÁSICO, TÉCNICO E TECNOLÓGICO – LIBRAS	1ª	Objetiva	Legislação	10	2,50	25,00	Eliminatório e Classificatório
			Conhecimentos Específicos	10	2,50	25,00	
		Discursiva	Conhecimentos Específicos	5	4,00	20,00	
	TOTAL DE QUESTÕES E PONTOS			25	-------	70,00	-------
	2ª	Desempenho didático	De acordo com o item 14	-------	-------	20,00	Eliminatório e Classificatório
	3ª	Títulos	De acordo com a Tabela 16.1	-------	-------	10,00	Classificatório
	TOTAL MÁXIMO DE PONTOS			-------	-------	100,00	-------

Fonte: https://www.pciconcursos.com.br/concurso/edital-ines-rj-esta-com-inscricoes--abertas-para-concurso-com-salarios-de-ate-6-3-mil

Figura 2 – Critério de Títulos, Pontuação de notas e de pesos

CARGO: PROFESSOR DO ENSINO BÁSICO, TÉCNICO TECNOLÓGICO - LIBRAS				
ITEM	**TÍTULOS**	**FORMA DE COMPROVAÇÃO DO TÍTULO**	**PONTOS**	**PONTUAÇÃO MÁXIMA**
1	Experiência como Professor ou Instrutor de LIBRAS nas Redes Pública Municipal, Estadual, Federal e Particular.	a) Certidão atualizada de Tempo de Serviço para servidores públicos; b) Cópia da Carteira de Trabalho e Previdência Social – CTPS (Folha de identificação do trabalhador e folha de registro do empregador) ou do Contrato de Trabalho para outros vínculos e Declaração emitida pela Instituição contratante, com firma reconhecida e carimbo de CNPJ/MF.	0,20 pontos por ano	2,00 pontos
2	Experiência como Assistente Educacional em Libras nas Redes Pública Municipal, Estadual, Federal e Particular.	a) Certidão atualizada de Tempo de Serviço para servidores públicos; b) Cópia da Carteira de Trabalho e Previdência Social - CTPS (Folha de identificação do trabalhador e folha de registro do empregador) ou do Contrato de Trabalho para outros vínculos e Declaração emitida pela Instituição contratante, com firma reconhecida e carimbo de CNPJ/MF.	0,20 pontos por ano	2,00 pontos
3	Formação de Instrutores de Libras.	Declaração de curso de formação de Instrutores de Libras expedida pela Instituição ofertante, com firma reconhecida e carimbo de CNPJ/MF.	1,00 ponto	1,00 ponto
4	Certificação de Proficiência para o Uso e Ensino da LIBRAS – Prolibras, expedido pelo MEC.	Certificado de Proficiência para o Uso e Ensino da LIBRAS expedido pelo MEC.	1,00 ponto	1,00 ponto
5	Curso de Pós-graduação Completo (stricto sensu) na Área da Educação de Surdos.	Certificado ou Certidão de conclusão de curso, acompanhado do histórico escolar, emitido por Instituição de Ensino Superior – IES, devidamente credenciada.	1,50 pontos	1,50 pontos
6	Curso de Pós-graduação Completo (lato sensu) na Área da Educação de Surdos.	Certificado ou Certidão de conclusão de curso, acompanhado do histórico escolar, emitido por Instituição de Ensino Superior – IES, devidamente credenciada.	1,00 ponto	1,00 ponto
7	Curso de Pós-graduação Completo (stricto sensu) na Área da Educação.	Certificado ou Certidão de conclusão de curso, acompanhado do histórico escolar, emitido por Instituição de Ensino Superior – IES, devidamente credenciada.	1,00 ponto	1,00 ponto
8	Curso de Pós- Graduação completo (lato sensu) na Área da Educação.	Certificado ou Certidão de conclusão de curso, acompanhado do histórico escolar, emitido por Instituição de Ensino Superior – IES, devidamente credenciada.	0,50 pontos	0,50 pontos
TOTAL MÁXIMO DE PONTOS				**10,00 pontos**

Fonte: https://www.pciconcursos.com.br/concurso/edital-ines-rj-esta-com-inscricoes-
-abertas-para-concurso-com-salarios-de-ate-6-3-mil

9.2 ANÁLISE E DISCUSSÃO

Conforme a Tabela 1, entre 2012 e 2019, as oito universidades públicas do Brasil divulgaram seus editais para suprir a vaga ou provimento de vagas e cargos de professor de Libras. Analisamos e pontuamos aqui os problemas que precisam ser sanado.

a. Da Universidade Estadual do Oeste do Paraná (Unioeste), no ano de 2013, o Edital n.º 180/2013 tinha muitos pontos negativos desfavorecendo a desapossamento do professor surdo na universidade pública. Vejamos: tratando das disposições legais, assim como da prova objetiva (de caráter classificatório e eliminatório), prova discursiva (de caráter classificatório e eliminatório), prova de desempenho didático (de caráter classificatório e eliminatório), e prova de títulos (de caráter classificatório), o edital não prestou muitos esclarecimentos. Não foram realizadas as provas objetiva e discursiva e há falta de clareza do texto no edital no que se diz a respeito a determinações legais, no caso do subitem 1.11.2 (p. 8);

b. Em relação ao tempo de prova, o edital não foi aplicável (item 1.4.7, p. 4), não prestando ou pesquisando as orientações do governo suficientemente, como: Recomendação n.º 001, de 15 de julho de 2010, do Conselho Nacional dos Direitos da Pessoas com Deficiência/Secretaria de Direitos Humanos, para dar respaldo aos professores surdos no processo de seleção à vaga de provimento, com apoio da Nota Técnica da Feneis, de 20 de agosto de 2013, com apoio da Lei Brasileira de Inclusão, art.º 30, VI.

Sobre a prova discursiva (ou prova dissertativa), no julgamento da banca examinadora, também não foi aplicado a avaliação da singularidade linguística das pessoas surdas, o que nos leva a entender que os membros da banca examinadora desta universidade federal desconhecem os aspectos linguísticos da Libras, dificultando o processo de julgamento aos candidatos surdos.

A respeito da singularidade linguística da escrita dos candidatos surdos, valorizando o aspecto semântico, nos termos da Lei n.º 10.436/2002 (BRASIL, 2002) e do Decreto n.º 5.626/2005 (BRASIL, 2005), não foi aplicada, uma vez que não dispôs de prova discursiva e, sim, prova prática e avaliação de currículo. Para realização da prova de desempenho didático, o candidato deveria apresentar plano de aula sobre o tema a ser ministrado, sorteado em sessão pública e com temas condizentes a área de ensino e metodologia de Libras. Porém o edital não foi claro, desconfigurando a leitura do edital n.º180/2013.

No que se refere à composição de bancas examinadoras, de acordo com o § 3º, do artigo 8, do Decreto n.º 5.626/005 (BRASIL, 2005), o edital não a executou, não aplicando o que consta neste Decreto (BRASIL, 2005), desrespeitando e desvalorizando os profissionais surdos linguísticos de Libras. Já quanto à aplicação das provas em Libras (vídeo-libras), conforme o Decreto n.º 9.508/2018 (BRASIL, 2018), o edital também não se aplicou, sendo essa universidade federal a única a não fazê-lo;

c. No ano de 2016, a Universidade Federal da Paraíba (UFPB), seguindo a Lei Brasileira de Inclusão da Pessoa com Deficiência (LBI), em seu Edital n.º 87/2016, aplicou as disposições legais em consonância aos decretos supracitados, porém não dispôs prova objetiva e, sim, prova discursiva (item 7.1, p. 526). Com isso, dificultou o processo para os professores surdos usuários de Libras, a primeira língua e a língua portuguesa como a segunda língua.

Em relação ao percentual ou reserva de vagas, em seus artigos 37 a 44 do Decreto n.º 3.298/1999 (BRASIL, 1999) e Decreto n.º 9.508/2018 (BRASIL, 2018); segundo o edital não houve reserva de vagas para candidatos com deficiência, em razão do não cumprimento do número mínimo de vagas estabelecidas (item 4.2, p. 525);

d. No ano de 2017, a Universidade Federal da Fronteira Sul (UFFS), em seu Edital n.º 28/2017 não abordou questões de provas discursiva e objetiva (item 5, p. 5), restringindo-se apenas à prova título e prova didática. Desrespeitou a definição de deficiência de acordo com o Decreto n.º 3.298/99 (BRASIL, 1999), foi abordada com exceção da súmula 552, do Superior Tribunal de Justiça (STJ).

Em relação ao tempo de prova, o subitem III do item 5.7.2 (p. 7) abordou que o candidato seria desclassificado se não cumprisse o tempo mínimo previsto, o que nos leva a concluir que a UFFS se não atentou à LBI por ser ela recente, após da divulgação do seu edital.

Sobre a prova discursiva (ou prova dissertativa), no julgamento da banca examinadora, não se aplicou a avaliação foi aplicado a avaliação da singularidade linguística das pessoas surdas no edital. Já a respeito da singularidade linguística da escrita dos candidatos surdos, valorizando o aspecto semântico, nos termos da Lei n.º 10.436/2002 (BRASIL, 2002) e do Decreto n.º 5.626/2005 (BRASIL, 2005), também não foi aplicado a avaliação da singularidade linguística das pessoas surdas, uma vez que no referido edital não dispôs prova discursiva (item 5, p. 5). No que se refere à composição de bancas examinadoras, de acordo com o § 3º, do artigo 8, do mesmo decreto (BRASIL, 2005);

e. No ano de 2018, a Universidade Federal de Santa Catarina (UFSC) foi pioneira, com a criação do curso de Letras –Libras do Departamento de Libras (LSB), do Centro de Comunicação e Expressão (CCE) da instituição, tendo seu modelo servidos de referência a outras universidades, com experiências administrativas de professores e servidores que trabalham com a comunidade surda. Neste caso, considerando a atuação do professor surdo de Libras, o único item negativo é que a prova objetiva não foi disponibilizada;

f. No ano de 2019, a Universidade Federal de Ceará (UFC) apresentou prova discursiva, obrigando os candidatos surdos a escreverem em língua portuguesa, como segunda língua dos surdos, respeitando a singularidade da escrita da língua portuguesa dos surdos.

Em outras universidades: a UFPE (no edital de 2014) e a Unir (edital de 2015) e somente no ano de 2016, modificaram o edital passando a obrigar a prova discursiva em Libras em 2016 aplicando a prova discursiva, respeitando a singularidade da escrita da língua portuguesa dos surdos. A maioria das quatros universidades analisadas não apresentou tempo maior para prova às pessoas com deficiência.

CONSIDERAÇÕES FINAIS

Considerando o contexto brasileiro de carreiras profissionais voltadas à educação, em especial os professores surdos, usuários de Libras, com a sua formação profissional sempre em dia, eles têm encontrado obstáculos ao prestarem concursos públicos e/ou processos seletivos.

Aqui, sugerimos apontamentos aos profissionais da Administração Pública responsáveis por trabalhar em nome do interesse público e dos direitos e interesses dos cidadãos, neste caso, às pessoas surdas. Galvão (2022) rebate que

> [...] na administração pública, é preciso melhorar a estrutura dos editais de concurso e de processo seletivo, a descrição das vagas, a distribuição das cotas e os critérios de avaliação para candidatos surdos. Revisão de contratos e editais de profissionais surdos nos serviços públicos que tenham a nomenclatura "professor de Libras" ou "professor bilíngue" e suas funções, com prioridade às pessoas surdas e ainda, revisão das bancas examinadoras, bem como dos critérios estabelecidos e adequados quanto à avaliação da proficiência de Libras" (2022, p. 188 e 189).

Deve-se levar em conta as atribuições do cargo pleiteado: os editais normalmente especificam quais serão as tarefas desenvolvidas pelo profissional, que deve especializar quanto às questões das pessoas surdas. Assim, é possível saber se os candidatos encaixam-se naquele perfil e **são obrigados a dar aula em Libras como primeira língua das pessoas surdas** (grifo nosso) para realizar o trabalho como professor de Libras.

Quando se trata da prova objetiva e prova discursiva aos candidatos surdos, a prova objetiva tem que ser traduzida em Libras e é mais acessível, pois exige menos esforço de leitura e de interpretação, facilitando a reflexão em busca da resposta. Já a prova discursiva em língua portuguesa (apesar de opção dos candidatos surdos) exige grande esforço na produção da escrita da língua portuguesa (segunda língua dos surdos), pois eles, então, saem da sua zona de conforto linguístico. O ideal seria responder a prova discursiva em Libras. Aos candidatos ouvintes, a prova discursiva já é utilizada devido à própria existência da língua portuguesa e tem a sua representação em linguagem oral.

A estruturação de determinadas disposições (em forma de tópicos) de assuntos existentes do Edital do concurso e/ou do processo seletivo deveriam ser destacados em negrito a fim de realçar e facilitar a busca do texto desejado, assim como o espaçamento maior entre linhas ajuda tanto o leitor surdo bilíngue (sujeito potencialmente visual) como o leitor não surdo na leitura do edital.

Pode acontecer de antes das fases eliminatórias e nas provas objetivas, discursivas e práticas, o edital requisite avaliação de títulos, o que pode deixar os candidatos surdos em desvantagem. Em função disso, acreditamos na relevância de se determinar a avaliação de títulos nas fases classificatórias na ordem inicial devido ao histórico dos candidatos surdos, potencialmente discriminados e evadidos das escolas públicas e/ou cursos diversos por falta de acessibilidade linguística.

Garantir o edital bilíngue, ou seja, com acesso em Libras, como no Departamento de Ensino Superior (DESU), do INES, da UFSC e da UFC, para os candidatos e professores surdos, têm sido um grande avanço, ao passo que outras universidades federais não dispõe disso, contribuindo à inacessibilidade de comunicação e da privação dos direitos linguísticos dos professores surdos no mercado de trabalho.

Também é necessário, quando da abertura do anexo do edital, conter, em forma de tabela, o cronograma e seus respectivos planos de ações, para facilitar a visualização das informações e viabilizar a inclusão dos candidatos surdos no espaço acadêmico nas universidades federais.

Enfim, o mais importante é a formação continuada aos servidores da Administração Pública ou das Comissões responsáveis pelos concursos e/ou processos seletivos, considerando uma solução dos problemas, erros e omissões, como efetivar uma equiparação de oportunidades aos candidatos surdos e garantir a qualidade da avaliação das universidades federais por intermédio de membros das bancas examinadoras de profissionais surdos, bilíngues e linguistas, ou da educação de surdos.

REFERÊNCIAS

BRASIL. *Constituição da República Federativa do Brasil de 1988*. Presidência da República. Brasília, DF, 1988. Disponível pelo link: https://www.planalto.gov.br/ccivil_03/constituicao/constituicao.htm. Acesso em: 2 fev. 2023.

BRASIL. *Decreto n.º 86.364, de 14 de setembro de 1981*. Dispõe sobre concursos públicos e provas de seleção para ingresso nos órgãos e entidades da Administração Federal. Presidência da República. Brasília, DF, 1981. Disponível em: https://www.planalto.gov.br/ccivil_03/decreto/antigos/D86364.htm. Acesso em: 2 fev. 2023.

BRASIL. *Decreto n.º 3.298, de 20 de dezembro de 1999*. Regulamenta a Lei n.º 7.853, de 24 de outubro de 1989, dispõe sobre a Política Nacional para a Integração da Pessoa Portadora de Deficiência, consolida as normas de proteção, e dá outras providências. Presidência da República. Brasília, DF, 1981. Disponível em: http://www.planalto.gov.br/ccivil_03/decreto/d3298.htm. Acesso em: 2 fev. 2023.

BRASIL. *Decreto n.º 5.626, de 22 de dezembro de 2005*. Regulamenta a Lei n.º 10.436, de 24 de abril de 2002, que dispõe sobre a Língua Brasileira de Sinais – Libras, e o art. 18 da Lei n.º 10.098, de 19 de dezembro de 2000. Presidência da República. Brasília, DF. 2005. Disponível em: https://www.planalto.gov.br/ccivil_03/_ato2004-2006/2005/decreto/d5626.htm. Acesso em: 2 fev. 2023.

BRASIL. *Decreto n.º 9.508, de 24 de setembro de 2018*. Reserva às pessoas com deficiência percentual de cargos e de empregos públicos ofertados em concursos públicos e em processos seletivos no âmbito da administração pública federal direta e indireta. Presidência da República. Brasília, DF, 1990. Disponível em: http://www.planalto.gov.br/ccivil_03/_ato2015-2018/2018/decreto/d9508.htm. Acesso em: 2 fev. 2023.

BRASIL. *Decreto n.º 9.739, de 28 de março de 2019*. Estabelece medidas de eficiência organizacional para o aprimoramento da administração pública federal direta, autárquica e fundacional, estabelece normas sobre concursos públicos e dispõe sobre o Sistema de Organização e Inovação Institucional do Governo Federal – SIORG. Presidência da República. Brasília, DF, 2019. Disponível em: https://www.planalto.gov.br/ccivil_03/_Ato2019-2022/2019/Decreto/D9739.htm#art48. Acesso em: 2 fev. 2023.

BRASIL. *Lei n.º 7.853, de 24 de outubro de 1989*. Dispõe sobre o apoio às pessoas portadoras de deficiência, sua integração social, sobre a Coordenadoria Nacional para Integração da Pessoa Portadora de Deficiência – Corde, institui a tutela jurisdicional de interesses coletivos ou difusos dessas pessoas, disciplina a atuação do Ministério Público, define crimes, e dá outras providências. Presidência da República. Brasília, DF, 1989. Disponível em: http://www.planalto.gov.br/ccivil_03/leis/l7853.htm. Acesso em: 2 fev. 2023.

BRASIL. *Lei n.º 8.112, de 11 de dezembro de 1990*. Dispõe sobre o regime jurídico dos servidores públicos civis da União, das autarquias e das fundações públicas federais. Presidência da República. Brasília, DF, 1990. Disponível em: https://www.planalto.gov.br/ccivil_03/leis/l8112cons.htm. Acesso em: 2 fev. 2023.

BRASIL. *Lei n.º 10.436, de 24 de abril de 2002*. Dispõe sobre a Língua Brasileira de Sinais – Libras e dá outras providências. Presidência da República. Brasília, DF, 2002. Disponível em: https://www.planalto.gov.br/ccivil_03/leis/2002/l10436. htm. Acesso em: 2 fev. 2023.

BRASIL. *Lei n.º 13.005, de 25 de junho de 2014*. Aprova o Plano Nacional de Educação – PNE e dá outras providências. Presidência da República. Brasília, DF, 2014 Disponível em: http://www.planalto.gov.br/ccivil_03/_ato2011-2014/2014/lei/l13005.htm. Acesso em: 2 fev. 2023.

BRASIL. *Lei n.º 13.146, de 6 de julho de 2015*. Institui a Lei Brasileira de Inclusão da Pessoa com Deficiência (Estatuto da Pessoa com Deficiência). Presidência da República. Brasília, DF, 2015. Disponível em: https://www.planalto.gov.br/ccivil_03/_ato2015-2018/2015/lei/l13146.htm. Acesso em: 2 fev. 2023.

CAMPELLO, A. R. e S. *Aspectos da visualidade na educação de surdos*. 2008. 245 f. Tese (Doutorado em Educação) – Centro de Ciência da Educação (CED), Universidade Federal de Santa Catarina, Florianópolis, 2008. Disponível em: https://repositorio.ufsc.br/bitstream/handle/123456789/91182/258871.pdf?...1. Acesso em: 2 fev. 2023.

CARNEIRO, B. G.; LEÃO, R. J. B.; MIRANDA, R. G.de (org.). *Língua de sinais, identidades e cultura surda no Tocantins*. North Charleston: Amazon Digital Services Inc./KDP, v. 1, 2019. Disponível em: https://www.researchgate.net/profile/Bruno-Carneiro-10/publication/332865266_Lingua_de_Sinais_Identidades_e_Cultura_Surda_no_Tocantins_-_Volume_I/links/5ccf9a57a6fdccc9dd9013c6/Lingua-de-Sinais-Identidades-e-Cultura-Surda-no-Tocantins-Volume-I.pdf. Acesso em: 2 fev. 2023.

CONSELHO NACIONAL DE DIREITO DE PESSOAS COM DEFICIÊNCIA. *Recomendação 001, de 15 de julho de 2010*. Recomendação para garantir a aplicação do princípio da acessibilidade à pessoa surda ou com deficiência auditiva em concursos públicos, em igualdade de condições com os demais candidatos. Secretaria de Direitos Humanos. Brasília, DF, 2010. Disponível em: https://www.reouvir.org. br/wp-content/uploads/2015/02/legislacao-para-surdos-em-concurso-publico. pdf. Acesso em: 2 fev. 2023.

FENEIS. *Nota Técnica de 20 de agosto de 2013*. Concurso Público. Rio de Janeiro: FENEIS. 2013.

GALVÃO, M. E. D. C. *Educadores surdos no Brasil*: história, formação e espaços de atuação. 2022. 214 f. Dissertação (Mestrado) – Universidade de São Paulo, São Paulo, 2022.

LEÃO, R. J. B.; ALBUQUERQUE, M. F. Os desafios para o surdo no ambiente de trabalho. *In*: CARNEIRO, B. G.; LEÃO, R. J. B.; MIRANDA, R. G. de (org.). Língua de *Sinais, identidades e cultura surda no Tocantins*. North Charleston: Amazon Digital Services Inc./KDP, v. 1, 2019. p. 91-102. Disponível em: https://www.researchgate. net/profile/Bruno-Carneiro-10/publication/332865266_Lingua_de_Sinais_Identidades_e_Cultura_Surda_no_Tocantins_-_Volume_I/links/5ccf9a57a6fdccc-9dd9013c6/Lingua-de-Sinais-Identidades-e-Cultura-Surda-no-Tocantins-Volume-I.pdf. Acesso em: 10 fev. 2023.

OLIVEIRA, S. M. de. *Os artefatos culturais surdo nos currículos de graduação do tradutor intérprete de Língua de Sinais/Língua Portuguesa*. 2020. Tese (Doutorado em Educação) – Pontifícia Universidade Católica de Minas Gerais. Programa de Pós- Graduação em Educação: Belo Horizonte, 2020. Disponível em: http:// www.biblioteca.pucminas.br/teses/Educacao_SoniaMartaDeOliveira_8577.pdf. Acesso em: 2 fev. 2023.

SANTIAGO, V. de A. A.; ANDRADE, C. E. de. *Surdez e sociedade*: questões sobre conforto linguístico e participação social. Libras em Estudo: Política Linguística, FENEIS-SP, 2013. p. 145-163. Disponível em: https://libras.ufsc.br/wp-content/ uploads/2019/09/2013-ALBRES-e-NEVES_LIBRAS-Política-linguística.pdf. Acesso em: 2 fev. 2023.

SASSAKI, R. K. *Nada sobre nós, sem nós*: da integração à inclusão. 2011. Disponível em: https://www.sinprodf.org.br/wp-content/uploads/2012/01/nada-sobre-n%-C3%93s-sem-n%C3%93s2.pdf. Acesso em: 2 fev. 2023.

SENADO. *Projeto de Lei n.º 2.258, de 2022* (Substitutivo da Câmara dos Deputados ao Projeto de Lei do Senado n.º 92, de 2000). Brasília, DF, 2022. Disponível em:

https://www25.senado.leg.br/web/atividade/materias/-/materia/154456. Acesso em: 2 fev. 2023.

SCHMITT, D. Espaço de conforto linguístico/cultural dos surdos na UFSC. *Estudos Surdos III*. Cap. 5. 2008. *In:* QUADROS, R. M. de (org.). Petrópolis: Arara Azul, 2008. p. 98-123. Disponível em: http://projetoredes.org/wp/wp-content/uploads/Quadros_Ronice_Estudos-surdos-III.pdf. Acesso em: 2 fev. 2023.

Sites dos editais

https://www.pciconcursos.com.br/concurso/edital-ines-rj-esta-com-inscricoes--abertas-para-concurso-com-salarios-de-ate-6-3-mil. Acesso em: 15 jan. 2023.

https://progep.ufc.br/pt/edital-86-2019/ Acesso em: 15 jan. 2023.

https://processoseletivo.unir.br/certame/exibir/122 Acesso em: 15 jan. 2023.

https://0532018ddp.paginas.ufsc.br/files/2018/08/Edital-053DDP2018-Magist%C3%A9rio-Superior.pdf. Acesso em: 23 fev. 2023.

https://concursos.adv.br/pessoa-com-deficiencia-concurso-publico. Acesso em: 15 jan. 2023.

https://concursos.uffs.edu.br/files/79/Edital_028_UFFS_2017_-_abertura.pdf. Acesso em: 23 fev. 2023.

https://www.ufpb.br/dcx/contents/documentos/concursos/87-2016/edital87-2016.pdf. Acesso em: 23 fev. 2023.

https://www.acheconcursos.com.br/imagens/anexo/7847/editalunioeste.pdf. Acesso em: 23 fev. 2023.

https://www.pciconcursos.com.br/noticias/ufpe-retifica-novamente-o-edital--003-2014-para-professor-auxiliar. Acesso em: 15 jan. 2023.

10

REFLEXÕES SOBRE O ENSINO E A APRENDIZAGEM DE LÍNGUA PORTUGUESA E LITERATURA PARA ALUNOS COM SURDEZ.

João Paulo Francisco Azevedo
Veronice Batista dos Santos

INTRODUÇÃO

A Base Nacional Comum Curricular (BNCC) orienta que ao componente a cabe proporcionar aos estudantes experiências que contribuam para a ampliação dos letramentos, para possibilitar a participação significativa e crítica nas diversas práticas sociais permeadas/constituídas pela oralidade, pela escrita e por outras linguagens.

Nesse sentido, as práticas de linguagem contemporâneas não só envolvem novos gêneros e textos cada vez mais multissemióticos e multimidiáticos como também novas formas de produzir, de configurar, de disponibilizar, de replicar e de interagir. As novas ferramentas de edição de textos, áudios, fotos e vídeos tornam acessíveis a qualquer um a produção e a disponibilização de textos multissemióticos nas redes sociais e outros ambientes da *Web*.

Assim, o ensino da Língua Portuguesa deve ocorrer a partir de situações reais do uso da língua e os aprendentes entenderão que a prática da linguagem não deve ocorrer de forma distante do uso real da língua. No entanto, há que se considerar que o ensino da Língua Portuguesa passa por um momento que exige reflexão sobre a língua que se fala e a língua que se ensina.

Antunes (2003), na obra *Aula de Português: encontro e interação*, afirma que o momento nacional é de luta, de renovação, e incita à mudança, a favor de uma participação cada vez maior de toda a população e de um exercício cada vez mais pleno da cidadania. Para a autora, o professor não pode ausentar-se desse momento, tampouco, estar nele de modo superficial.

Assim, o ensino da Língua Portuguesa não pode afastar-se dos propósitos cívicos de tornar as pessoas cada vez mais críticas, mais participativas e atuantes, política e socialmente.

Consideramos que o ato de ensinar língua/Literatura é, sobretudo, um ato político-social, uma vez que toda língua carrega marcas históricas, políticas e culturais de seus falantes. Nesse contexto, a Língua Portuguesa, em sua constituição linguística, tem um caráter riquíssimo, pois abriga uma diversidade cultural que compõe o léxico da Língua Portuguesa do Brasil, uma vez que essa língua chegou ao nosso território pela boca do colonizador e aqui juntou-se às inúmeras línguas indígenas existentes e às demais línguas de imigrantes que aqui chegaram. Todos esses grupos contribuíram para a formação do português brasileiro, uma língua com um repertório lexical bastante diverso e rico.

Não podemos negar que nossa língua advém de Portugal nem que a nossa Literatura foi fortemente influenciada pelos modelos europeus. Nesse aspecto, cabe lembrar as primeiras manifestações da Literatura do Brasil, que se inicia com a Literatura de Informação, que abriga os relatos de viagens escritos em prosa e fazem parte do primeiro movimento literário do Brasil: o Quinhentismo (1500-1601). Lembramos que se tratava de uma Literatura sobre o Brasil, e por intermédio desses textos os viajantes escreveram suas impressões a respeito do novo mundo, sendo eles, sem dúvidas, de grande importância para a formação da Literatura Jesuítica.

Além desses textos cabe destacar a Literatura Jesuítica, com os escritos do padre Anchieta, que embora fosse uma Literatura de cunho religioso, representa bem o período inicial dos textos dessa época. Além disso, há os Sermões, do padre Antônio Vieira, que marcam a presença da literatura no movimento Barroco no Brasil, além de Gregório de Matos Guerra, o grande nome do Barroco brasileiro.

É importante ressaltar que à medida que o Brasil vai amadurecendo enquanto nação, inicia-se um processo de busca por uma identidade linguística nacional. Esse anseio torna-se mais forte a partir de 1922, com a Semana de Arte Moderna, que privilegiou as singularidades do falar brasileiro, com ênfase ao tom coloquial Língua Portuguesa. Esse despertar para o uso coloquial do português brasileiro se apresenta no poema e na irreverência do poeta Oswald de Andrade no poema[18]:

---

[18] Disponível em: https://www.canaleducacao.tv/images/slides/38666_5f7e5d457a3f572733a7dcd2da705172. Acesso em: out. 2023.

Pronominais

Dê-me um cigarro
Diz a gramática
Do professor e do aluno
E do mulato sabido
Mas o bom negro e o bom branco
Da Nação Brasileira
Dizem todos os dias
Deixa disso camarada
Me dá um cigarro.

O poema busca uma valorização da linguagem brasileira, uma vez que buscava, nesse momento, construir uma literatura que refletisse o jeito do povo brasileiro, a simplicidade e o coloquialismo, criticando a literatura que copiava os modelos do português europeu. Com esse intuito, Oswald de Andrade critica a regra de colocação pronominal, que seria o uso da ênclise em detrimento da próclise e, ao mesmo tempo, criticava a distância entre o português que se falava e o que se ensinava.

Porém o poeta quer deixar claro que no português do Brasil essa regra não faz sentido, pois todos os dias os falantes utilizam a língua com informalidade, colocando o pronome pessoal à frente do verbo e está tudo bem. Esse poema representa bem o entrelaçamento entre língua e literatura, uma vez que o poeta utiliza-se de um gênero literário para criticar uma regra da gramática normativa.

10.1 PANORAMA DAS DIRETRIZES PARA O ENSINO DE LÍNGUA PORTUGUESA E LITERATURA

Antunes (2007) inicia a obra *Muito além da gramática: por um ensino de línguas sem pedras no caminho* pontuando que, infelizmente, os avanços conseguidos pelos estudos linguísticos ainda não chegaram ao grande público, nem mesmo àquele público que teve acesso ao estudo de línguas na escola. Pelo contrário, salienta a autora, o contato com esse estudo tem repercutido de forma pouco positiva nas pessoas.

No Brasil, no ano de 2018, foi homologada a Base Nacional Comum Curricular (BNCC) para o ensino médio. Sua organização é por áreas de conhecimento (Linguagens e suas Tecnologias, Matemática e suas Tecnologias, Ciências da Natureza e suas Tecnologias, Ciências Humanas e Sociais Aplicadas), conforme estabelecido no artigo 35-A da LDB.

Desde que foram introduzidas nas DCN do ensino médio de 1998 (Parecer CNE/CEB n.º 15/1998), as áreas do conhecimento têm por finalidade integrar dois ou mais componentes do currículo para melhor compreender e transformar uma realidade complexa. No caso da Literatura, ela permanece dentro das Linguagens e suas Tecnologias como um campo de atuação (campo artístico-literário).

> No Brasil, vem se verificando, há mais ou menos duas décadas, um esforço contínuo das instituições oficiais (MEC, INEP etc.) em reconfigurar o ensino a fim de adaptá-lo ao novo modelo de sociedade que se desenha: informatizada, ágil, fragmentada, imagética. São, portanto, muitas as políticas públicas que buscam essa aproximação e que se materializam em leis e planos, como a Lei de Diretrizes e Bases da Educação Nacional (1996), o Plano Nacional de Educação (2014) e os Parâmetros Curriculares Nacionais (ver Nunes, 2002), que implementaram a primeira grande transformação na estrutura curricular e nos modos de ensino. Na sequência dessa transformação, está a Base Nacional Comum Curricular (BRASIL, 2018), que se propõe, no caso do Ensino Médio, a descentralizá-lo, mantendo, como forma de união, as habilidades e as competências, paradigma já estabelecido pelos PCN como nova forma de compreender a educação (IPIRANGA, 2019, p. 107).

Ainda de acordo com a autora, a Base, inspirada em outros modelos, sobretudo o português (Programa e Metas Curriculares de Português/ Diretório Geral de Educação [DGE], 2014), de onde vem a primeira divisão de conteúdo para o Ensino de Língua Portuguesa nos PCN (Oralidade, Leitura, Escrita, Educação Literária e Gramática), é hoje o documento oficial da Educação para o ensino médio.

Quanto à Literatura, a área em que está inserida – Linguagens e suas Tecnologias – contempla Arte, Educação Física, Língua Inglesa e Língua Portuguesa, ou seja, ela não vem configurada especificamente e, sim, como um campo da segmentação do componente Língua Portuguesa. A disciplina de Língua Portuguesa, por sua vez, vem articulada aos campos de atuação social, nova linha demarcada pela Base: campo da vida pessoal, campo artístico-literário, campo das práticas de estudo e pesquisa, campo jornalístico-midiático e campo de atuação na vida pública.

A BNCC está formulada em habilidades e competências que o aprendiz deve dominar no ensino médio. No documento encontramos a Competência 2:

> Compreender os processos identitários, conflitos e relações de poder que permeiam as práticas sociais de linguagem, respeitar as diversidades, a pluralidade de ideias e posições e atuar socialmente com base em princípios e valores assentados na democracia, na igualdade e nos Direitos Humanos, exercitando a empatia, o diálogo, a resolução de conflitos e a cooperação, e combatendo preconceitos de qualquer natureza (BNCC,2018, p. 60).

De acordo com o documento, essa competência específica diz respeito à compreensão e à análise das situações e dos contextos de produção de sentidos nas práticas sociais de linguagem, na recepção ou na produção de discursos, percebendo conflitos e relações de poder que as caracterizam. Para desenvolver essa competência, os estudantes de ensino médio precisam analisar e compreender as circunstâncias sociais, históricas e ideológicas em que se dão diversas práticas e discursos.

Isso significa interpretar de modo contextualizado tanto produções artísticas (uma pintura, como Guernica; uma peça teatral, como Macunaíma; uma obra literária, como *Terra Sonâmbula*; uma peça musical para coro e orquestra, como *Choros n.º 10*; uma canção, como *O bêbado e a Equilibrista*; um espetáculo de dança, como *Gira*; em suas relações com a música do Metá Metá etc.) quanto textos de outros campos (como o remix político George Bush/*Imagine*, determinado projeto de lei ou uma notícia acompanhada de artigos de opinião em algum veículo jornalístico, entre muitos outros exemplos).

Ao analisarmos, compreendemos que os ensinos de Língua Portuguesa e de Literatura estão intrinsecamente relacionados e complementam-se. Isso leva-nos a refletir que por muitos anos a Literatura era uma disciplina independente da Língua Portuguesa, mas nos últimos anos ela foi agregada a ela.

Nesse sentido, cabe refletir se a Literatura perdeu sua autonomia, uma vez que, passa a depender de o professor elaborar aulas mais voltadas para a LP. Embora saibamos que as duas áreas podem perfeitamente estar agregadas, sabemos que a Literatura acaba sempre em prejuízo, ainda mais se considerarmos que com a Base Nacional Curricular, a Língua Portuguesa, que pertence à Formação Geral Básica (FGB), teve sua carga-horária reduzida e, consequentemente, entre a prática de leitura, produção de textos e análise linguística, sobrará pouco tempo a ser dedicado especificamente à Literatura.

10.2 QUAL É O PORTUGUÊS QUE SE ENSINA NA SALA DE AULA?

De acordo com Faraco (1999), o ensino de língua materna, desde as primeiras letras até o estudo da nossa tradição literária, tem sido alvo de preocupação de especialistas das mais variadas áreas. Assim, o ensino de linguagem, de modo geral, vem sendo há algum tempo tema de discussão de gramáticos, pedagogos, psicólogos etc., que, evidentemente, centraram seus estudos e suas críticas segundo pressupostos e pontos de vista próprios às suas áreas de conhecimento. Mais recentemente (de 25 anos para cá, mais ou menos), os linguistas integraram-se ao debate, contribuindo de forma original na crítica ao modo como a escola trata o ensino de linguagem.

Nesse sentido, não dá para negar que a escola ainda busca pressupostos teóricos e metodológicos consistentes que sustentem as políticas de ensino de língua. E não é exagero afirmar que o ensino ainda está pautado nas questões de análise linguística, priorizando regras gramaticais em detrimentos de habilidades como a oralidade.

Como salienta Antunes (2003), não podemos, não devemos, pois, adiar a compreensão de que a participação efetiva da pessoa na sociedade acontece, também e muito especialmente, pela "voz", pela "comunicação", pela "atuação e interação verbal", pela linguagem, enfim. Segundo a autora, durante muito tempo tivemos uma escola que favoreceu o mutismo, que obscureceu a interativa da língua, que disseminou a ideia de uma quase irreversível incompetência linguística, o que nos deixou, a todos, calados e quase sempre apáticos.

Destarte, o que observamos hoje são alunos inseguros no domínio da língua e isso é decorrente da diferença entre o português que aprendem no seio familiar e o português que a escola ensina, como diz o poeta Carlos Drummond de Andrade no poema *Aula de português*, "O português são dois... o outro, mistério". Isso ocorre pelo fato de a escola não explicar para o aprendiz que existe uma língua, mas que existem variações decorrentes de situações de uso, regionalidade, fatos diacrônicos e fatores de ordem sociais e culturais que interferem na língua e o resultado são essas variantes.

Diante disso, a escola deve, antes de tudo, levar o aprendiz a compreender que dominar a língua não significa conhecer uma variante específica, mas saber adequá-la de acordo com o contexto discursivo em um determinado momento histórico e social ao qual ela está inserida. Saber a língua é ter conhecimento de sua dinamicidade e entender que ela existe porque está na boca das pessoas e, se todos somos diferentes, logicamente não utilizaremos a língua da mesma forma. Assim, saber a língua não significa dominar as regras gramaticais. Se assim fosse, apenas alguns falantes conheceriam a língua, ou seja, apenas pessoas letradas, tal qual no poema:[19]

> Professor Carlos Góis, ele é quem sabe,
> e vai desmatando
> o amazonas de minha ignorância.
> Figuras de gramática, esquipáticas,
> atropelam-me, aturdem-me,
> sequestram-me.

Por meio da Literatura, o poeta extravasa toda sua repulsa ao estudo da língua calcado nas regras gramaticais, o que ainda ocorre muito nas aulas de Língua Portuguesa, como aponta Antunes (2003, p. 89):

> [...] uma gramática que não tem como apoio o uso da língua em textos reais, isto é, em manifestações textuais da comunicação funcional e que não chega, por isso, a ser o estudo dos usos comunicativamente relevantes da língua.

Marcushi (2008) defende que o ensino de língua deve ocorrer por intermédio de textos, e tal postulado é hoje um consenso entre os linguistas teóricos e aplicados. Nesse sentido, quando se fala em ensinar a língua é necessário pensar na sua funcionalidade, por isso o ensino da Língua Portuguesa por intermédio de palavras já não é suficiente para compreender o uso e a função da linguagem.

Nesse âmbito, precisamos refletir que quando falamos, não dizemos palavras soltas, mas emitimos textos e, estes variam de acordo com a intencionalidade discursiva do falante. Dessa forma, a comunicação é feita por intermédio de gêneros textuais. Nesse sentido, por que o ensino da língua não pode ocorrer a partir dos gêneros textuais e ou dos gêneros literários?

Essa proposta de reflexão não está pautada apenas no ensino de línguas orais, mas também para as línguas de sinais, e, no caso do Brasil, a Língua Brasileira de Sinais. É verdade que por muitos anos acompanhamos nas aulas de Libras ou cursinhos de Libras o ensino de sinais descontextualizados, e o que observamos são pessoas que conhecem os sinais, mas no momento

---

[19] Disponível em: https://www.tudoepoema.com.br/carlos-drummond-de-andrade-aula-de-portugues. Acesso em: out. 2023.

da comunicação real, acabam utilizando os sinais, mas não conseguem manter uma conversa em Libras, ou falta habilidade para compreender a sinalização do Surdo.

E nesse ponto, retomamos o discurso do aprendiz que diz que aprender línguas é difícil, entretanto, podemos pensar que não se trata da língua em si, mas na metodologia de ensino ou abordagem utilizada.

> Já esqueci a língua em que comia,
> em que pedia para ir lá fora,
> em que levava e dava pontapé,
> a língua, breve língua entrecortada
> do namoro com a prima.
> O português são dois; o outro mistério

O eu-lírico confessa que já esqueceu da língua coloquial que usava em suas conversas corriqueiras, tão simples e tão fácil e que estava na ponta da língua; e encerra o poema afirmando que existem duas línguas, uma que ele domina e a outra que ele desconhece.

10.3 ENSINO DE LÍNGUA PORTUGUESA E LITERATURA

Para discutir esse tópico devemos compreender que o ensino de Língua e Literatura estão intrinsecamente relacionados e que é perfeitamente possível ensinar língua e Literatura de forma prazerosa, no entanto, é necessário que o aprendiz compreenda o papel que desempenha cada uma dessas áreas. Além do mais, deve compreender a função da língua enquanto instrumento de comunicação e interação social, e a Literatura como uma ferramenta de reivindicação e inclusão social. Além do papel humanizador, como aponta Candido (1999)

> Nesta palestra, desejo apresentar algumas variações sobre a função humanizadora da literatura, isto é, sobre a capacidade que ela tem de confirmar a humanidade do homem. Para este fim, começo focalizando rapidamente, nos estudos literários, o conceito de função, vista como o papel que a obra literária desempenha na sociedade. (CANDIDO, 1999, p. 81).

Dialogando com Candido (1999), o texto de Franchetti (2009) *Ensinar Literatura para quê?* O autor propõe uma reflexão sobre duas questões: o que se ensina quando se ensina Literatura? O que se aprende quando se estuda Literatura? Segundo o autor, uma das respostas seria o uso da Literatura para adquirir conhecimentos, entretanto, o conhecimento pode advir de outras áreas como nos livros de História, por exemplo.

No entanto, a Literatura possui um caráter singular, que se revela no fato de aguçar no leitor olhares mais sensíveis e críticos diante da realidade, isto é, o leitor, a partir do contato com os textos, passa por um processo de "humanização", ou seja, a partir dessas leituras, ele é direcionado aos problemas sociais presentes na sociedade, tornando-se um leitor que consegue ler além do escrito. Nesse processo de enxergar além do texto, cabe citar a obra do poeta chileno Pablo Neruda *"O carteiro e o poeta"* o que observamos nessa narrativa é que inicialmente o personagem do carteiro só queria conhecer as metáforas para encantar a garota a qual amava e ao final, a partir do convívio com o poeta, ele consegue desenvolver o senso crítico e perceber os problemas de ordem sociais que estavam à frente de seus olhos, mas era como se estivessem vendados pela ignorância, e essa é desfeita quando essa tomada de consciência, conquistada a partir das leituras de mundo que agora, já consegue fazer.

Para Lajolo (1993) de modo geral não se pode- ou talvez nem se deva- fugir dos encaminhamentos mais tradicionais no ensino de Literatura: por exemplo, a inscrição do texto na época de sua produção, uma vez que textos assim contextualizados nos dão acesso à historicidade muito concreta e encarnada a qual se cola a obra de arte à revelia ou não das intenções do autor.

Retomando as ideias da autora, a Literatura está sempre ancorada em um dado momento histórico, social e político, o filme citado acima, traz um recorte na vida do poeta Pablo Neruda, vencedor do Nobel de Literatura de 1971 que, após ter que fugir do Chile diante do golpe e a ditadura imposta pelo General Pinochet, vê-se obrigado a exilar-se numa pequena ilha na Itália. Nesse sentido ficção e realidade se misturam em determinados aspectos e contam lindamente uma narrativa para o público.

10.3.1 O ensino de Língua Portuguesa e Literatura para surdos.

Quando falamos de ensino de língua e Literatura para Surdos, devemos compreender que exige metodologia especifica para que a aprendizagem realmente aconteça. No processo de ensino para Surdos, é necessário pensar como esse conhecimento vai chegar até o aluno Surdo. Logicamente que a resposta é: por meio da Libras, que é a língua materna da pessoa com surdez.

No decorrer desse texto, discutimos questões referentes ao ensino de Língua Portuguesa e também ao ensino de Literatura, cujo objetivo é propor uma reflexão acerca das metodologias utilizados nessas aulas e mostrar que muitas vezes elas não contemplam o ensino-aprendizagem dos alunos Surdos e nem dos ouvintes e, por muitas vezes o ensino da Literatura envereda pelo mesmo caminho e, principalmente o aluno com surdez perde muitas informações sobre os textos literários e o conhecimento chega sempre fragmentado.

Nesse sentido, observamos que no Referencial Curricular do ensino médio, a Literatura perdeu sua autonomia enquanto disciplina, sendo agregada à Língua Portuguesa, que também perdeu carga-horária devido à implementação do novo ensino médio. Todas essas questões impactam no ensino dessas duas áreas, e essa é uma realidade do ensino brasileiro.

Colomer (2003) chama a atenção para a finalidade da formação literária que é de formar leitores competentes. A discussão é como a escola deve ensinar Literatura para que não só aprendam, mas leiam também. A finalidade da educação literária é formar pessoas que avaliem, por meio da Literatura, como as gerações anteriores e contemporâneas abordavam as atividades humanas por meio da linguagem e suas relações com ela. No confronto com outras literaturas propiciar ao aluno o enfrentamento com diversidade social e cultural.

Ainda segundo a autora, na década de 1980 observa-se um enfoque sobre estudo da língua juntamente com o estudo da Literatura, mas tampouco foi encontrado um eixo, pois a maioria dos professores não tiveram, na sua formação, um estudo integrado entre a língua e a Literatura, por isso, provavelmente nas escolas estes profissionais não organizarão suas aulas sob esta perspectiva, pois será mais fácil ensinar a língua.

Embora, muitas décadas tenham se passado, mas a assertiva da autora ainda é uma realidade, como já postulamos nesse estudo, o ensino da Literatura, nas salas de aula, fica esquecido em detrimento do ensino de Língua, parece que os professores ainda sentem dificuldade de ensinar a língua utilizando os gêneros literários e a Literatura como objeto de ensino por meio da leitura.

Partindo dessas discussões, podemos perceber que a dificuldade da aprendizagem da Literatura muitas vezes não está no aprendiz, mas no próprio sistema de ensino. Nesse sentido, a nossa reflexão é: se alunos ouvintes têm dificuldade com a aprendizagem de língua e Literatura, como se comporta os alunos surdos inseridos no ensino médio, diante dessas problemáticas que envolvem o ensino?

Com a proposta de educação inclusiva apoiada na Declaração de Salamanca (1994), todos os alunos independentes de deficiência, transtorno, etnia, gênero ou diversidade linguística devem ser incluídos na escola comum. Com essa premissa, os alunos Surdos passaram a frequentar a escola comum e em sua maioria tem a presença do profissional tradutor -intérprete de Libras em sala de aula.

Especificamente, nas aulas de Língua Portuguesa e Literatura, os alunos surdos devem aprender a LP como segunda língua na modalidade escrita. Como já foi mencionado nesse estudo, para o Surdo brasileiro a Libras é a sua L1, sua língua natural, sistema linguístico que foi reconhecido em 24 de abril de 2002 por meio da Lei 10.436/2002. A partir daí ficou instituída a Libras como língua natural dos Surdos brasileiros.

Por entender a necessidade de que todo professor precisa aprender a Libras, uma vez que esses alunos estão nas salas de aulas da escola comum, em 22 de dezembro de 2005 foi publicado o decreto 5626/2005 que tornou obrigatória a disciplina de Libras nos cursos de licenciatura. Embora todas essas providencias legais tenham sido tomadas em relação ao aprendizado da Libras, ainda necessita ser discutida, pois a carga-horária da disciplina de Libras é mínima e não possibilita que o futuro saia com conhecimentos mínimos da Libras. Ademais, especificamente no curso de Letras, oferta-se uma disciplina de um semestre "Ensino de Língua Portuguesa" para surdos.

Nesse contexto, os alunos surdos encontram-se nas salas de aulas aprendendo a LP e a Literatura, obviamente que as dificuldades são muitas, pois o Surdo precisa dominar dois sistemas linguísticos distintos: a LP que é uma língua oral e auditiva e a Libras que é uma língua visual, espacial e motora. O que observamos é que muitos professores encarregam o intérprete da aprendizagem dos alunos surdos, pois raramente os professores têm conhecimento da Libras e não têm noção de metodologia de ensino de segunda língua, especialmente para surdos.

Dessa forma, seria necessário pensar em estratégias específicas para o ensino de segunda língua e para o ensino de Literatura. Ensinar LP e Literatura requer a compreensão da multiplicidade de sentidos que uma palavra pode assumir dentro de determinado contexto. Por isso é necessário estarmos atentos para as peculiaridades linguísticas que podem confundir o aprendiz surdo.

Para exemplificar, relatamos neste estudo uma experiência de sala de aula em uma turma de 2º ano do ensino médio em que havia uma aluna surda. Nessa aula, o conteúdo era "Romantismo no Brasil" e o texto em estudo era o poema *Canção do exílio*, de Gonçalves Dias, poeta da primeira fase romântica.

Canção do exílio[20]

Minha terra tem palmeiras
Onde canta o Sabiá,
As aves que aqui gorjeiam,
Não gorjeiam como lá.

De acordo com a metodologia adotada para aquela aula, cada aluno deveria ler uma estrofe do poema. Quando chegou a vez da aluna, ela iniciou a leitura em Libras enquanto a intérprete realizava a tradução oral. A professora[21] acompanhava atentamente a sinalização da aluna, pois era uma forma de avaliar o seu domínio da LP.

No primeiro verso do poema, ao ler a palavra PALMEIRAS ela faz o sinal do time de futebol. A intérprete seguiu com a tradução oral e concluída a leitura, a professora iniciou a análise e a discussão do poema, suas características e intenção do autor. Nesse ponto, a professora vai até a lousa, desenha uma palmeira e pede para a aluna fazer o sinal da planta. A partir daí passa a explicar que é uma palavra que tem dois sentidos e o que vai definir esse significado é o contexto, e, naquele contexto, o poeta referia-se às coisas lindas do Brasil.

Ao concluir a explicação, a professora chamou a atenção de toda a turma para a intenção do poeta ao escrever o poema: era falar da saudade que sentia da sua terra natal e descrever as coisas bonitas que havia deixado aqui que não se encontravam lá no país em que ele estava morando. Tratava-se de um poema cuja característica marcou a primeira geração do Romantismo no Brasil, o nacionalismo ufanista (patriotismo exagerado) por meio da exaltação da natureza.

Esse relato mostra-nos a importância de se trabalhar com o ensino de língua e Literatura, a importância da Língua Brasileira de Sinais no contexto escolar do aluno surdo e, principalmente, o conhecimento da Libras pelo professor da disciplina, pois em alguns casos o intérprete não

---

[20] Disponível em: https://www.escrevendoofuturo.org.br/caderno_virtual/texto/cancao-do-exilio/index. html. Acesso em: set. 2023.

[21] O fato relatado ocorreu durante uma aula de Literatura ministrada por um dos autores, em uma turma de segundo ano do ensino médio em uma escola estadual do município de Coxim-MS.

é da área e acaba deixando passar algumas peculiaridades, e isso prejudica a compreensão e a aprendizagem do surdo.

Essas questões são bastante comuns, uma vez que na língua portuguesa encontramos muitas palavras homônimas, ou seja, a mesma grafia e a mesma pronúncia, mas significado diferente. Assim, o que vai determinar o sentido é o contexto em que elas aparecem.

10.4 EDUCAÇÃO BILINGUE PARA PESSOAS SURDAS

A Lei n.º 14. 191/ 2021, alterou a Lei de Diretrizes e Base da Educação Nacional, Lei n.º 9.394/ 1996, para dispor sobre a modalidade da Educação Bilingue de surdos no Brasil.

> Art. 60 - A. Entende-se por educação bilíngue de surdos, para os efeitos desta Lei, a modalidade de educação escolar oferecida em Língua Brasileira de Sinais (Libras), como primeira língua, e em português escrito, como segunda língua, em escolas bilíngues de surdos, classes bilíngues de surdos, escolas comuns ou em polos de educação bilíngue de surdos, para educandos surdos, surdo-cegos, com deficiência auditiva sinalizantes, surdos com altas habilidades ou superdotação ou com outras deficiências associadas, optantes pela modalidade de educação bilíngue de surdos (BRASIL, 2021).

Atualmente, no Brasil, há uma discussão sobre a ineficácia da inclusão de surdos nas escolas comuns. Uma vez que eles relatam que não há uma metodologia específica centrada em sua especificidade linguística, os mesmos métodos aplicados aos ouvintes são aplicados aos alunos surdos. Então esta discussão faz sentido, pois deparamo-nos com surdos que concluíram o ensino médio, mas que não estão alfabetizados em Língua Portuguesa.

Essa situação exige com urgência uma adaptação da escola comum visando à oferta de educação bilíngue. Se a inclusão é importante para surdos e ouvintes, então cabe ao sistema escolar reorganizar-se nessa oferta, pois é inadmissível que os alunos surdos, sejam vistos como incapazes de aprender a LP na modalidade escrita, quando, na verdade, o que está deficiente é o ensino.

Em sua pesquisa de pós-doutoramento, Andreis-Witkosk (2012) discute e posiciona-se a respeito do surdo matriculado no ensino regular na perspectiva da educação inclusiva, por intermédio de relatos a partir de sua experiência pessoal.

> Eu sinto inclusão método próprio de ouvinte não combina com método próprio de surdo. Eu sinto, por exemplo, que na sala de aula tem história da colonização do Brasil, dos Jesuítas, do índio, da escravidão, **todos têm história, mas surdo cultura, história da Língua de Sinais não tem. E surdo fica influenciado pela cultura ouvinte e se sente humilhado** [...] ouvinte esquece do surdo (ANDREIS-WITKOSKI, 2012, p. 45, grifo da autora).

Ainda nas palavras da autora, embora a Legislação brasileira, via Decreto n.º 5.626/2005, artigo 22, estabelecer que o aluno surdo em situação de inclusão em escolas regulares deve contar com a presença de um intérprete de Língua de Sinais (ILS), segundo os próprios surdos essa medida, apesar de ser fundamental enquanto um instrumento de acessibilidade linguística, não se constitui numa solução mágica para os problemas implicados na inclusão no ensino regular.

Esse posicionamento ratifica a nossa fala quando dizemos que a presença do intérprete, na maioria das vezes, leva os professores a deixar a responsabilidade do ensino-aprendizagem do surdo para esse profissional, quando muitos nem são formados naquela área de conhecimento. Além disso, como reforça a autora, faltam recursos metodológicos e tecnológicos que auxiliem os alunos surdos na aprendizagem.

Ainda nas palavras da pesquisadora, observa-se que todos os entrevistados defenderam a escola bilíngue de surdos como o espaço ideal para a sua formação, sendo que ela precisa ser estruturada a partir da concepção do direito deles a uma educação bilíngue. E o conceito de bilinguismo é entendido a partir da premissa básica de que a Língua de Sinais deve constituir-se dentro desse espaço como primeira língua e a Língua Portuguesa como segunda, conforme vislumbrado no trecho a seguir:

> Primeiro, Libras aprende bem quando tem o domínio, depois português escrito. Primeiro desenho, escrita português nada, só L1, depois L2, português escrito, sinal, palavra em português, como por exemplo, inglês, português. No começo tem de ser Libras, depois português, porque aí português fica mais fácil. [...] porque é mais fácil comunicação, português é próprio de ouvinte. Escola bilíngue é a língua, é cultura. A aprendizagem precisa ser bilíngue, não adianta falar as palavras, precisa junto explicar o significado. Por isso criança pequena precisa aprender língua de sinais, depois português escrito. Precisa escola bilíngue (ANDREIS-WITKOSKI, 2012, p. 96).

A fala da autora corrobora a nossa, visto que o aluno surdo precisa conhecer o significado da palavra no contexto em que ela aparece; caso contrário pode pensar que aquela palavra terá um único significado. Esse é um trabalho árduo de comprometimento do professor de língua e Literatura, que devem sempre ter o olhar de que se para um aluno ouvinte a palavra Palmeiras pode ser o nome do time ou estar se referindo à planta, para o aprendiz Surdo já é mais complicado e essas questões precisam ser revistas.

CONSIDERAÇÕES

Encerramos nossa proposta de reflexão, mas consideramos que esse tema não se esgota aqui, pois ainda há um longo caminho teórico-metodológico a ser percorrido até que encontremos uma solução para a verdadeira aprendizagem linguística do surdo no Brasil. Sabemos que há uma grande discussão acerca da educação bilingue para os surdos, como podemos comprovar no trabalho da pesquisadora Silvia Andreis-Witkoski, que é surda e em seu relato ela cita ser urgente a implantação da educação bilingue.

O que podemos comprovar é que o modelo de ensino de língua e Literatura não tem apresentado resultados positivos nem para os ouvintes, nem para os surdos. Embora a todo o instante os sistemas de ensino tragam mudanças para a prática dos professores, até o momento elas têm se mostrado insipientes, como é o caso do novo ensino médio. E no que tange às disciplinas de Língua Portuguesa e Literatura, tais mudanças revelaram-se prejudiciais, uma vez que a LP teve sua carga-horária diminuída e a Literatura, que tinha sua própria carga-horária, foi agregada à Língua Portuguesa.

Dessa forma, o que daria conta das demandas? Aumento de carga-horária para o ensino de língua e Literatura, disponibilização de recursos tecnológicos para as aulas, capacitação de professores para o ensino de surdos, implantação de turmas bilingues nas escolas inclusivas, pois, dessa forma, os alunos surdos continuariam em contato com os ouvintes e teriam ensino garantido partindo de sua língua materna, a Libras.

REFERÊNCIAS

ANDREIS-WITKOSKI, S. Desafios no processo de letramento de alunos surdos. *Revista (Con)Textos Linguísticos*, Vitória, v. 14, n. 27, p. 307-319.

ANDREIS-WITKOSKI, S.; DOUETTES, B.B. Educação Bilíngue de Surdos: implicações metodológicas e curriculares. *In*: ANDREIS-WITKOSKI, S; FILIETAZ, M. R.P. (Org). Educação de Surdos em Debate.1. ed. Curitiba: Ed. UTFPR, 2014. 41-50 pp.

ANTUNES, I. *Aula de português*: encontro & interação. São Paulo: Parábola, 2003.

BRASIL. Ministério da Educação. Secretaria da Educação Básica. *Base Nacional Comum Curricular*. Brasília: Ministério da Educação, 2018.

CÂNDIDO, A. O direito à literatura. *In*: CÂNDIDO, A. *Vários escritos*. Rio de Janeiro: Ouro sobre Azul, 2011.

COLOMER, T. *A formação do leitor literário*. São Paulo: Global, 2003.

FARACO, C. A.; CASTRO, G. de. Por uma teoria linguística que fundamente o ensino de língua materna (ou de como apenas um pouquinho de gramática nem sempre é bom), 1999.

LAJOLO, M. *Do mundo da leitura para a leitura do mundo*. São Paulo: Ática, 2005.

LAJOLO, M. *O que é literatura*. 10. ed. São Paulo: Brasiliense, 1989. 98 p.

MARCUSHI, L. A. *Produção textual, análise de gêneros e compreensão*. São Paulo: Parábola, 2008.

PENHA, N. M. da. *Parâmetros de ensino em língua brasileira de sinais como L1*. Indaial: Centro Universitário Leonardo da Vinci, 2018.

11

O PAPEL DO TILS NA EDUCAÇÃO MATEMÁTICA PARA SURDOS NO ENSINO SUPERIOR

Jéssica Rabelo Nascimento
Francyllayans Karla da Silva Fernandes
Magno Pinheiro de Almeida

INTRODUÇÃO

A Língua Brasileira de Sinais (Libras) foi reconhecida como língua das comunidades surdas do Brasil mediante a Lei n.º 10.436, de 24 de abril de 2002, e a regulamentação por meio do Decreto n.º 5.626, de 22 de dezembro de 2005. Amparados legalmente, todos os surdos das comunidades surdas passaram a ter sua língua respeitada enquanto língua e, dessa forma, adentraram espaços antes não ocupados, e o mesmo ocorre no meio acadêmico.

Os sujeitos surdos constituem-se enquanto usuários de duas línguas dentro de um universo que utiliza majoritariamente a língua oral, ou seja, a criança surda não acessa a língua de sinais nos espaços sociais de maneira natural, como acontece com os ouvintes (MOURA, 2021). Por isso a presença do tradutor intérprete de Libras é fundamental, principalmente no ambiente educacional, em que os professores não dominam a língua de sinais.

Para Moura (2021), é por meio da linguagem que o sujeito configura-se como único e estabelece sua identidade, e é pela língua de sinais que o surdo compreende o mundo. Nesse sentido, a escola deve respeitar o espaço da língua de sinais, imputando a ela valor de língua, sempre apresentada de diversos jeitos e em diferentes gêneros.

De acordo com Harrison (2021), é possível expressar qualquer ideia por meio da língua de sinais, mas por tratar-se de uma língua de modalidade visual, os conteúdos devem ser apresentados utilizando-se a potencialidade visual da língua de sinais, explorando os aspectos visuais dos conteúdos abordados em sala de aula.

Lacerda, Santos e Caetano (2021, p. 186) pontuam que a pedagogia visual é a área de conhecimento que "acompanha os avanços tecnológicos e sociais". Tais avanços refletem nas práticas educacionais que dialogam com a cultura visual por intermédio de ferramentas e estratégias que atendam à diferença linguística do surdo. E Campello (2007) afirma que explorar a visualidade do surdo é utilizar a semiótica imagética, que é o trabalho com os signos da língua de sinais.

O modelo educacional vigente no Brasil é a inclusão (BRASIL, 1994, 1996), assim, na perspectiva inclusiva, tendo como objetivo o acesso e a permanência da pessoa surda na escola, o tradutor intérprete de Libras é um dos profissionais que contribuem para que o surdo tenha acesso aos conteúdos ministrados em sala de aula, desde a educação básica até o ensino superior.

Assim, a atuação do tradutor e intérprete de língua de sinais na educação matemática para surdos do ensino superior é fundamental para garantir que eles tenham acesso a uma educação inclusiva de qualidade. O intérprete deve ser fluente em língua de sinais e ter conhecimento adequado sobre assuntos da matemática, a fim de poder traduzir corretamente o conteúdo ensinado.

De acordo com Silva e Traldi Jr. (2019, p. 327),

> [...] os signos matemáticos têm como principal função converter conceitos matemáticos em objetos facilmente manipuláveis, possibilitando inferências, generalizações e novos cálculos que, de outro modo, seriam impossíveis.

Isso significa que o intérprete atua como facilitador entre o professor e o aluno surdo, ajudando a diminuir as barreiras de comunicação e garantindo que ele compreenda o conteúdo apresentado. Além disso, ele pode ajudar o aluno surdo a se sentir mais integrado na sala de aula, permitindo que ele participe de discussões e atividades em grupo.

Assim, o papel do tradutor e intérprete de língua de sinais na educação matemática para surdos no ensino superior é essencial para garantir que os estudantes surdos recebam uma educação inclusiva e de qualidade, diminuindo as barreiras de comunicação, permitindo que eles participem plenamente da sala de aula, facilitando a comunicação entre os alunos, possibilitando a socialização e a interação entre todos os integrantes do ambiente educacional. Além disso, o intérprete de língua de sinais pode ajudar o professor a adaptar seu ensino para incluir estratégias visuais,

PESQUISAS ATUAIS SOBRE A EDUCAÇÃO DE SURDOS: ENTRE A TEORIA E A PRÁTICA

atividades práticas e outras abordagens que atendam às necessidades dos alunos surdos.

De acordo com Córdova e Silveira (2009), não há preocupação com representatividade numérica e, sim com a compreensão de um determinado grupo social. Portanto, preocupam-se com a realidade que não pode ser quantificada, concentrando-se nas explicações das relações sociais. No próximo tópico discutiremos a relação da Língua de Sinais e a educação do surdo na perspectiva da educação inclusiva.

11.1 A LÍNGUA DE SINAIS: UM PANORAMA DA EDUCAÇÃO INCLUSIVA

Na perspectiva inclusiva, a educação do surdo respeita às questões culturais, linguísticas e identitárias desses sujeitos, o que é de suma importância para a efetivação do processo de ensino e aprendizagem, principalmente no campo da matemática. De acordo com Miranda e Miranda (2011), o professor deve compreender as condições individuais do aluno, com foco nas características de cada um.

É possível expressar qualquer ideia por meio da língua de sinais, pois ela tem o mesmo grau de abstração das línguas orais. Isso significa que a língua de sinais é gerada pela comunidade surda de cada país, sofrendo influência também da língua oral local (HARRISON, 2021). O primeiro estudo para definir o status de língua, da língua de sinais, foi realizado por Stokoe (1960), por meio do detalhamento linguístico da língua de sinais americana (ASL), e ele concluiu que as línguas de sinais têm estrutura e função semelhante a outras línguas.

De acordo com Stokoe (1960, p. 36-37 *apud* QUADROS; KARNOPP, 2004), a estrutura inicial foi composta por três parâmetros para se analisar a formação dos sinais, realizando a decomposição da Língua Americana de Sinais em: a) Configuração de mãos – CM; b) Locação da mão – L e c) Movimento da mão – M.

Estudos posteriores (Battison, 1974; Klima; Bellugi, 1979) identificaram o quarto parâmetro da língua de sinais, que é a orientação (O), podendo o sinal ter direção ou não, indicando qual seria a posição das palmas das mãos, sendo as seguintes orientações: para cima, para baixo, para o corpo ou para frente, direita ou esquerda e diagonal.

O último parâmetro são as expressões faciais e corporais (EFCs), que complementam na formação do sinal, sendo as EFCs um elemento fundamental para a construção de sentido de alguns sinais. As EFCs são responsáveis pela marcação da construção sintática, com ideias de afirmação, negação, exclamação, interrogativa e os estudos emocionais (PENHA, 2018).

Assim, conforme Quadros e Karnopp (2004), as línguas de sinais apresentam os mesmos princípios subjacentes às línguas orais, possuindo léxico, que possibilita o pleno desenvolvimento linguístico de seus falantes. Ainda com base em Quadros e Karnopp (2004), apesar das diferenças existentes entre as línguas orais e as línguas de sinais, o termo fonologia tem sido usado para referir-se aos elementos básicos das línguas de sinais, que são estudados com base nos parâmetros dessa língua. Esses parâmetros isolados não significam nada, são distintivos entre si, mas com sua combinação formam os sinais em sua infinita variedade.

Esses estudos têm como base a visão estruturalista da língua, considerando a divisão da análise linguística. Contudo, no ambiente escolar, os sinalizantes vivenciam as enunciações concretas, ou seja, eles utilizam a língua para suas necessidades comunicativas, pois a significação da palavra ou do sinal só se constrói dentro da enunciação. Segundo Vygotsky (2001), é o discurso que carrega a potência de sentido, que não se limita a um único significado.

Pensando a língua como viva, que adquire sentido no contexto do discurso, a língua de sinais é imprescindível ao surdo, que faz uso do seu instrumento simbólico que é a língua, sendo o sinal o elo central da compreensão. Nesse sentido, a percepção visual do sujeito surdo capta as informações do ambiente por meio dos mais diversos recursos e transforma-os em imagens mentais (ALBRES, 2021).

De acordo com Fernandes e Santos (2018), a falta de conhecimento da língua de sinais por parte dos professores dificulta o processo de ensino e aprendizagem dos sujeitos surdos. Nesse cenário, o contato linguístico do surdo restringe-se ao intérprete de língua de sinais, que consegue mediar as relações linguísticas, mas que não tem conhecimento teórico específico acerca do conteúdo abordado. E Caetano e Lacerda (2021) afirmam que mesmo o professor sabendo a língua de sinais, ele precisará de estratégias adequadas para abordar certos conceitos.

Ainda tendo como base Caetano e Lacerda (2021), o intérprete não tem a função de ensinar, mas de transmitir por intermédio da língua de sinais, de maneira clara, o conteúdo apresentado pelo professor. Por isso é necessária uma parceria entre o intérprete de língua de sinais e o professor, com acesso à metodologia utilizada pelo professor, podendo refletir juntos sobre as necessidades do aluno surdo.

Mediante o exposto, tomamos aqui como ponto de reflexão a dificuldade com relação ao ensino da matemática, que tem conteúdos carregados de termos técnicos e raciocínio lógico, não existem vídeos ilustrativos ou, até mesmo sinais específicos que façam referência ao conteúdo da área, o que incorre no léxico da Libras, que em alguns casos apresenta um sinal com vários significados (polissemia), fato comum nas línguas, mas que pelo domínio incipiente da língua pelos alunos surdos pode gerar mal-entendidos. Para enaltecer o assunto, no próximo tópico trazemos uma visão sobre a matemática e os Tils.

11.2 A MATEMÁTICA E OS TILS

As políticas educacionais que regulamentam a educação bilíngue do surdo dentro dos espaços de educação formal, da educação básica ao ensino superior, proporcionaram o acesso do surdo em todos os níveis de ensino, entretanto pesquisas (FERNANDES, 2020; SANCHES; SILVA, 2019; ROCHA; SANTOS, 2023), apontam que as vivências dos surdos dentro dos ambientes que são majoritariamente ouvinte ainda são limitadas pela ausência da língua de sinais em circulação efetiva nesses espaços.

Nesse sentido, Faulstich (2022), afirma que a presença dos surdos no ambiente acadêmico requer acessibilidade linguística, que é perpassada pela presença do tradutor intérprete de língua de sinais. Contudo, no ensino superior há uma diversidade de saberes, com cursos e disciplinas das mais diversas áreas do conhecimento, que exige formação específica, educacional e profissional do tradutor intérprete de Libras (GIAMLOURENÇO, 2018).

Por ser a matemática uma área muito visual, a iconicidade é muito utilizada e importante. Segundo Quadros (2019, p. 121):

> A iconicidade faz parte das línguas de sinais e permeia todos os níveis linguísticos de seu estudo. Mesmo reconhecendo que ela se manifesta convencionalmente nas diferentes línguas de sinais, ainda assim, percebemos tratar-se de um fenômeno bastante produtivo, que evoca os eventos de forma altamente motivada.

A iconicidade da língua é um fenômeno que não pode ser esquecido no processo de ensino e aprendizagem do surdo do ensino superior, pois é compreendendo as características da língua de sinais e do surdo que o professor pode repensar sua prática e adequar a sua metodologia para que os conteúdos não se tornem inacessíveis aos surdos. Conforme Campello (2007), os professores precisam explorar os recursos visuais para facilitar a compreensão do aluno surdo, ou seja, sem limitar o ensino a uma simples tradução, explicando por meio do visual.

Conforme Fernandes e Santos (2018, p. 7),

> [...] para ensinar é preciso conhecer, não apenas o conteúdo, mas principalmente o público-alvo, para que o processo de ensino e aprendizagem torne-se interessante, estando ligado às condições individuais de cada aluno.

Assim, não é uma questão apenas de conhecimento teórico, mas linguístico e metodológico, que envolve também o acesso do intérprete de Libras aos conteúdos que serão ministrados e a forma como eles serão apresentados, pois, segundo Pagura (2003), a atuação de qualidade dos intérpretes de língua de sinais está diretamente relacionada ao acesso antecipados às informações que serão apresentadas na sala de aula.

Estabelecendo relação entre a atuação docente, a interpretação da língua de sinais e o ensino da matemática, é importante pensar que os surdos têm conhecimentos prévios e utilizam-na em suas relações humanas, nas experiências e vivências enquanto grupo social. Tais conhecimentos precisam ser aproveitados em sala de aula com exemplificações práticas, de modo que possibilite ao intérprete o uso da língua de sinais como meio de acesso e não como fim.

De acordo com Viana e Barreto (2012), um dos problemas no processo de ensino da matemática é o engessamento, a homogeneização e a padronização do currículo, como se só existisse uma forma de ensinar e um modelo fixo de aprendizagem. Para além dessas questões, a ausência do respeito à surdez e à língua de sinais reforçam os estigmas sobre o sujeito surdo.

Segundo Santos (2014) e Kotaki e Lacerda (2013), todos esses fatores ainda podem ser agravados se o intérprete de língua de sinais tiver pouco conhecimento ou alguma dificuldade com o conteúdo apresentado, pois a relação de afinidade do profissional intérprete de língua de sinais interfere em seu trabalho interpretativo.

Assim, pensando na relação da atuação do intérprete de língua de sinais com os conteúdos de matemática, os autores Lima e Santos (2023) afirmam que a disciplina de Matemática é citada como a mais complexa para ser interpretada. Isso significa que a fragilidade na interpretação afeta a aprendizagem do aluno surdo. Portanto, como observamos, é importante a presença de um TILS em sala de aula para que possa haver a interação surdo x professor x colegas de classe. Para fins de esclarecimento no próximo tópico discutiremos a formação desses profissionais.

11.3 FORMAÇÃO DO TILS

Com base no Decreto n.º 5.626/2005, a formação dos Tils (Tradutores e Intérpretes de Língua de Sinais) ocorrerá de duas maneiras: por intermédio de um curso de nível superior em Tradução e Interpretação, com habilitação em Libras – Língua Portuguesa. Em nível médio, que atenda às seguintes exigências:

> Art. 18. Nos próximos dez anos, a partir da publicação deste Decreto, a formação de tradutor e intérprete de Libras - Língua Portuguesa, em nível médio, deve ser realizada por intermédio de: I - cursos de educação profissional; II - cursos de extensão universitária; e III - cursos de formação continuada promovidos por instituições de ensino superior e instituições credenciadas por secretarias de educação.

De fato, de acordo com o Decreto n.º 5.626/2005, a formação em nível superior em Tradução e Interpretação, com habilitação em Libras - Língua Portuguesa, é uma das maneiras de qualificação para atuar como Tils (Tradutores e Intérpretes de Língua de Sinais). No entanto, é importante ressaltar que o decreto também estabelece a possibilidade de formação em nível médio desde que sejam atendidas as exigências específicas mencionadas anteriormente.

É fundamental considerar que o conhecimento e a experiência dos profissionais atuantes em sala de aula desempenham um papel crucial na garantia de uma educação inclusiva e de qualidade para estudantes surdos. Embora a formação em nível superior possa trazer benefícios adicionais, como aprofundamento teórico e prático mais amplo, é possível que profissionais com formação em nível médio apresentem dificuldades, pois estamos lidando com outra linguagem, a matemática.

Conforme Silva e Tradil Jr. (2019), a linguagem matemática apresenta aspectos sintáticos e semânticos. Sintaticamente, ela prioriza a manipulação das regras dos símbolos matemáticos e semanticamente os conceitos.

Sendo assim, para que os estudantes apropriem-se da linguagem matemática, é necessário que construam os conceitos e compreendam o significado das operações básicas da área. Dessa forma, aprender a linguagem matemática seria equivalente a aprender outro idioma (GRANELL, 1997).

É correto afirmar que, para os surdos, o processo de aprendizagem da linguagem matemática pode ser comparado à aquisição de um terceiro idioma. Sua primeira língua é a Libras, a língua portuguesa é aprendida como segunda língua e, em seguida, a linguagem matemática. Para um bom desenvolvimento na matemática, é essencial que haja um bom domínio nas duas primeiras línguas a fim de se alcançar um bom progresso e ser capaz de realizar as operações.

Os Tils desempenham um papel crucial ao facilitar a comunicação e a compreensão dos conceitos matemáticos, garantindo que o estudante tenha acesso a um ensino de qualidade e igualdade de oportunidades. Assim, uma boa formação dos Tils é de suma importância para a área da matemática, impactando diretamente no aprendizado matemático do estudante surdo, permitindo que ele compreenda os conceitos, resolva problemas e participe plenamente das atividades matemáticas em sala de aula. Portanto, investir na formação e no suporte adequado desses profissionais é fundamental para garantir um ensino efetivo da matemática para estudantes surdos.

CONSIDERAÇÕES FINAIS

Com o presente estudo foi possível constatar que uma formação adequada e a preparação do Tils são fundamentais para proporcionar um melhor aprendizado matemático. Formações em nível médio, por exemplo, podem não ser compatíveis com a interpretação no ensino superior, uma vez que essa área demanda conhecimentos mais avançados e específicos.

Evidencia-se, também, a importância de uma formação sólida e especializada para os Tils, considerando a complexidade da linguagem matemática e a necessidade de tradução e interpretação precisa para a Libras. Um profissional bem preparado estará mais apto a lidar com os desafios e as nuances da comunicação matemática, garantindo uma compreensão mais completa e efetiva dos conceitos pelos estudantes surdos.

Assim, é relevante investir em programas de formação de Tils que abranjam tanto os aspectos teóricos quanto práticos da linguagem matemática, bem como o aprofundamento nos conteúdos específicos do ensino superior. Isso contribuirá para assegurar que os estudantes surdos tenham acesso igualitário à educação matemática em todos os níveis de ensino.

REFERÊNCIAS

ALBRES, N. de A. A construção dos sinais e sua mobilidade específica. *In*: LACERDA, C. B. F. de; SANTOS, L. F. dos. *Tenho um aluno surdo, e agora?* Introdução à Libras e educação de surdos. São Carlos: Editora da Universidade Federal de São Carlos, 2021. p. 81-98.

BRASIL. Ministério da Educação. *Lei n.º 9.394, 20 de dezembro de 1996.* Lei de Diretrizes e Bases da Educação Nacional. Brasília: Ministério da Educação, 1996.

BRASIL. *Lei n.º 10.436, de 24 de abril de 2002.* Dispõe sobre a Língua Brasileira de Sinais – Libras e dá outras providências. Brasília, DF, 2002.

BRASIL. *Decreto n.º 5.626, de 22 de dezembro de 2005.* Regulamenta a Lei n.º 10.436, de 24 de abril de 2002, que dispõe sobre a Língua Brasileira de Sinais – Libras, e o art. 18 da Lei n.º 10.098, de 19 de dezembro de 2000. Brasília: MEC, 2005.

BATTISON, R. Phonological deletion in american sign language. *Sign Language Studies*, Washington DC, v. 5, p. 1-19, 1974. DOI: https://doi.org/10.1353/sls.1974.0005

CAETANO, J. F.; LACERDA, C. B. F. de. Libras no currículo de cursos de licenciatura: Estudando o caso das ciências biológicas. *In*: LACERDA, C. B. F. de.; SANTOS, L. F. dos. *Tenho um aluno surdo, e agora?* Introdução à Libras e educação de surdos. São Carlos: Editora da Universidade Federal de São Carlos, 2021. p. 219-236.

CAMPELLO, A. R. Pedagogia visual/ Sinal na educação dos Surdos. *In*: QUADROS, R. M., PERLIN, G. (org.). *Estudos surdos II*. Petrópolis: Arara Azul, 2007. p. 100-131.

CÓRDOVA, F. P.; SILVEIRA, D. T. A pesquisa científica. *In*: GERHARDT, T. E.; SILVEIRA, D. T. (coord.). *Métodos de pesquisa*. Porto Alegre: Editora da Universidade Federal do Rio Grande do Sul, 2009.

FERNANDES, F. K. da S.; SANTOS, E. de V. O ensino da matemática e a comunidade surda: desafios da inclusão. *In*: III CONGRESSO INTERNACIONAL DE EDUCAÇÃO E INCLUSÃO. *Anais* […]. Campina Grande: Realize, 2018. Disponível em: https://www.editorarealize.com.br/index.php/artigo/visualizar/44834. Acesso em: 3 de jul. 2023.

GIAMLOURENÇO, P. R. G. M. *Tradutor e Intérprete de Libras:* construção da formação profissional. 2018. 93f. Dissertação (Mestrado em Educação Especial) – Universidade Federal de São Carlos, São Carlos, 2018.

GRANELL, C. G. Rumo a uma epistemologia do conhecimento escolar: o caso da educação matemática. *In*: RODRIGO, M. J.; ARNAY, J. (org.). *Domínios do conhecimento, prática educativa e formação de professores*. São Paulo: Ática, 1998. p. 15-41.

HARRISON, K. M. P. Libras. *In*: LACERDA, C. B. F. de.; SANTOS, L. F. dos. *Tenho um aluno surdo, e agora? Introdução à Libras e educação de surdos*. São Carlos: Editora da Universidade Federal de São Carlos, 2021. p. 27-36.

KLIMA, E.; BELLUGI, U. The signs of language. Cambridge: Harvard University Press, 1979.

KOTAKI, C. S.; LACERDA, C. B. F. O intérprete de Libras no contexto da escola inclusiva: focalizando sua atuação na segunda etapa do ensino fundamental. *In*: LACERDA, C. B. F. de; SANTOS, L. F. (org.). *Tenho um aluno surdo, e agora? Introdução à libras e educação de surdos*. cap. 12. São Carlos: Editora da Universidade Federal de São Carlos, 2013. p. 201-218.

LACERDA, C. B. F. de; SANTOS, L. F. dos; CAETANO, J. F. Estratégias metodológicas para o ensino de alunos surdos. *In*: LACERDA, C. B. F. de; SANTOS, L. F. dos. KOTAKI, C. S.; LACERDA, C. B. F. O intérprete de Libras no contexto da escola inclusiva: focalizando sua atuação na segunda etapa do ensino fundamental. *In*: LACERDA, C. B. F. de; SANTOS, L. F. (org.). *Tenho um aluno surdo, e agora? Introdução à libras e educação de surdos*. cap. 12. São Carlos: Editora da Universidade Federal de São Carlos, 2013. p. 201-218.

LACERDA, C. B. F. de; SANTOS, L. F. dos; CAETANO, J. F. Estratégias metodológicas para o ensino de alunos surdos. *In*: LACERDA, C. B. F. de; SANTOS, L. F. dos. *Tenho um aluno surdo, e agora? Introdução à libras e educação de surdos*. São Carlos: Editora da Universidade Federal de São Carlos, 2013. p. 185-200. p. 185-200.

LIMA, J. V. de A.; SANTOS, L. F. dos. Surdez e o medo da matemática: um estudo sobre ansiedade à matemática de alunos surdos de um município do Estado de São Paulo. *In:* LACERDA, C. B. F. de; SANTOS, L. F. dos; ROCHA, L. R. M. da. *Educação bilíngue de surdos e educação especial*: avaliação e prática. São Carlos: Editora da Universidade Federal de São Carlos, 2023. p. 139-157.

MIRANDA, C. J. A.; MIRANDA, T. L. O ensino de matemática para alunos surdos: quais os desafios que o professor enfrenta? *Revista Eletrônica de Educação Matemática*, Florianópolis, v. 6, n. 1, p. 31-46, 2011.

MOURA, C. M. Surdez e linguagem. *In*: LACERDA, C. B. F. de; SANTOS, L. F. dos. *Tenho um aluno surdo, e agora? Introdução à libras e educação de surdos*. São Carlos: Editora da Universidade Federal de São Carlos, 2021. p. 13-26.

PAGURA, R. J. A interpretação de conferências: interfaces com a tradução escrita e implicações para a formação de intérpretes e tradutores. *Delta*, São Paulo, v. 19, n. spe, p. 209-236, 2003.

QUADROS, R. M. de. *Libras*. 1. ed. São Paulo. Parábola, 2019.

QUADROS, R. M; KARNOPP, L. B. *Língua brasileira de sinais*: estudos linguísticos. Porto Alegre: Artmed, 2004.

ROCHA, L. R. M. da; SANTOS, L. F. dos. A presença de estudantes surdos ou com deficiência auditiva nas universidades federais de educação superior do estado de São Paulo. *In*: LACERDA, C. B. F. de; SANTOS, L. F. dos; ROCHA, L. R. M. da. Educação bilíngue de surdos e educação especial: avaliação e prática. São Carlos: Editora da Universidade Federal de São Carlos, 2023. p. 33-54.

SANCHES, I. R.; SILVA, P. B. da. A inclusão de estudantes surdos no ensino superior brasileiro: O caso de um curso de Pedagogia. *Revista Portuguesa de Educação*, [s. l.], v. 32, n. 1, p. 155-172, 2019. Disponível em: https://revistas.rcaap.pt/rpe/article/view/14955. Acesso em: 30 jun. 2023.

SANTOS, L. F. dos. *O fazer do intérprete educacional*: práticas, estratégias e criações. 2014. 200f. Tese (Doutorado em Educação Especial) – Universidade Federal de São Carlos, São Carlos, 2014.

SILVA, P. S. da.; TRALDI JR., Armando. Linguagem matemática no processo de aprendizagem de um grupo de estudantes surdos. *Revista de Educação Matemática*, São Paulo, v. 16, n. 23, 2019. Disponível em: http://portal.amelica.org/ameli/jatsRepo/173/1731526002/html/. Acesso em: 6 jul. 2023.

STOKOE, W. Sign language structure: an outline of the visual communication systems of the american deaf. *Studies in Linguistics*, n. 8, University of Buffalo, p. 3-37. 1960.

UNESCO. *Declaração de Salamanca e linha de ação sobre necessidades educativas especiais*. Brasília: Coordenadoria Nacional para a Integração da. Pessoa Portadora de Deficiência, 1994.

VIANA, F. R.; BARRETO, M. C. *O ensino de matemática para alunos com surdez*. Curitiba: CRV, 2012.

VYGOTSKY, L. S. *Psicologia pedagógica*. São Paulo: Martins Fontes, 2001.

12

PREPARAÇÃO PARA O EXERCÍCIO DA PROFISSÃO DOCENTE NA PERSPECTIVA DA EDUCAÇÃO INCLUSIVA E A AVALIAÇÃO DA APRENDIZAGEM NA PERSPECTIVA CULTURAL-HISTÓRICA

Camila de Araujo Cabral
Welisson Michael Silva
Francimar Batista Silva
Alexandra Ayache Anache

Este capítulo visa refletir sobre a preparação para o exercício da profissão docente na perspectiva da educação inclusiva e seus desdobramentos. Problematizaremos o encaminhamento dado pela legislação vigente e o direcionamento das instituições de ensino superior, além de explorar como esse tema é abordado nas pesquisas atuais.

Inicialmente, contextualizemos a formação de professores, analisando as diretrizes presentes na legislação e as abordagens adotadas pelas instituições de ensino superior. Com isso, poderemos direcionar nosso olhar especificamente para a preparação dos professores na perspectiva da educação inclusiva, um enfoque que se mostra cada vez mais relevante e necessário.

A partir dessa perspectiva, analisaremos a temática da avaliação da aprendizagem, identificando as perspectivas adotadas para essa questão. Ainda, visaremos compreender como a avaliação da aprendizagem é abordada no contexto da educação inclusiva, destacando suas particularidades e seus desafios. Essa análise será fundamental para justificar o tema desta pesquisa.

Por fim, apresentaremos e discutiremos a avaliação da aprendizagem na perspectiva cultural-histórica. Essa abordagem teórica, embasada nos princípios de Vigotski e seus seguidores, permite uma compreensão mais ampla e contextualizada da avaliação, considerando as dimensões socioculturais e históricas que influenciam o processo de aprendizagem dos estudantes, especialmente na perspectiva inclusiva.

Ao explorar a preparação para o exercício da profissão docente na perspectiva da educação inclusiva e a avaliação da aprendizagem na perspectiva cultural-histórica, este estudo contribuirá para o aprimoramento da formação de professores e para a promoção de práticas avaliativas mais adequadas e inclusivas.

As reflexões, suscitadas pelas leituras efetuadas nesse levantamento, possibilitaram não só compreender as perspectivas sobre a formação de professores, inicial ou continuada, mas também mostrar a possibilidade de organização e prática curricular com vistas à efetivação da prática inclusiva. Os exemplos de sucesso são importantes para o ofício pedagógico, pois, citando a autora Ana Maria Machado (2017, p. 188), conhecer as boas práticas do trabalho pedagógico existentes "deixa que a gente tenha esperança".

Com essas considerações, completamos o percurso estabelecido para os levantamentos necessários de modo a alcançarmos os objetivos iniciais propostos.

12.1 APROXIMAÇÕES DA PROBLEMATIZAÇÃO POR INTERMÉDIO DE LEVANTAMENTO BIBLIOGRÁFICO

A base desse levantamento está diretamente relacionada ao tema da educação inclusiva, com enfoque nos estudantes da Educação Especial, mais especificamente os estudantes surdos. Com base na perspectiva da educação inclusiva, o levantamento foi dividido em três momentos distintos. O primeiro momento aborda a formação inicial de professores, o segundo trata da formação continuada para professores e, por fim, o terceiro investiga a temática da avaliação da aprendizagem.

Durante as etapas desse levantamento foram realizadas buscas na área de Ciências Humanas, focadas na temática estudada, que é a preparação para o exercício da profissão docente na perspectiva da educação inclusiva, também conhecida como formação continuada de professores, conforme descrito por diversos autores.

Para isso, utilizamos o Banco de Teses e Dissertações da Capes como fonte de busca, escolhido por ser um banco de dados amplamente reconhecido nacionalmente, que disponibiliza pesquisas na área de educação defendidas em programas de pós-graduação stricto sensu, oferecendo acesso a muitas informações sobre teses e dissertações no Brasil. O objetivo desse levantamento foi mapear as produções existentes e analisar o escopo e a relevância da temática no cenário acadêmico atual.

O Quadro 1 sintetiza o procedimento para o levantamento geral:

Quadro 1 – Resumo do procedimento para o levantamento de artigos, teses e PPCs

Procedimento para o levantamento de artigos, teses e PPCs	
Tema	Educação Inclusiva na formação continuada de professores e políticas de formação.
Área de pesquisa	Ciências Humanas – Educação.
Idioma	Português.
Data do levantamento	Novembro a dezembro de 2021 e fevereiro a março de 2022.
Descritores	1) "Educação inclusiva"; 2) "Formação de professores"; 3) "Formação continuada"; 4) "Políticas Educacionais."
Base de dados	1) Portal de Periódicos Capes/MEC (Capes).
Método resumido	1) fazer a busca nas bases de dados por meio dos descritores; 2) cruzar os descritores para uma seleção mais apurada; 3) selecionar títulos de trabalhos relacionados com o objeto da pesquisa; 4) verificar se os assuntos estão correlacionados (realizar nova apuração); 5) analisar (leitura) títulos, resumos e palavras-chave; 6) separar os trabalhos relevantes para a pesquisa; 7) realizar leitura prévia e geral no trabalho; 8) arquivar os textos para consulta posterior.

Fonte: os autores (2021)

12.1.1 Metodologia dos levantamentos de teses disponíveis na Capes

A seguir, apresentamos o levantamento de Teses realizado no banco de dados da Capes. O período demarcado foi de 2015 a 2020, considerando a promulgação da Lei Nacional n.º 13.146, de 6 de julho de 2015, conhecida como Lei Brasileira de Inclusão, que representa um marco regulatório nas políticas de inclusão.

Optamos por buscar apenas trabalhos em nível de doutorado, justificando essa delimitação com base na definição de tese dada pela Norma Brasileira n.º 14.724, da Associação Brasileira de Normas Técnicas (ABNT) (2011a, p. 2, 4): "[…] documento que apresenta o resultado de um trabalho experimental ou exposição de estudo científico de tema único e bem delimitado. Deve ser elaborado com base em investigação original, constituindo-se em real contribuição para a especialidade em questão".

Por outro lado, o trabalho de dissertação em nível de mestrado tem o objetivo de evidenciar o conhecimento da literatura existente sobre o assunto pesquisado e a capacidade de sistematização do candidato. Entendemos, portanto, que os objetivos da tese superam as possibilidades de resultados da dissertação, uma vez que se espera que a tese apresente resultados de investigação original, contribuindo efetivamente para a área em questão. Assim, como nossa intenção é analisar o escopo onde a temática da formação continuada na perspectiva da educação inclusiva apresenta-se e os resultados dessas pesquisas, visando delinear e justificar a presente pesquisa, entendemos que o levantamento de teses atende melhor os interesses de pesquisa.

Os descritores utilizados foram: i) "Educação inclusiva"; ii) "Formação de professores"; iii) "Formação continuada" e iv) "Políticas Educacionais", utilizados e combinados entre si para aumentar a probabilidade de refinamento da busca.

Para delimitar melhor os resultados encontrados, selecionamos as Ciências Humanas como grande área de conhecimento, juntamente às demais áreas relacionadas à educação. Utilizando esses descritores, o total de resultados obtidos foi de 2.697. Em seguida, realizamos um filtro manual, analisando os títulos e excluindo aqueles que não se adequavam aos critérios de busca estabelecidos para os objetivos desta tese, resultando em apenas quatro documentos selecionados.

É importante destacar que além dos quatro resultados encontrados, os títulos *Formação continuada de professores para a construção de uma cultura inclusiva na escola: uma experiência de ensino híbrido no programa Redefor* (OMODEI, 2019) e *Mooc na formação continuada de professores para a inclusão* (AMPARO, 2020) também foram considerados compatíveis com a nossa busca. Portanto, no Quadro 2 apresentamos as teses analisadas.

Quadro 2 – Títulos das teses selecionadas

Teses levantadas no Banco de Teses – Capes
AMARAL, M. M. *O trabalho do coordenador pedagógico e a formação continuada de professores centrada na escola inclusiva em Belém-PA*. 2019. 236f. Tese (Doutorado em Educação – Programa de Pós-Graduação em Educação, Universidade Federal do Pará, Belém, 2019.
MARTINS, L. M. S. M. *Inclusão do estudante com deficiência no ensino superior e a formação continuada do docente universitário*. 2019. 277f. Tese (Doutorado em Educação) — Programa de Pós-Graduação em Educação, Universidade Federal do Rio Grande do Norte, Natal, 2019.

Fonte: os autores (2021)

Para organizar visualmente as informações destacadas nos textos levantados, elaboramos o Quadro 3 com a síntese das teses analisadas:

Quadro 3 – Síntese do levantamento de Teses – Capes

Banco de Teses – Capes				
ANO	Como a pesquisa desenvolve a Formação:	Quanti-dade de trabalhos encontrados	Abordagem e referencial teórico	Área tema da formação
2019	Teoria	1	Pesquisa qualitativa com fundamentação sócio-crítica	Gestão
	Prática	–		
	Teoria	1	Pesquisa qualitativa de caráter exploratório-descritivo, com análise de conteúdo. Principais referenciais teóricos: Martins,1999; Sammar, 2012; Collins, 2013; Freire 1967,1996; Nóvoa, 1992; Morin, 2004, entre outros.	Ensino superior
	Prática	–		

Fonte: os autores (2021)

Durante a análise dos textos foram consideradas questões como o objeto de estudo, os objetivos, a teoria e a metodologia utilizadas, bem como os resultados e as conclusões apresentadas. Além disso, foram identificadas as contribuições da pesquisa, seja no sentido de enriquecer o escopo da pesquisa proposta neste estudo ou de apontar direções necessárias a serem seguidas a fim de cumprir com os critérios esperados para uma pesquisa de tese.

Foram abordadas as seguintes temáticas nos textos analisados:

a. As condições de trabalho

Na análise das duas pesquisas observamos que o investimento na educação inclusiva abrange diversos fatores, desde a infraestrutura física da escola até a formação contínua dos professores. Uma vez que essas necessidades sejam atendidas, é possível estabelecer condições adequadas para que todos os alunos possam aprender com qualidade.

O investimento financeiro na educação desempenha um papel crucial ao proporcionar às escolas acesso a materiais e recursos, tanto físicos quanto pedagógicos, que contribuem para a melhoria do trabalho educacional dos professores. Tanto a precariedade da infraestrutura física das escolas quanto a deficiência pedagógica exercem um impacto significativo, refletindo também nas relações interpessoais dos indivíduos envolvidos no ambiente escolar.

Nesse sentido, também observamos a relevância da temática, como visto a seguir.

b. Organização do trabalho escolar

A definição contemporânea do trabalho, derivada do marxismo e considerada no contexto da racionalização dos processos produtivos do capitalismo, atribui ao trabalho um papel de extrema importância nas várias áreas que compõem as relações e os espaços humanos.

Segundo Saviani (2012), o trabalho é um elemento determinante da vida humana como um todo e, portanto, tem um papel determinante na educação. De acordo com essa perspectiva, "o trabalho se comporta como um princípio educativo que influencia a forma como a educação é constituída e organizada" (SAVIANI, 2012a, p. 175).

No contexto escolar, o trabalho torna-se problemático quando reflete concepções alienadas e desarticuladas, resultando em exclusão e precarização das condições de trabalho para todos os envolvidos. Esse é um tema abordado em várias pesquisas como expressão de insatisfação e conflito.

Também observamos a relevância da temática: a característica de a organização do trabalho refletir a alienação resultante das formas de trabalho baseadas no paradigma produtivo resulta no trabalho docente solitário e isolado, no qual o professor não se reconhece social e individualmente como parte constitutiva do ato produtivo central de sua vida e, por isso, não reconhece também sua atuação enquanto sujeito e protagonista pertencente àquele grupo social, a escola (ANTUNES; PINTO, 2017). Em consequência, surge uma nova categoria de questão problematizadora:

c. A descaracterização da identidade do professor

Toda a problemática relacionada à organização e às condições de trabalho na escola tem um impacto na insegurança da identidade do professor, como apontado por Amaral (2019) quando menciona que os coordenadores pedagógicos têm dificuldade em reconhecerem-se como formadores, especialmente no contexto da inclusão escolar.

Embora a identidade não seja formada exclusivamente por representações sociais, no caso da profissão docente essas representações desempenham um papel qualitativo na formação da identidade (GONZÁLEZ REY, 2003), incorporando várias "representações que permitem a construção e desconstrução de diferentes significados subjetivos" (MIYASAKI, 2007, p. 80).

As subjetividades individual e coletiva estão inter-relacionadas codependentemente e a formação docente ocorre na complexidade da configuração subjetiva proveniente de contextos diversos, da consciência individual e, ao mesmo tempo, coletiva, e das experiências historicamente construídas pelo sujeito.

Segundo González Rey (2010, p. 339), a identidade é um "sistema vivo em processo, de grande importância na produção de novos significados subjetivos diante das realidades imprevistas que vão surgindo". Nesse conceito, destaca-se a insegurança em relação à identidade docente e aos diversos papéis exigidos, tendo consequências em todos os aspectos de sua prática profissional, seja no ambiente pedagógico, gestor ou operacional.

Essa descaracterização em constante movimento da identidade docente reforça as práticas organizacionais da escola desconectadas do trabalho colaborativo, fragmentando o processo pedagógico e promovendo o isolamento profissional, resultando na fragilização das condições de trabalho.

No que diz respeito à elaboração das pesquisas analisadas, apresentamos a seguir as considerações realizadas:

d. A necessidade de comprovação científica e a produção do conhecimento

Os dois resultados analisados identificam-se enquanto pesquisa qualitativa e ambos apresentam características descritivas, ainda que cada um tenha seu escopo e referencial epistemológico. Nas duas leituras encontramos termos semelhantes pelos quais compreendemos seus critérios epistemológicos, tais como: "analisar", "caracterizar", "sistematizar", "descrever" e "alcançar dados"; quanto aos resultados, também observamos os termos: "resultados evidenciam" e os "dados refletem". Esses termos remetem-nos à Rossato et al., (2014, p. 35-36) ao tratar da visão da pesquisa perante a ciência moderna, a qual "fundamenta-se em princípios que privilegiam a racionalidade" como identificamos no decorrer da leitura dos textos, em especial nas descrições dos instrumentos teóricos e metodológicos.

Ainda em Rossato *et al.* (2014, p. 34), ao fazer pesquisa conforme a racionalidade, espera-se que o pesquisador encontre leis gerais ou resultados que são aplicáveis universalmente para afirmar o "poder de comprovação da ciência", por isso a necessidade de descrever, sistematizar e alcançar dados.

Os autores desse levantamento ressaltam que nos critérios da ciência moderna os instrumentos precisam ser isentos das interferências da subjetividade de cada pesquisador. Essa preocupação fica evidente no segundo texto quando Martins (2019), em sua conclusão, ressalta como principal desafio para a realização da pesquisa a tarefa de assumir o papel de imparcialidade, pois seu campo de pesquisa é também seu ambiente profissional, conforme o autor, "um campo em que estamos social, afetiva e profissionalmente envolvidos" (ROSSATO *et al.*, 2014, p. 37).

A perspectiva científico-racional-universal indica a neutralidade do pesquisador como fundamental para encontrar uma verdade científica passível de ser comprovada. Ainda que o pesquisador não esteja envolvido em um campo de pesquisa assim como o autor supracitado, ele ainda se caracteriza enquanto sujeito e tem suas especulações particulares e subjetividades. Então a neutralidade do pesquisador será sempre um fator dificultador para a pesquisa, visto que nessa busca ele acaba anulado enquanto "sujeito do projeto de construção do conhecimento científico" (ROSSATO, *et al.*, 2014, p. 36).

A pesquisa no campo das ciências humanas e sociais, especialmente na área da educação, ocorre em um contexto rico, permeado por cultura, linguagem e "um conjunto de valores que se relacionam de forma dinâmica, dialética e contraditória entre o sujeito pesquisador e os sujeitos pesquisados, impedindo uma separação radical" (ROSSATO, *et al.*, 2014, p. 37). Nesse sentido, é importante reconhecer que o pesquisador faz parte da pesquisa, mesmo que isso seja negado.

Dessa forma, nossa pesquisa diferencia-se das abordagens convencionais ao adotar a Epistemologia Qualitativa, que valoriza o pesquisador como um ser humano subjetivo e pessoalmente envolvido, com preferências e posições que influenciam sua pesquisa (ARAUJO, 2018, p. 5). Essa abordagem retira o pesquisador do papel de observador externo e coloca-o como parte integrante da pesquisa, com a responsabilidade de compreender e interpretar o objeto de estudo, conferindo ênfase ao contexto e aos significados nele presentes (GONZÁLEZ REY, 2002).

O método construtivo-interpretativo da Epistemologia Qualitativa vai ao encontro do modelo positivista de pesquisa, permitindo ao pesquisador produzir uma representação teórica da realidade estudada, considerando os aspectos subjetivos presentes ao longo do processo de pesquisa. Isso proporciona a construção de informações que não poderiam ser alcançadas pelos métodos tradicionais de investigação.

Utilizando a Teoria da Subjetividade no encontro com a Epistemologia Qualitativa, ensejamos valorizar as dimensões subjetivas do processo de aprendizagem para favorecer as movimentações subjetivas dos envolvidos, um caminho ainda pouco buscado nas pesquisas em educação.

12.2 AVALIAÇÃO DA APRENDIZAGEM NO CONTEXTO DA EDUCAÇÃO INCLUSIVA E A PERSPECTIVA CULTURAL-HISTÓRICA

A avaliação e o ato de ser avaliado são atividades complexas, pois geralmente envolvem o julgamento de um sujeito ou objeto com o propósito de atribuir um conceito preestabelecido de bom, ou ruim. No contexto da avaliação da aprendizagem surgem questionamentos sobre os objetivos e os métodos de avaliação dos alunos do ensino básico, uma vez que é fácil incorrer em práticas excludentes e discriminatórias ao desconsiderar a subjetividade dos estudantes.

Em uma sociedade plural, multicultural, onde reina a diversidade, torna-se delicado avaliar o outro, sendo necessário cuidado ao acompanhar o processo educativo individual dos estudantes. A realidade do contexto da organização educacional pode ser uma barreira para esse acompanhamento e essa avaliação, principalmente caso as salas de aulas tenham um número excedente de alunos, além da falta de prática com metodologias flexibilizadas e do engessamento do currículo e de ações para a diversidade.

Segundo Luckesi (2018), a avaliação faz parte da trajetória histórica da humanidade e tem evoluído juntamente ao conhecimento da sociedade ao longo do tempo. No âmbito educacional, essa prática de avaliação também existe e tem passado por modificações em suas estratégias e seus métodos. Um exemplo são os jesuítas, mencionados por Toishima *et al.* (2012), que além de terem uma abordagem religiosa em seu ensino, também desempenharam um papel educacional significativo. Eles elaboraram o documento conhecido como *Ratio studiorum*, que estabelecia o funcionamento escolar, definindo as responsabilidades dos educadores e estudantes, e determinava o uso exclusivo de exames escolares como instrumento de avaliação.

De acordo com Luckesi (2018), a avaliação faz parte da trajetória histórica do ser humano e evolui com o conhecimento da sociedade ao longo do tempo. Da mesma forma, na educação, essa prática de avaliação existe e tem passado por modificações em suas estratégias e métodos. Os jesuítas, por exemplo, além de terem um caráter religioso em seus ensinamentos, também tinham um caráter educacional. Eles formularam o documento citado anteriormente, que estabelecia o funcionamento escolar, definindo os deveres dos educadores e dos estudantes, e determinava o uso de exames escolares como único instrumento de avaliação.

Posteriormente, ao observar a alta taxa de reprovação escolar, compreendeu-se a relação entre reprovação e avaliação baseada em um único exame. Assim, surgiu o Método de Ensino por Objetivos, o primeiro método sistemático de avaliação educacional relacionado à discussão da construção e implementação do currículo escolar. Segundo Tyler, um currículo de qualidade deve ser eficiente e eficaz, ou seja, capaz de promover mudanças no comportamento dos estudantes e fazê-las ocorrer em um ritmo adequado. Portanto, a avaliação é um processo que determina em que medida essas mudanças de comportamento estão realmente acontecendo (TYLER, 1978).

Ao longo do tempo, várias outras estratégias de avaliação foram investigadas e aplicadas, evidenciando a importância da avaliação tanto na vida escolar dos estudantes quanto para aqueles que serão os avaliadores. Por meio da avaliação é possível acompanhar o que o estudante aprende ou deixa de aprender. Além disso, o professor pode compreender sua própria prática pedagógica, refletir sobre suas ações e planejar novas estratégias didáticas e avaliativas para garantir a qualidade do processo educativo.

Neste texto, abordamos a Avaliação da aprendizagem no contexto da educação inclusiva e a perspectiva cultural-histórica. Para isso, trataremos das diversas formas de avaliação da aprendizagem e suas funções conforme a literatura, voltando para a abordagem sociointeracionista, em especial no que diz respeito à avaliação da aprendizagem de estudantes surdos.

12.3 CONCEPÇÕES DA AVALIAÇÃO DA APRENDIZAGEM

Existem várias concepções de avaliação embasadas em estudos que buscam adequar a avaliação ao público avaliado. Alguns formatos de avaliação estudados e aplicados atualmente são: avaliação diagnóstica, avaliação tradicional e avaliação mediadora.

A avaliação diagnóstica, conforme Luckesi (2005, p. 42), tem importância ao permitir o acompanhamento do desenvolvimento do estudante até o seu êxito, sendo um "instrumento dialético de diagnóstico para o crescimento". Essa concepção reconhece a prova como uma das maneiras de avaliar, embora seletiva, mas não como o único instrumento, incentivando o professor a ser responsável pela percepção do processo de aprendizagem do sujeito, sendo "o instrumento de reconhecimento dos caminhos percorridos e da identificação dos caminhos a serem perseguidos" (LUCKESI, 2005, p. 43).

A avaliação tradicional, focada na quantificação dos resultados obtidos por intermédio de provas, é um meio de coletar dados, mas tem um caráter autoritário e conservador de aprovação ou reprovação. Ainda hoje é comum que as escolas utilizem predominantemente a avaliação tradicional, muitas vezes negociando notas com os estudantes em troca de controle e domínio da sala de aula. Isso ocorre porque os estudantes estão mais preocupados em obter aprovação no ano letivo, pouco se importando com a qualidade da aprendizagem dos conteúdos e sua aplicação no cotidiano.

Sob a ótica da avaliação mediadora de Hoffmann (2014), a avaliação deve ser um processo contínuo, sendo o professor um coadjuvante no processo de aprendizagem, auxiliando no desenvolvimento do estudante. Nessa abordagem, a prova não deve ser o único instrumento de avaliação e o professor deve realizar avaliações constantes da ação educativa na totalidade. É necessário investigar e questionar a ação dos alunos, estar atento ao que a turma está aprendendo e buscar aprimorar os métodos de ensino, entendendo que metodologias diversas e planejadas exigirão diferentes instrumentos de avaliação, não se restringindo apenas às provas.

Considerando que a aprendizagem é um processo contínuo, na mediação do conhecimento, o professor deve considerar cada indivíduo com suas características específicas de tempo e modo de aprendizado, mantendo "um grau de sensibilidade ao avaliar cada indivíduo considerando suas peculiaridades" (SILVA, 2010, p. 16).

Retomando a preocupação com práticas excludentes por meio da avaliação escolar, compreende-se que, ao considerar a especificidade da pessoa surda em sua prática educativa e elaborar métodos e instrumentos de acordo com essas especificidades, haverá maior possibilidade de desenvolvimento no processo de aprendizagem desse estudante.

Em relação às funções da avaliação, recorremos a Santos (2010), que destaca três aspectos: pedagógico-didática, de diagnóstico e de controle. Essas funções devem ser utilizadas em conjunto com a prática educativa e aplicadas conforme as necessidades de cada sujeito.

A função pedagógico-didática está diretamente relacionada ao cumprimento dos objetivos e das finalidades da educação escolarizada, contribuindo para a assimilação do conteúdo e, consequentemente, para a construção do conhecimento. A função de diagnóstico, como o próprio nome sugere, permite ao professor identificar os avanços e as dificuldades dos estudantes, apontando possíveis modificações e procedimentos a serem adotados durante o processo de ensino. Já a função de controle está relacionada aos instrumentos formais de avaliação e aos resultados da aprendizagem, exigindo do professor a verificação, a correção e a análise das atividades desenvolvidas pelos alunos (SANTOS, 2010).

No que se refere à função de controle, Freitas (2018) discute a relação entre a implementação da Base Nacional Comum Curricular (BNCC) e os testes e as avaliações externas, que têm a intenção de responsabilizar as instituições de ensino, com base em leis, como a Lei de Responsabilidade Educacional, e em instrumentos legais que regulamentam o Sistema Nacional de Avaliação da Educação Básica (Saeb) e a BNCC.

Esses mecanismos estão interligados em uma dinâmica que visa estabelecer competências e habilidades para padronizar o ensino e a aprendizagem. As avaliações externas costumam ser censitárias e cobrar as aprendizagens requeridas pela BNCC, inserindo as escolas em um sistema meritocrático de prestação de contas, o que também resulta em competição entre as instituições e professores.

Segundo Freitas, essas práticas de padronização do ensino e avaliações em larga escala conduzem à eliminação de experiências inovadoras e à imposição de padrões culturais arbitrários que marginalizam e excluem as especificidades das culturas locais, desconsiderando as subjetividades dos indivíduos que as compõem. Essa abordagem levanta questões sobre as finalidades da educação (FREITAS, 2018).

Ao impor padrões que não consideram as especificidades dos estudantes, aumenta-se o distanciamento das práticas avaliativas em relação à subjetividade dos alunos, especialmente dos estudantes surdos. Isso ocorre porque a avaliação externa acarreta consequências para as avaliações interna e da aprendizagem em sala de aula.

Nesse contexto de padronização do ensino e das avaliações censitárias, a formação docente também é afetada, pois o currículo básico da formação de professores concentra-se em aprender a lidar com as habilidades e competências exigidas pelos documentos legais e avaliadas pelos exames nacionais em larga escala. Isso reduz o conceito de aprendizagem e educação, levantando questões sobre as finalidades da educação. Conforme Santos *et al.* (2022, s/p.), "a identificação direta entre BNCC-EB e BNC-Formação gera repercussões dramáticas na formação dos professores, visando atender ao mesmo propósito da Educação Básica".

De acordo com Freitas (2018), esse processo de padronização da educação, como a BNCC e a BNC-Formação, juntamente a avaliação em larga escala, conduz à eliminação de experiências inovadoras e à imposição de padrões culturais arbitrários que marginalizam, excluem e destroem as especificidades das culturas locais sem considerar as subjetividades dos sujeitos envolvidos.

Ao compreender alguns dos principais conceitos da avaliação e analisá-los sob a ótica das especificidades das pessoas surdas, é necessário conhecer quem são essas pessoas, suas necessidades e, então, refletir sobre uma avaliação adequada. Dessa forma é possível evitar a criação de barreiras e dificuldades adicionais, além das já existentes devido à falta de conhecimento sobre essas dificuldades e, consequentemente, à falta de acolhimento adequado das pessoas surdas.

Ao buscar cumprir as funções da avaliação, o professor torna-se parte do processo de produção de conhecimento. A compreensão da emergência do sujeito cultural-histórico e da produção de sentidos subjetivos contribui para configurar a aprendizagem como significativa tanto para os estudantes quanto para os professores, promovendo o desenvolvimento das dimensões sensíveis da relação com o outro, ao considerar a diversidade humana e o respeito às diferenças como parte essencial do trabalho de ensino/aprendizagem na formação de professores.

Assim, a Teoria da Subjetividade pode contribuir para ampliar as transformações na escola e na sociedade, auxiliando no aprimoramento do trabalho pedagógico do professor na educação especial e nas demais ações educativas. Ela complexifica o entendimento dos processos, relações e motivações por intermédio de seus recursos teórico-metodológicos, abrindo caminhos para transformações.

Para discorrer e analisar qualquer questão relacionada à pessoa surda, é importante entender primeiro o significado da surdez para o sujeito e quais são suas implicações. Esta pesquisa considera a surdez como uma característica da pessoa, mas reconhece a necessidade de abordar questões clínicas para compreendê-la, já que existem muitas dúvidas sobre suas causas.

A legislação oferece uma definição de surdez e pessoa surda no Decreto Federal n.º 5.626, de 22 de dezembro de 2005, no artigo 2º, que estabelece:

> Art. 2º Para os fins deste Decreto, considera-se pessoa surda aquela que, por ter perda auditiva, compreende e interage com o mundo por intermédio de experiências visuais, manifestando sua cultura principalmente pelo uso da Língua Brasileira de Sinais - Libras. Parágrafo único, considera-se deficiência auditiva a perda bilateral, parcial ou total, de quarenta e um decibéis (dB) ou mais, aferida por audiograma nas frequências de 500Hz, 1.000 Hz, 2.000Hz e 3.000Hz (BRASIL, 2005, p. 1).

Diversos fatores influenciam a possibilidade de uma pessoa surda desenvolver a fala verbal, também conhecida como oralização. Esses fatores incluem o acompanhamento precoce por uma equipe multidisciplinar, como fonoaudiólogos, salas de recursos, psicopedagogos, entre outros. O desenvolvimento linguístico também depende do grau/nível de perda auditiva, do momento em que ocorreu a perda da audição e do ambiente sociocultural no qual a pessoa vive, considerando se há ou não estímulos.

Ao considerar a conceituação da pessoa surda e da cultura surda na Teoria da Subjetividade, entendemos que as determinações culturais vão além de como o aspecto social influencia a constituição humana. Elas também fazem parte do indivíduo como parte integrante de sua identidade. Assim, a subjetividade social é constituída pelas ações dos indivíduos nos espaços sociais dos quais participam e pelas inter-relações estabelecidas nesses espaços. Nas ações e inter-relações, os indivíduos produzem sentidos subjetivos que, por intermédio de sua articulação, constituem as diferentes configurações subjetivas que compõem a subjetividade social do espaço em que essas ações ocorrem.

A surdez traz consigo prejuízos na comunicação natural das pessoas surdas, afetando vários aspectos de seu desenvolvimento global (POKER, 2007). No entanto, o maior desafio para as pessoas surdas não é a surdez em si, mas as dificuldades resultantes da privação linguística, que afetam a formação de conceitos, a relação entre imagem e material, a personalidade e a integração social (POKER, 2007). Com a interação social comprometida, o desenvolvimento acadêmico das pessoas surdas é prejudicado, levando muitos professores e profissionais a concluírem erroneamente que elas têm algum nível de deficiência intelectual. É importante destacar que quanto mais cedo a pessoa surda tiver acesso à língua de sinais e a estímulos sociais que permitam interações, menores serão as consequências cognitivas.

É necessário repensar as verdades reproduzidas pelo senso comum, assim como práticas e posturas, e direcionar o olhar para conceitos corretos e transformações que marcam a comunidade surda atualmente. Essa busca por informações, seguida de reflexão, permite uma nova perspectiva sobre a realidade da pessoa surda e possibilita ações verdadeiramente inclusivas que permitam ao estudante surdo produzir conhecimento como seus colegas de classe.

Retomando o problema da avaliação tradicional e outros modelos de avaliação que privilegiam respostas consideradas corretas para atribuição de notas e baseiam-se em aprovação ou reprovação, fica claro que as pessoas surdas, assim como outras pessoas com necessidades educacionais específicas, serão marginalizadas nesse processo de avaliação, pois não se encaixam no padrão preestabelecido de certo ou errado.

Portanto, é preciso compreender que cada pessoa é um sujeito com características próprias, tornando o conceito de certo e errado subjetivo, ou seja, dependente de cada indivíduo. Conforme Vigotski (1989), o desenvolvimento psicológico da criança ocorre em uma trajetória de progressiva individualização, originada nas relações sociais e interpessoais, transformando-se em uma dimensão intrapessoal.

Dessa forma, devido às vivências pessoais e subjetivas, não é correto generalizar comportamentos humanos ou rotular grupos, tornando-se relativo o conceito de certo ou errado nas avaliações. Torres *et al.* (2007, p. 383) explicam essa questão afirmando:

> A diversidade existente entre os seres humanos se expressa em distintas formas e é possível considerar-se, recursivamente, que exista uma diversidade dentro da diversidade. Esse raciocínio conduz a que características individuais tais como deficiências sensoriais específicas sejam consideradas inadequadas para caracterizar coletivos humanos, sempre que se esqueça a diversidade existente entre esse grupo de pessoas.

Mesmo quando se trata de pessoas surdas, é impossível designar comportamentos idênticos a um grupo de pessoas e julgá-las apenas com base em seu déficit, muito menos estabelecer padrões objetivos para avaliações e expectativas de respostas. As diferenças individuais determinam distintas necessidades, incluindo as formas de comunicação das pessoas surdas.

Para validar essa afirmação, recorremos novamente à concepção de subjetividade de González Rey, que considera a subjetividade como uma forma complexa na qual o psíquico humano desenvolve-se e engloba todos os processos humanos. Segundo González Rey (2012a), a subjetividade é uma produção do sujeito que tem como matéria-prima sua vida social e cultural. Essa produção está em constante transformação.

Diante de toda a complexidade da constituição da subjetividade do indivíduo, fica evidente a impossibilidade de padronizar comportamentos e reproduzir metodologias de ensino baseadas apenas na característica da surdez.

Baseados na abordagem sociointeracionista de Vigotski, que visa compreender o homem como ser biológico, histórico e social, podemos considerar o indivíduo inserido na sociedade e direcionar nossa atenção para os processos de desenvolvimento humano, com ênfase na dimensão sócio-histórica e na interação do indivíduo com o outro no contexto social: "Sua abordagem sociointeracionista buscava caracterizar os aspectos tipicamente humanos do comportamento e elaborar hipóteses de como as características humanas se formam ao longo da história do indivíduo" (VYGOTSKY, 1996, p. 21 *apud* RABELLO; PASSOS, p. 3).

Assim, pensar a escolarização e especificamente a avaliação do estudante surdo baseado em Vigotski é compreender que cada ser humano tem um contexto histórico subjetivo, por isso, específico. Exatamente nesse ponto é que o professor deve refletir para flexibilizar o trabalho pedagógico[22] conforme a especificidade do estudante atendido, necessitando de preparação para o exercício da docência, a fim de reconhecer a diversidade dos sentidos subjetivos individuais e sociais para promover uma avaliação da aprendizagem na qual ele faça parte desse processo de maneira ativa.

---

[22] Optamos, neste texto, por utilizar o termo trabalho pedagógico, concordando com a definição de Resende (2006), de que o trabalho pedagógico é um ato intencional de produção e organização do processo educativo, desta forma, é necessário haver mudanças no planejar, sentir e agir diante das situações escolares. Isto é, é necessário a "revisão das relações sociais entre os sujeitos, das relações com o conhecimento e o seu processo de apropriação, como também das condições objetivas de trabalho e da estruturação escolar que expressam a materialização do projeto social dominante na sociedade" (SANTOS, 2010, p. 66).

CONSIDERAÇÕES FINAIS

Ao abordar a avaliação dos estudantes surdos é fundamental considerar uma série de aspectos relevantes. Primeiramente, é imprescindível valorizar e reconhecer as diferentes formas de comunicação utilizadas por eles, como a Língua Brasileira de Sinais (Libras) e outras formas de comunicação visual. É essencial respeitar a escolha individual de cada estudante surdo em utilizar a forma de comunicação mais adequada para sua realidade.

Ademais, é necessário adaptar os métodos de avaliação para contemplar as especificidades dos estudantes surdos. Isso implica em utilizar estratégias e instrumentos de avaliação que considerem a utilização de recursos visuais, tradução e interpretação em Libras, bem como oferecer tempo adicional para a realização das atividades, entre outras medidas. A adequação dos métodos de avaliação é essencial para garantir que os estudantes surdos demonstrem seu conhecimento e suas habilidades efetivamente.

Outro ponto relevante é promover uma avaliação formativa e contínua ao longo do processo de ensino e aprendizagem. A avaliação não deve ser vista apenas como uma medida de desempenho final, mas como uma oportunidade de aprendizado. É fundamental que os estudantes surdos possam acompanhar seu progresso e fazer ajustes quando necessário, de modo a participarem ativamente do processo de avaliação.

A diversidade de habilidades e conhecimentos presentes entre os estudantes surdos deve ser considerada na avaliação. Cada estudante tem suas particularidades e formas individuais de aprender. Portanto, é importante que a avaliação reconheça e valorize as contribuições individuais, considerando as diferenças e adaptando os critérios de avaliação para atender às necessidades de cada estudante.

Além disso, é essencial envolver os estudantes surdos no processo de avaliação. Eles devem ser incluídos no planejamento e na discussão dos métodos e critérios de avaliação, permitindo que expressem suas necessidades e participem ativamente do processo. Dessa forma, a avaliação torna-se mais inclusiva e envolve os estudantes como agentes ativos do seu próprio processo de aprendizagem.

Para que o professor possa realizar uma avaliação adequada e inclusiva dos estudantes surdos é indispensável receberem a formação e a capacitação necessárias. Os professores devem estar familiarizados com as especificidades da surdez, aprender a utilizar recursos e estratégias de avaliação adequados, bem como desenvolver habilidades para trabalhar de forma inclusiva com os estudantes surdos. A formação docente é um aspecto fundamental para garantir a qualidade e a equidade na avaliação dos estudantes surdos.

Por fim, é crucial que a avaliação dos estudantes surdos vá além do conhecimento teórico, contemplando também a avaliação de competências e habilidades. É importante considerar habilidades de comunicação, resolução de problemas, pensamento crítico, trabalho em equipe e outras competências relevantes para o desenvolvimento integral desses estudantes.

Ao adotar essas diretrizes e promover uma avaliação inclusiva, os professores contribuem para um ambiente educacional mais acolhedor, justo e propício ao desenvolvimento pleno de cada estudante surdo. É necessário promover a conscientização e o respeito à diversidade, garantindo que a educação seja verdadeiramente inclusiva e igualitária para todos os alunos.

REFERÊNCIAS

AMARAL, M. M. *O trabalho do coordenador pedagógico e a formação continuada de professores centrada na escola inclusiva em Belém-PA*. 2019. 236f. Tese (Doutorado em Educação – Programa de Pós-Graduação em Educação, Universidade Federal do Pará, Belém, 2019.

ANTUNES, R.; PINTO, G. A. *A fábrica da educação*: da especialização taylorista à flexibilização toyotista. v. 58. São Paulo: Cortez, 2017. (Coleção Questões de Nossa Época).

BRASIL. *Lei n.º 13.146, de 6 de julho de 2005*. Institui a Lei Brasileira de Inclusão da Pessoa com Deficiência (Estatuto da Pessoa com Deficiência). Brasília – DF. 2015.

FREITAS, L. C. *A reforma empresarial da educação*: nova direita, velhas ideias. São Paulo: Expressão Popular, 2018.

MACHADO, A. M. *Caro professor*. São Paulo: Global, 2017.

RABELLO, E. T.; PASSOS, J. S. *Vygotsky e o desenvolvimento humano*. Disponível em: http://www.josesilveira.com. Acesso em: 13 dez. 2021.

MARTINS, L. M. S. M. *Inclusão do estudante com deficiência no ensino superior e a formação continuada do docente universitário*. 2019. 277f. Tese (Doutorado em Educação) – Programa de Pós-Graduação em Educação, Universidade Federal do Rio Grande do Norte, Natal, 2019.

SANTOS, G. C. S.; FALCÃO, G. M. B.; FARIAS, I. M. S.; NETA, A. S. O. *Inclusão e formação de professores em tempos de BNC-Formação*: tensões e perspectivas de um debate. Localidade: Universidade Federal de Santa Catarina, 2022.

SAVIANI, D. Política educacional brasileira: limites e perspectivas. *Revista de Educação PUC-Campinas*, [s. l.], n. 24, 2012a. Disponível em: https://seer.sis.puc--campinas.edu.br/reveducacao/article/view/108. Acesso em: 17 maio 2022.

TORRES, E. F.; MAZZONI, A. A.; MELLO, A. G. Nem toda pessoa cega lê em braille, nem toda pessoa surda se comunica em língua de sinais. *Educação e Pesquisa*, Florianópolis, v. 33, p. 369-386, 2007. Disponível em: https://www.scielo.br/j/ep/a/DmVQcky9hfRjBHzdYcjmLJw/abstract/?lang=pt. Acesso em: 10 jun. 2022.

SOBRE OS AUTORES

Adriano de Oliveira Gianotto

Doutor e mestre em Desenvolvimento Local pelo Programa de Pós-Graduação em Desenvolvimento Local da Universidade Católica Dom Bosco (UCDB/MS) (2020). Realizou pós-doutorado em Desenvolvimento Local na mesma instituição (2022). Pós-graduado *lato sensu* em Libras (Língua Brasileira de Sinais). Possui licenciatura em Pedagogia pela Universidade Leonardo da Vinci (2012). Atua como professor da Universidade Federal de Mato Grosso do Sul (UFMS), docente do Curso de Especialização em Educação Inclusiva com Ênfase em Libras da Faculdade de Educação pela UFMS. Líder do Grupo de Estudos e Pesquisa em Libras, Educação de Surdos e Letramento de Surdos (GEPESLS/UFMS/CNPq).

E-mail: adriano.gianotto@ufms.br

Orcid: 0000-0003-1651-5132

Alexandra Ayache Anache

Possui pós-doutorado em Educação na Universidade de Brasília, com ênfase em Educação Especial. Doutora em Psicologia Escolar e do Desenvolvimento Humano pela Universidade de São Paulo (1997). Mestra em Educação pela Universidade Federal de Mato Grosso do Sul (1991). Graduada em Psicologia pela Universidade Católica Dom Bosco (1984). É professora titular da Universidade Federal de Mato Grosso do Sul. Foi coordenadora do Programa de Pós-Graduação em Psicologia da Faculdade de Ciências Humanas da UFMS e presidente Associação Brasileira de Psicologia Escolar e Educacional (Gestão 2018 a 2020).

E-mail: alexandra.anache@ufms.br

Orcid: 0000-0002-7937-4448

Ana Regina e Souza Campello

Doutora em Educação (UFSC, 2008) e professora do Curso de Pedagogia. Orientadora do Curso de Mestrado Profissional de Educação Bilíngue do Instituto Nacional de Educação de Surdos (Ines) (Desu).

E-mail: acampello@ines.gov.br

Orcid: 0000-0003-1464-9524

Bruno Borgo dos Santos Moura

Especialista em Atendimento e Educação de Surdos em Espaços Escolares. Pós-graduado em Alfabetização e Letramento e Psicopedagogia. Graduado em Pedagogia pela Universidade Federal de Mato Grosso do Sul (UFMS). Tradutor e intérprete de Libras/Língua Portuguesa, certificado pelo Centro de Capacitação de Profissionais da Educação e Atendimento às Pessoas Com Surdez (CAS-SED-MS). Tem experiência em linguística, interpretação e mediação de Libras na educação básica. Atualmente, é intérprete educacional na modalidade de Educação de Jovens e Adultos (EJA) na Rede Estadual de Ensino (REE) e professor de apoio pedagógico no atendimento a pessoa com deficiências auditiva e intelectual.

E-mail: brunoborgo@ufms.br

Orcid: 0009-0005-3355-7109

Bárbara Viviane Silva Nascimento Alves

Pós-graduanda em Atendimento e Educação de Surdos em Espaços Escolares pela Universidade Federal de Mato Grosso do Sul (UFMS) e em Serviço de Atendimento Educacional em Ambiente Hospitalar e Domiciliar, área de concentração em Formação de Professores e Práticas Pedagógicas, também pela UFMS. Especialista em Educação Especial e Inclusiva pela Faculdade Serra Geral (Fasg) (2022). Especialista em Psicopedagogia e Educação pela mesma instituição de ensino (2022). Graduada em Pedagogia pela Universidade Paulista (Unip) (2020). Formação técnica de nível médio no Eixo Tecnológico: Gestão e Negócios pelo Centro Estadual de Educação Profissional em Gestão (Ceep, 2017). Trabalha como técnica em Atendimento Educacional Especializado (AEE) no Colégio Modelo Luís Eduardo Magalhães, BA (2022). Seus interesses estão voltados para o ensino e para a pesquisa, com ênfase na educação inclusiva, visando ao bem comum e à qualidade de ensino significativo aos estudantes. Acredita que uma educação voltada para a valorização das habilidades socioemocionais e diversidade é parte integrante de uma educação humanitária e responsável.

E-mail: silva.barbara@ufms.br

Orcid: 0009-0009-0950-3521

Camila de Araujo Cabral

Doutora em Educação pela Universidade Federal de Mato Grosso do Sul (UFMS) (2022). Mestra em Educação Científica e Matemática pela Universidade Estadual de Mato Grosso do Sul (UEMS) (2017), tendo sido bolsista pelo Programa Institucional de Bolsas aos Alunos de Pós-Graduação (Pibap). Especialista em Educação Inclusiva com ênfase no Atendimento Educacional Especializado (2013) e Docência no Ensino Superior (2015). Licenciada em Pedagogia (2011). Graduada em Letras - Libras pela Universidade Federal da Grande Dourados (UFGD) (2018). Integrante do grupo de pesquisa Desenvolvimento Humano e Educação Especial (GDHEEsp)/ CNPQ. Tem experiência de docência nas áreas de Educação com ênfase em Educação Especial na perspectiva da Educação Inclusiva, Ensino de Surdos, Psicologia do Ensino e da Aprendizagem, e experiência em pesquisa nas áreas de Formação de Professores; Subjetividade, Epistemologia e Metodologia Qualitativa. Atualmente, é professora no Instituto Federal de Educação, Ciência e Tecnologia do Rio de Janeiro (IFRJ), câmpus Volta Redonda, na área de Pedagogia/Libras.

E-mail: camila.cabral@ifrj.edu.br

Orcid: 0000-0003-0979-4807

Claudia Pimentel

Possui doutorado em Educação pela Universidade Federal do Rio de Janeiro (2011), mestrado em Educação pela Pontifícia Universidade Católica do Rio de Janeiro (1992) e graduação em Pedagogia pela Faculdade de Educação Ciências e Letras Notre Dame (1985). Professora doutora do Departamento de Ensino Superior (Desu) do Instituto Nacional de Educação de Surdos (Ines). Pesquisadora do campo da Educação Infantil, da Linha de Pesquisa 1 do Mestrado Profissional em Educação Bilíngue do Ines: Educação de Surdos e suas interfaces.

E-mail: prof.claudiapimentel@gmail.com

Orcid: 0000-0001-8154-3207

Débora Gonçalves Ribeiro Dias

Doutoranda em Educação Especial pela Universidade Federal de São Carlos (UFSCar). Mestrado em Saúde, Interdisciplinaridade e Reabilitação (Unicamp). Licenciada em Letras - Libras (UFSC) e Pedagogia (Fafiman). Graduada em Educação Especial Bilíngue para Surdos (Libras) pelo Instituto Paranaense de Ensino (IPE). Membro do Projeto Tecnologias Assistivas para Surdos (TAS) desenvolvido na Unicamp. Atualmente, é professora de Libras na Universidade Tecnológica Federal do Paraná, câmpus Cornélio Procópio/PR. Atuou no Núcleo de Apoio às Pessoas com Necessidades

Específicas (Napne) e Núcleo Docente Estruturante – Curso de Tecnologia em Comunicação Assistiva. Tem experiência na área de Letras com ênfase em Língua Brasileira de Sinais.

E-mail: debbyrybeiro@gmail.com

Orcid: 0000-0003-4817-1266

Fabíola Sucupira Ferreira Sell

Doutora e mestra em Linguística pela UFSC. Licenciada em Letras - Alemão, bacharela em Letras - Libras. Professora associada da Universidade do Estado de Santa Catarina desde 2010, com atuação na área de Libras e Língua Portuguesa. Professora permanente do Programa de Pós-Graduação em Ensino de Ciências Matemática e Tecnologias (PPGECMT) pela Udesc Joinville, nas linhas de pesquisa práticas educativas e processos de aprendizagem em ensino de ciências, matemática e tecnologias e educação inclusiva em ensino de ciências matemática e tecnologias e demandas educativas em diferentes contextos.

E-mail: fabiola.sell@udesc.br

Orcid: 0000-0002-2315-7073

Francimar Batista Silva

Mestre em Educação pela Universidade Católica Dom Bosco (UCDB). Especialista em Gestão Escolar, Tradução, Interpretação e Docência da Libras, Autismo, Atendimento Educacional Especializado, Psicopedagogia, Tecnologia Assistiva e Comunicação Alternativa. Graduado em Normal Superior pela Universidade Estadual de Mato Grosso do Sul (UEMS), em Pedagogia pela Faculdade Campos Elíseos (FCE) e Letras - Libras pela Uniasselvi. É professor na Prefeitura Municipal de Campo Grande – Secretaria Municipal de Educação (Semed)/CG/MS, gestor na Jv Libras e Acessibilidade Ltda. Membro dos grupos de pesquisas: Libras, Educação de Surdos e Letramento de Surdos (UFMS) e Núcleo de Ensino e Pesquisas Libras On-line (Nepli-On) (UEMS).

E-mail: francimarbatista@gmail.com

Orcid: 0000-0002-1196-7714

Francisco José dos Santos Neto

Especialista em Língua Brasileira de Sinais (Libras) (2021). Graduado em Licenciatura em Letras - Libras pela Universidade Federal de Santa Catarina (UFSC) e no polo pelo Instituto Federal de Educação, Ciência e

Tecnologia do Rio Grande do Norte (IFRN) (2012). Certificado no Exame Nacional de Proficiência no uso e no ensino da Língua Brasileira de Sinais (Prolibras). Atualmente, é professor substituto de Língua Brasileira de Sinais (Libras) da Universidade Federal do Rio Grande do Norte (UFRN) e técnico de suporte TI II da Universidade Potiguar (UnP). Tem experiência na área de Educação de Libras.

E-mail: fcojosenatal@gmail.com

Orcid: 0009-0006-9281-9903

Francyllayans Karla da Silva Fernandes

Doutoranda em Letras pela Universidade Federal da Paraíba (PB), no Programa de Pós-graduação em Letras (PPGL). Doutoranda em Educação Especial pela Universidade Federal de São Carlos (UFSCar), no Programa de Pós-Graduação em Educação Especial-(PPGEes). Mestra em Educação pela Universidade Federal da Paraíba. Professora assistente do Departamento de Pedagogia na Universidade de Pernambuco (UPE), câmpus Garanhuns. Possui licenciatura em Pedagogia - UEPB (2012), Letras Libras – UFPB (2017) e bacharel em Psicologia – Unipê (2019).

E-mail: francyllayans@gmail.com

Orcid: 0000-0002-9690-464x

Gabriele Cristine Rech

Doutora pela Universidade Estadual do Oeste do Paraná (Unioeste). Mestra em Linguística pela Universidade Federal de Santa Catarina (UFSC). Especialista em Educação Especial: Área da Surdez e Libras pela Faculdades Integradas do Vale do Ivaí.

Bacharela em Teologia pela Faculdade Teológica Sul Americana (FTSA). Licenciada em Pedagogia pela Universidade Estadual de Ponta Grossa (UEPG). Professora de Libras na Universidade Estadual de Mato Grosso do Sul (UEMS), onde desenvolve pesquisas relacionadas ao ensino de Libras e aos estudos dos nomes próprios de pessoas na Língua Brasileira de Sinais. Pesquisadora do Centro de Estudos, Pesquisa e Extensão em Educação, Gênero, Raça e Etnia.

E-mail: gabriele@uems.br

Orcid: 0000-0003-2470-3416

Indira Simionatto Stedile Assis Moura

Mestra em Letras pela Universidade Federal de Rondônia (Unir). Especialista em Gestão Escolar e Educação Inclusiva com ênfase em Libras (2014).

Graduada em Sistema de Informação pela Universidade Potiguar (UnP) (2008). Professora em Libras, certificado pelo Exame Nacional Prolibras. Ministrou inúmeras palestras em órgãos públicos e privados em defesa de uma educação bilíngue para surdos. É líder do Movimento Surdo de Rondônia, realizando inúmeras viagens como representante do estado. Tem experiência na educação básica como professora de Libras na Escola Estadual de Educacional Fundamental de 21 de Abril (Seduc) (RO) (2012-2014), como técnica de laboratório de informática I na Sociedade Potiguar de Educação e Cultura S.A. na cidade de Natal-RN (2009), e como presidente da Associação dos Surdos de Porto Velho-RO (2010-2015), coordenando e organizando eventos referentes à cultura surda e cursos de Libras para ouvintes pela ASPVH-RO, e nivelamento/aperfeiçoamento para intérprete pela Associação de Amigos, Professores, Parentes e Intérpretes de Surdos de Rondônia (Appis) (RO). Atualmente, exerce atividades como vice-presidente da Associação dos Surdos de Porto Velho-RO, é professora efetiva Surda de Libras na Universidade Federal de Rondônia e vice-chefa do Departamento de Libras na Unir (2015-2017), atuante pesquisadora do Grupo Pesquisador em Educação Intercultural (GPEI), linha de pesquisa de educação de surdos: um olhar à identidade, cultura e língua, e atuante nos grupos de pesquisa: Grupo Pesquisador em Educação Intercultural e Filologia e Modernidades, nas linhas de pesquisas de línguas, linguagens e cultura, da Unir.

E-mail: indirastedile@gmail.com

Orcid: 0000-0003-2931-011x

Jéssica Rabelo Nascimento

Doutoranda em Letras pela Universidade Federal do Mato Grosso do Sul, no Programa de Pós-Graduação em Letras (PPGLetras). Mestra em Estudos de Linguagens pela Universidade Federal do Mato Grosso do Sul. Professora assistente de Libras, no Departamento de Letras, na Universidade Federal do Mato Grosso (UFMT), câmpus Araguaia-Mato Grosso, Brasil.

E-mail: jessicarabelonascimento95@gmail.com

Orcid: 0000-0002-4052-3725

João Paulo Francisco Azevedo

Pós-graduado em Língua de Sinais Brasileira; Educação Especial e Inclusiva. Graduado em Letras - Libras. Licenciado pela Universidade Federal da Grande Dourados (UFGD). Professor de Libras na Secretaria Municipal de Educação (Semed) de Rondonópolis-MT.

E-mail: jp.azevedo2015@gmail.com

Orcid: 0000-0002-1145-5321

José Arnor de Lima Júnior

Mestre em Educação pelo Programa Pós-Graduação em Educação (PPGEdu) da UFPE. Especialista em Libras pelo Estácio/Fatern (2012). Graduado em licenciatura em Pedagogia pelo Instituto Natalense de Educação Superior (Inaes) (2008). Licenciado em Letras - Libras pela Universidade Federal de Santa Catarina (UFSC) (2010). Atualmente, é professor de Libras do Departamento de Psicologia, Inclusão e Educação (Dpsie) do Centro de Educação (CE) da Universidade Federal de Pernambuco (UFPE), câmpus Recife/PE. Atuou como coordenador de Monitoria (Prograd) da Universidade Federal de Pernambuco (UFPE). Experiência na área de Educação de Surdos, com ênfase em Libras - Língua Brasileira de Sinais. Desde em 2018 até a data presente, é vice-coordenador do Projeto O Pré-Vestibular Acadêmico da UFPE, graduação do Centro da Educação, Participa como membro pesquisador do Grupo de Pesquisa de Estudos e Pesquisas sobre Surdez e Educação de Surdos (Gepeses), do Grupo de Pesquisa e Estudos sobre o Léxico da Libras (Grupell), do Grupo de Pesquisa: Instrução em Libras como L1 e L2 (GELIL2). Atua como professor formador da Dead/Capes/Universidade do Estado do Rio Grande do Norte (UERN), em Letras – Libras; como monitor de Tradução e Interpretação do Curso de Pós-Graduação (Especialização - Lato Sensu): Tradução de Textos de Português para Libras, do Instituto Nacional de Educação de Surdos (Ines); e subcoordenador do Projeto de Extensão do Curso de Formação em Educação e Projetos de Educação Bilíngue de Surdos pela Universidade Federal do Rio Grande do Norte (UFRN).

E-mail: josearnor.lima@ufpe.br

Orcid: 0000-0001-9802-5617

Juliana Alves da Fonseca

Graduada em Pedagogia pela Universidade Estadual Vale do Acaraú (2017). Graduada em Libras - ênfase na Educação Bilíngue para Surdos pela Faculdade Internacional Signorelli (2021). Graduada em Letras - Língua

Portuguesa e Libras pela Universidade Federal do Rio Grande do Norte (2018). Atualmente, trabalha como professora substituta de Libras na Universidade Federal do Rio Grande do Norte e professora substituta Libras na Escola Municipal Professor Luís Maranhão Filho.

E-mail: jullyinhaalves@gmail.com

Orcid: 0009-0001-4941-9123

Juliana Fernandes Montalvão Mateus

Mestra em Departamento de Ensino Superior (Desu) do Instituto Nacional de Educação de Surdos (Ines). Graduada em Letras - Libras pela Universidade Federal de Santa Catarina (2012). Especialista em Libras pela Faculdade Eficaz (2013). Professora substituta de Libras na UFRN no Curso de Letras - Libras (2013 e 2015), professora de Libras - Sistema Universal Verbotonal de Audição Guberina (Suvag) - RN (2013 e 2016) e professora substituta de Libras na UFRN no Curso de Departamento de Fundamentos e Politicas da Educação (2016). Ministrou o curso de extensão de Libras Básico na UFRN e participou da oficina para implantação do Laboratório de Letras Libras da UFRN. Atuou professora de Libras na Fundação Universidade Federal de Campina Grande (UFCG) e é ex-coordenadora da Área de Libras (2016 até 2019.1) e ex-representante Núcleo de Acessibilidade e Inclusão (NAI) da UFCG. Participou, como colaboradora, dos projetos de extensão: Brincando e Aprendendo Libras, na Uaei (2016); Formação de Professores de Libras como Primeira e Segunda língua (2017); Projeto de Intervenção para Desenvolvimento da Proficiência Linguística em Língua Portuguesa dos alunos surdos no período (2017.2); Ensino de Libras como L2: Formação de Professores de Libras (2018). Também participou do projeto de extensão relacionado ao ensino de Libras como L2 (2019.2) e do Grupo de Pesquisa Educação de Surdos, Libras e Literatura. Foi cadastrada no Diretório de Grupos de Pesquisa do CNPq (26/05/2019 a 17/09/2019).

E-mail: julinda426@hotmail.com

Orcid: 0000-0001-5303-2813

Maria Elisa Della Casa Galvão

Mestra pela Universidade de São Paulo (USP). Professora substituta de Libras do Curso de Extensão - L2 da Divisão de Formação e Capacitação de Recursos Humanos (DFCRH) do Ines. Graduada em Pedagogia via

EaD – Unaerp (2018). Graduada em Ciências da Computação – Unisanta (1994). Graduada em Administração de Empresas com especialização em Gestão de Pessoas. UNISANTA (2011).

E-mail: mgalvao.substituto@ines.gov.br

Orcid: 0009-0008-9222-623x

Magno Pinheiro de Almeida

Doutorando em Letras pela Universidade Federal de Mato Grosso do Sul (UFMS), câmpus de Três Lagoas – Área de concentração: Estudos Linguísticos - Linha de Pesquisa: Análise, Descrição e Documentação de Línguas. Mestre em Letras pela Universidade Estadual de Mato Grosso do Sul (UEMS), câmpus de Campo Grande – Área de concentração: Linguagem: Língua e Literatura – Linha de Pesquisa Produção de Texto Oral e Escrito na Sociolinguística. Graduado em Letras (Unigran). Proficiente em Tradução e Interpretação e na Docência em Libras (MEC). Professor e intérprete com experiência na Educação Básica, tanto no ensino fundamental como inicial, final, médio e no Mestrado em Letras (UEMS). Atualmente, é professor do quadro permanente da Universidade Federal de Mato Grosso do Sul (UFMS), câmpus de Aquidauana (CPAQ). Disciplinas em que atua: Estudos de Libras, Educação Especial, Língua Portuguesa para Surdos, Português Instrumental, Comunicação Empresarial, Tendências em Educação Matemática, Leitura e Produção de Textos, Sociolinguística e as Línguas dos Povos do Pantanal, Ensino de Língua Portuguesa II: conteúdos de ensino para o ensino médio. É professor convidado nas disciplinas: Tópicos de Seminário em Administração e Empreendedorismo e Inovação. Professor do MBA da UFMS/CPAR, nas disciplinas de Metodologia Científica, Gestão de Pessoas e Comunicação Empresarial e Gestão de Conflitos nas Organizações.

E-mail: magno.pinheiro@ufms.br

Orcid: 0000-0002-4766-8580

Raquel Elizabeth Saes Quiles

Doutora em Educação Especial pela Universidade Federal de São Carlos (UFSCar) (2015). Mestra em Educação pela Universidade Federal de Mato Grosso do Sul (2008). Graduada em Pedagogia pela Universidade Federal de Mato Grosso do Sul (2002). Professora adjunta da Universidade Federal de Mato Grosso do Sul (UFMS). Intérprete e Tradutora de Libras/Língua Portuguesa, certificada pelo Prolibras (2007). Experiência na área de

Educação, com ênfase em Educação Especial, atuando, principalmente, nos seguintes temas: políticas públicas, educação especial, educação inclusiva e educação de surdos.

E-mail: raquel.quiles@ufms.br

Orcid: 0000-0003-0943-2259

Rejane de Aquino Souza

Doutoranda em Psicologia Escolar e do Desenvolvimento Humano (USP). Mestra em Psicologia (UFMS). Especialista em Libras para Docência e para Tradução/Interpretação (Ucam). ProLibras para Docência (Ines/UFSC) e para Tradução/Interpretação (UFSC). Graduada em Psicologia (UCDB). Licenciada em Psicologia (UCDB) e em Pedagogia (UFGD). Atua efetivamente como docente (UFMS).

E-mail: rejane.aquino-souza@ufms.br

Orcid: 0000-0002-8641-2561

Sédina dos Santos Jales Ferreira

Pós-Graduada em Libras: Docência, Tradução/Interpretação e Proficiência (2012). Graduada em Licenciatura em Pedagogia pelo Instituto Natalense de Educação Superior (2008). Licenciada em Letras/Libras pela Universidade Federal de Santa Catarina (UFSC) (2010). Atualmente, é professora de Libras na Universidade Federal do Rio Grande do Norte (UFRN).

E-mail: libras.sedinajales@gmail.com

Orcid: 0009-0008-7030-5498

Sheyla Cristina Araujo Matoso

Doutoranda do Programa de Pós-Graduação em Letras da UFMS. Mestra em Educação pela Universidade Estadual de Mato Grosso do Sul (2014). Graduada em Pedagogia pela Universidade Federal de Mato Grosso do Sul (2004). Atualmente, é professora da Universidade Federal de Mato Grosso do Sul, câmpus Três Lagoas. Atua, principalmente, nos seguintes temas: Língua Brasileira de Sinais, alunos surdos, aquisição da linguagem e políticas educacionais para alunos surdos.

E-mail: smatosos@hotmail.com

Orcid: 0000-0002-8508-7242

Veronice Batista dos Santos

Doutora em Letras, área de concentração: Estudos Linguísticos, pela Universidade Federal de Mato Grosso do Sul (UFMS). Mestra em Estudos de Linguagem pela Universidade Federal de Mato Grosso do Sul. Especialista em Educação Especial e Inclusiva. Especialista em Língua de Sinais Brasileira. Graduada em Letras: Português/Espanhol pela Universidade Federal de Mato Grosso do Sul. Graduada em Letras - Libras pela Uniasselvi. Professora efetiva da Secretaria de Estado de Educação de Mato Grosso do Sul (SED/MS).

E-mail: veronicebatistadossantos@hotmail.com

Orcid: 0000-0001-6484-1771

Welisson Michael Silva

Especialista em Libras, certificado em Proficiência em Ensino e Tradução (Prolibras), pela Universidade Federal de Santa Catarina. Master of Science in Emergent Technologies in Education da MUST University (Florida). Professor EBTT de Educação e Libras. Membro do grupo de pesquisa Gemmem.

E-mail: welisson.silva@ifsuldeminas.edu.br

Orcid: 0009-0004-4817-463x